村上紀史郎

# 絶滅鳥ドードーを追い求めた男

## 空飛ぶ侯爵、蜂須賀正氏 *1903-53*

藤原書店

**蜂須賀正氏**（1903-53）

（徳島市立徳島城博物館所蔵／蜂須賀正子氏寄贈）

# ジョン・グールドによる野鳥の絵

ケツァール

アレンハチドリ(右)とアンナハチドリ(左)

キンケイ

イギリスのライチョウの夏の姿（右）と冬の姿（左）

ヒゲワシ

コキンメフクロウ

# 江戸期日本で描かれた野鳥

仏法僧（『梅園禽譜』）

ポルポラアト鳥（ホロホロチョウ）
『外国珍禽異鳥図』

ハッカン（『鳥類写生図』）

# 小林重三が描いた野鳥

カンムリツクシガモ（雄）
（『鳥』4 巻 18 号より。© 日本鳥学会）

スミレキジ
（『鳥』5 巻 25 号より。© 日本鳥学会）

# ドードーにかかわる絵

正氏の遺著 *The Dodo and Kindred Birds* に掲載されたドードーの絵。ルーラント・サフェリーの画（1626 年）をJ・G・キューレマンスが模写したもの。

白ドードー（左）とドードー（下）
（いずれもロスチャイルド『絶滅鳥大図鑑』より）

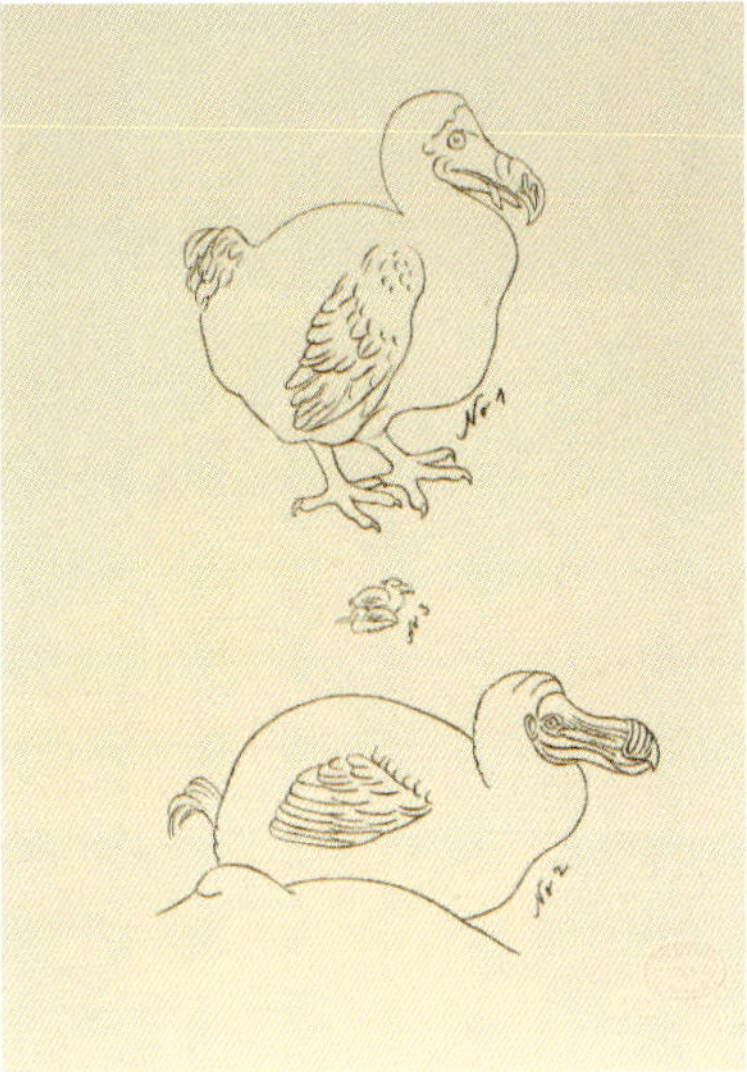

ドードーのスケッチ。作者は上からサフェリー、フランツ・フランケン(?)、ルサート。(ロスチャイルド『絶滅鳥大図鑑』より)

オックスフォード大学自然史博物館に残されたドードーの頭部骨格と、それを元にした再現画。

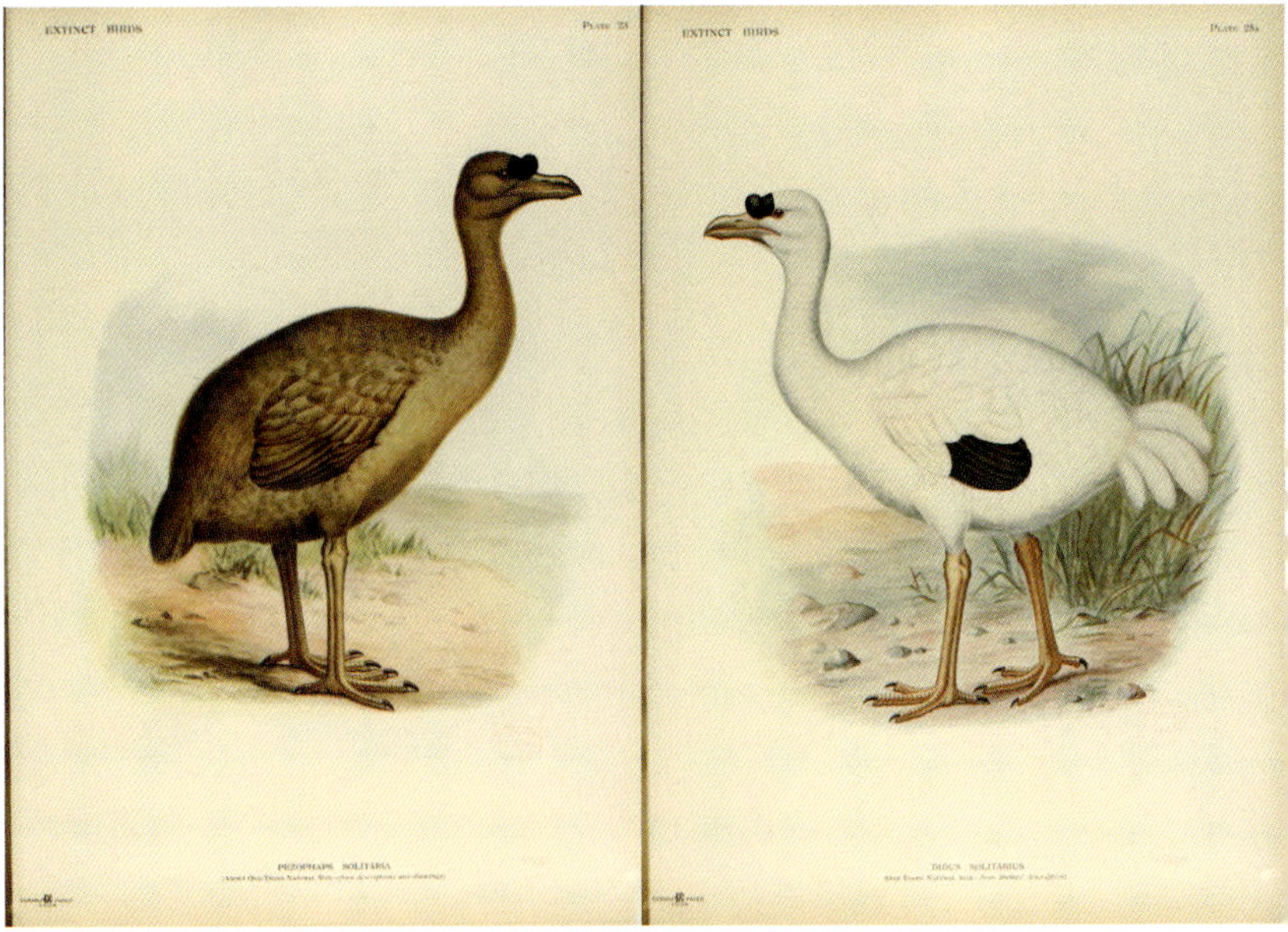


ソリテア(ロスチャイルド『絶滅鳥大図鑑』より)

正氏が結婚式の引き出物にしたドードーの絵皿
（徳島市立徳島城博物館所蔵／蜂須賀智恵子氏寄贈）

蜂須賀正氏と秘書の臼井みつ枝

前列左より、中西悟堂、蜂須賀正氏、山階芳麿、O・L・オースティン、黒田長禮、鷹司信輔、内田清之助、中村幸雄。2 列目左端（帽子を持っている）が古賀忠道、3 列目右から 3 人目が黒田長久、その後ろが中村司。

(Upper left & below) Permission for commercial use of the images in the Oliver L. Austin Photographic Collection has been granted by the Institute on World War II and the Human Experience at Florida State University (FSU), and Dr. Annika A. Culver, Collection Curator.

絶滅鳥ドードーを追い求めた男　目次

## 3　イギリス留学中の調査・採集旅行　63

# 絶滅鳥ドードーを追い求めた男

空飛ぶ侯爵、蜂須賀正氏1903-53

# 蜂須賀正氏 関連系図

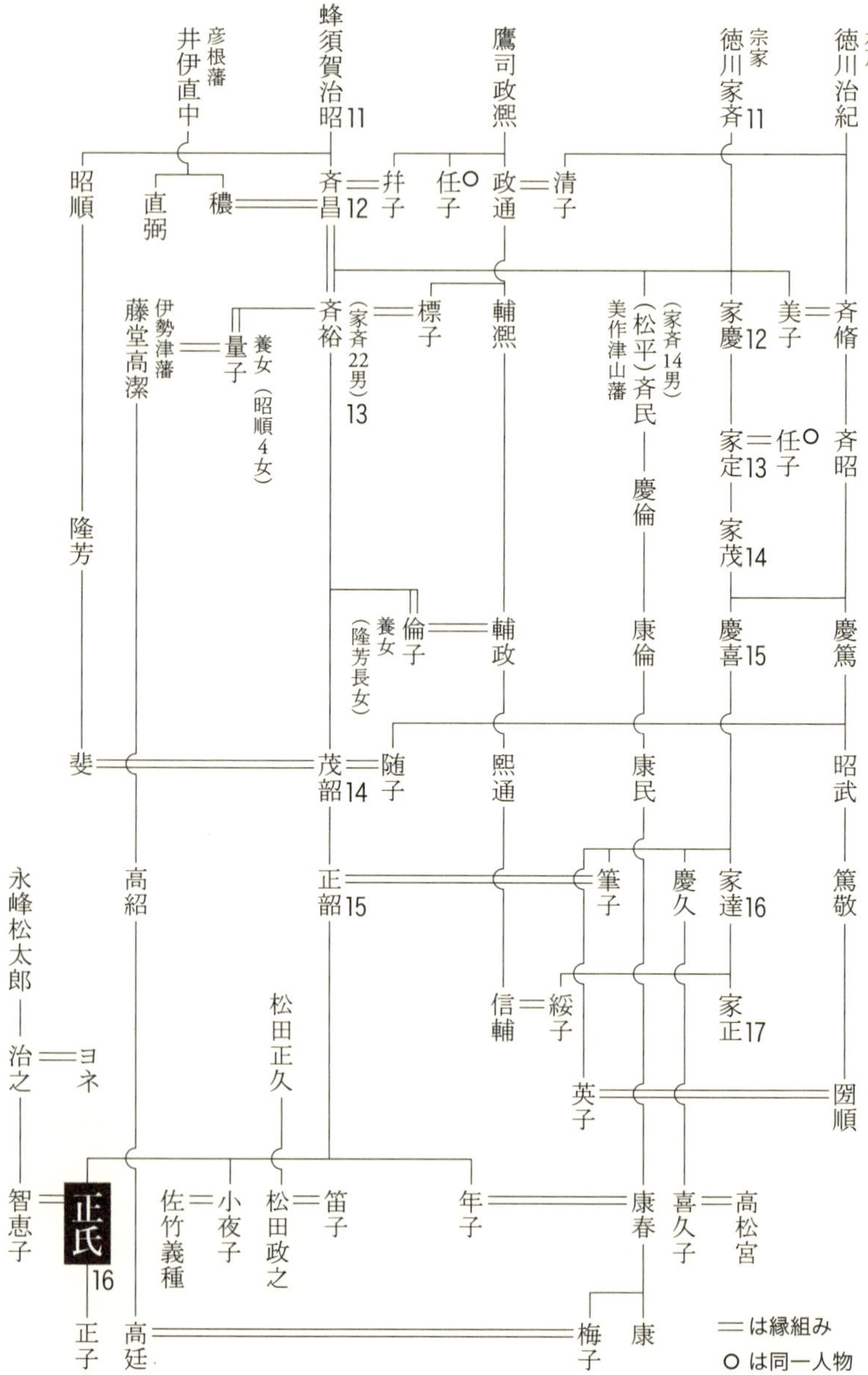

彦根藩 井伊直中
蜂須賀治昭11
鷹司政煕
宗家 徳川家斉11
水戸 徳川治紀
昭順
直弼
穠
斉昌12
幷子
任子○
政通
清子
藤堂高潔
伊勢津藩
量子
養女（昭順4女）
斉裕
（家斉22男）13
標子
輔煕
美作津山藩
（家斉14男）
（松平）斉民
家慶12
美子
斉脩
家定13
任子○
斉昭
慶倫
家茂14
隆芳
倫子
養女（隆芳長女）
輔政
康倫
慶喜15
慶篤
斐
茂韶14
随子
煕通
康民
昭武
永峰松太郎
高紹
正韶15
筆子
慶久
家達16
篤敬
信輔
綏子
家正17
松田正久
治之
ヨネ
英子
圀順
智恵子
正氏
16
佐竹義種
小夜子
松田政之
笛子
年子
康春
喜久子
高松宮
正子
高廷
梅子
康
＝は縁組み
○は同一人物

# プロローグ　毀誉褒貶の人

## オカミ　ゴセイキョ

一九五三（昭和二八）年五月十四日の夕刻、山階芳麿《やましなよしまろ》は渋谷南平台の山階鳥類研究所で一通の電報を受け取った。「オカミ　ゴセイキョ」と書かれていたが、その意味が、にわかには理解できなかった。というのは、一一日前の五月三日に〈オカミ〉に会っていたからだ。その日、日本鳥学会の総会がこの研究所で行われ、〈オカミ〉こと蜂須賀正氏《まさうじ》（一九〇三―五三）の多年にわたる学会への貢献に対し、黒田長禮《ながみち》会頭が感謝状を贈呈。ちょっとはにかんだ彼の嬉しそうな顔を、芳麿はいまでも思い出す。

しかし、〈オカミ〉は、突然狭心症に襲われ、十四日午後一時半に熱海の別邸で永眠したのである。五〇歳の若さだった。

日本の友人たちに「オカミ　ゴセイキョ」の電報が送られる一方で、「マーキス（侯爵）ハチスカダイド」の電文が英、米、仏など一二人の鳥類学者に打たれている。そのなかには、フランス人のジャン・デラクールやアメリカ人のディロン・リプレイも含まれていた。

デラクールは、キジや水鳥研究の世界的権威で、国際鳥類保護会議（現・バードライフ・インターナショナル）の第二代目会長を二〇年も務めた人。彼を記念したジャン・デラクール賞は、鳥学者のノーベル賞と呼ばれている。一九六八年に発表された第一回の受賞者は、オーストリアのコンラート・ローレンツで、彼は五年後の七三年にノーベル医学生理学賞を獲得した。この賞は、毎年選考するが、該当者がいない場合は見送るので、七七年に山階芳麿が受賞したときは、まだ四人目。デラクールは正氏より一三歳年長だが、二人は親友であった。

また、リプレイは、正氏の一〇歳下だが、インドの鳥類研究の権威で、一九六四年からワシントンにあるスミソニアン博物館の事務総長として、博物館を大きく発展させた人である。

蜂須賀正氏の葬儀は、五月十八日、住んでいた熱海の別邸で、彼が長年評議員を務めた日本鳥学会と自ら創設した日本生物地理学会の合同学会葬として執り行われた。

## 扱いに差のある新聞の訃報記事

じつに興味深いのだが、いわゆる三大紙による正氏の死の扱いが、極端に異なっている。一番大きく採り上げたのが『朝日新聞』。五月十五日（金曜）の夕刊に次のように載せた。

蜂須賀正氏氏（元侯爵）狭心症で十四日午後一時半、熱海市野中五〇六の自宅で死去、五十歳。

蜂須賀家十八代に当り、ケンブリッジ大学卒。専門の鳥類学でアメリカとインドから学位を贈られフィリピン、中国の鳥類研究書があり、絶滅鳥類に関する著書が四月、ロンドンで出版されたばかりである。十二年前から熱海に住み、趣味の生活を続けていたが、家庭的には恵まれずロサンゼルスにいる夫人千《ママ》恵子さんとも離婚訴訟中であった。なお告別式は十八日午後二時から三時まで熱海の自宅で行う。(熱海発)

死亡記事なので、表現を控えたのか、戦前に同紙が報道したスキャンダルには触れていない。同じ日の『毎日新聞』は、もっとそっけないばかりか、誤りも散見される始末。

蜂須賀正氏氏　元侯爵、熱海市野中町の別荘で十四日午後二時狭心症で急死、五二才。氏は戦後在米中の二世前夫人から離婚慰謝料請求の国際訴訟を起され話題をまき、小鳥の研究家としても有名だった。最近は熱海で旅館を経営、愛玩用のエンゼルフィッシュ飼育者としても名があった。(熱海発)

死亡時刻が違うのは、わずかな誤差としても、年齢は、数え歳で計算したのだろうか。まだ離婚訴訟中だから「前夫人」ではないし、「小鳥の研究家」というのも正氏の研究を正当に理解せず矮小化している。「旅館の経営」は明らかな間違い。「愛玩用のエンゼルフィッシュ飼育者」(温泉を引いた水槽の中で飼っていたかもしれないが）というのも、「旅館の経営」と共に落ちぶれた華族のなりわいを想像させせる。取材不足で、斜陽華族というイメージで書かれた訃報のように思える。

しかし、この記事のそっけなさは、正氏と『毎日新聞』の関係を考えると、私には解せないのだ。というのは、あとで詳しく述べるが、一九二〇（昭和五）年に正氏がベルギー政府のアフリカ探検に参加したとき、便乗して『毎日』の記者が同行取材を行い、五八回にわたってアフリカから記事を送ったことがあるのだから。もっとも、二三年前の話だから、日々の事件に追いまくられる現場では、このことはすっかり忘れられていたのかもしれない。

『毎日』が、正氏のことを忘れていたとすれば、『読売新聞』にいたっては、彼の存在を無視していたのではないか。死亡記事も載せていないのである。

だが郷里の徳島県では、もっと正確でまとまった内容が報じられた。『徳島民報』は五月十六日の朝刊に「蜂須賀正氏氏急死　世界に有名な小鳥の殿様」という大きな見出しを載せ、

猛獣狩の元侯爵、小鳥の研究家で世界的に著名な蜂須賀正氏氏（五〇）＝蜂須賀公十八代当主＝は十四日熱海市の自宅で急死した、旧阿波藩主の名門に生れ、日本人離れしたスケールの大きい奇行は注目されていたが、最近新著の研究に没頭していたようで、同族の徳島市新蔵町三丁目蜂須賀敏次郎氏（八九）も〝突然の死去で、信ぜられない〟と驚きながら、正氏氏の印象をつぎのように語つた

氏は明治五年廃藩置県で、東京に移住した時の藩主蜂須賀茂韶公の孫に当るが、私は氏の幼年時代はよく覚えていない。昨年先祖の墓参りに帰られたときは健康そうによく肥え、社交性に富んだ貴公子ぶりだつた。その後毎月一度近況を知らせてきているが、数日前も新しい著述に取りかかるため、無事で研究しているとの便りがあつた。あんなに元気だつた人がと思うと氏の死は信じられない

なお蜂須賀正氏氏の告別式には徳島市から吏員を送ることになつた

**蜂須賀正氏氏略歴**　明治三十六年生れ、学習院、ケンブリッジ大学卒、大英博物館で鳥学を専攻、英国、サハラ砂漠一帯、東部アメ《ママ》リカ、フイリピン群島、米国中南米を鳥類採集のため探検研究に従事、新発見の鳥類は百二十種をこえ、すでに絶滅鳥類の研究で北大から理学博士の称号を贈られ、フランスのレジオン・ド・ヌール、米国のドクター・オブ・サイエンス、印度のドクトル・オブ・フイロソフイを受けており、現日本鳥類学界《ママ》の評議員であつた、著書にフイリピン群島産鳥類（英文）、サハラ砂漠（仏文）、などあり、猛獣の狩猟家としても有名

と報道した。また、『徳島新聞』は同日、「蜂須賀正氏氏死去」の見出しで

蜂須賀正氏氏（元侯爵、理博）は狭心症のため十四日午後一時半熱海市野中五〇六の自宅で死去した、五十歳。告別式は十八日午後二時から熱海の自宅で行う。

氏は蜂須賀家十八代に当り、学習院卒業後大正九年から六年間英国ケンブリッジ大学で動物学、鳥類学を専攻、昭和三年大礼使典儀員となり同八年貴族院議員となつた。またコペンハーゲン、アムステルダム、オックスフォードで開催された国際鳥類会議やベルグラードの万国議員商事会議などにも日本代表として出席、フランス、スエーデンから勲章を贈られた。鳥類学の分野ではアフリカ、南太平洋各島、中南米各地に探険旅行をした世界的鳥類学者として知られ著書には『南の探険《ママ》』『世界の涯』などのほか鳥類の学術書をロンドンおよびパリで出版した。

と書いている。さすがに、旧藩主のことなので、マイナスのイメージは記していないが、『徳島民報』の「日本人離れしたスケールの大きい奇行」という表現に苦心の跡がみられる。

## 世界的な鳥類学者とスキャンダラスな侯爵

では、蜂須賀正氏とはどういう人物だったのだろうか。まず、第一にいえるのは、当時の日本には珍しいスケールの大きな世界的な鳥類学者であったことだ。彼が終生追い求めたテーマは、『不思議の国のアリス』にも登場する絶滅した鳥ドードー。この研究を高く評価されて、アメリカやインドの大学から学位を授与されている。

探検調査の足跡は、ヨーロッパ、アフリカ、北米、中南米、中国、東南アジアなどに及んだが、対象を鳥だけに絞っていない。アフリカでは、ライオンやサイ、レイヨウ類などを狙い、日本人で初めてゴリラと出会った人でもある。蜂須賀正氏は〈いきもの〉が大好きだったので、哺乳類や爬虫類などの動物も研究して、骨格や筋肉の付き方など動物をみる視点が広くかつ深くなり、鳥類の分類研究にも役立ったのである。

また、ヨーロッパ滞在が長いため、日本より西欧に知己が多かった。交友関係は、鳥類学者、動物学者から、世界経済を牛耳るイギリス・ロスチャイルド家の当主や各国の王族にまで及ぶ。

日本の鳥研究の仲間からは、国際的なキャリアがあるのに腰が低くて礼儀正しく、後輩の面倒見がいいと尊敬されていた。戦後は、「日本語より堪能」といわれる英語とフランス語を駆使して、日本の研究者の論文を世界に向けて発表する手助けをしていた。つまり、敗戦後の日本の鳥学を再興し、国際化するために研究者の論文を翻訳したり、若い研究者を指導したりしていたのだった。

だが、こうした蜂須賀正氏像は、鳥類学に関係した限られた人たちにしか知られていなかったようだ。蜂須賀家の人々や旧家臣、華族社会の人たち、一般大衆は、それとは全く違った正氏像を抱いていたのである。

それは、旧家臣や周囲の人にとっては、家の体面や経済を考えずに好きなことだけをしている〈困った若様〉であり、大衆には、たびたび新聞紙上をにぎわす〈スキャンダラスな侯爵〉というものであった。

はじめに人々の記憶に登場したのは、一九二九（昭和四）年のこと。フィリピンに有尾人を探しに行く、猟奇的な探検家としてである。二年後の三一（昭和六）年には、〈暗黒大陸〉アフリカで熱暑や風土病と戦いながら猛獣狩りをする冒険家として。三三（昭和八）年になると、日本初のプライヴェート飛行機の所有者兼パイロットとして話題になった。

日本でただひとり個人用飛行機を持ち、独身で、イギリス仕込みのダンディと天性の社交性を備えた侯爵とくれば、女性が放っておかない。そして、ヨーロッパ流のレディ・ファーストで応対したから、若い女性はすっかり舞い上がってしまう。戦前の日本は、結婚を前提としない独身の男女が付き合うことに偏見を持っていた旧弊な社会だから、この結果は容易に想像がつこう。

いままで華麗なパイロットとして正氏を紹介していた新聞が、一転して女性問題を非難し始める。三四（昭和九）年五月に『東京朝日新聞』が「華族界に又問題　若き侯爵の乱行で浮沈の蜂須賀家宗秩寮の眼光る」という見出しの六段抜きの記事を掲載。ほかの新聞も一斉に「若き侯爵の乱行」を採り上げて、一躍スキャンダラスな存在となってしまったのだ。

戦時中の四三（昭和十八）年十二月には、素行不良の華族として報道され、礼遇停止となり、爵位も返上させられる。

そして、戦後の五一（昭和二六）年四月には、『読売新聞』が「斜陽夫妻法廷に争う　蜂須賀元侯爵、在米の夫人と離婚訴訟」と離婚交渉が泥沼に陥っていることを数回にわたって書きたてた。

こうしたことから戦中から戦後にかけて一般大衆は、蜂須賀正氏を〈いかがわしい侯爵〉とみていたのである。

しかし、現在では蜂須賀正氏の名前を知る人は、鳥類研究者を除けばほとんどいない。彼に言及しているのは、奥本大三郎さんの『本を枕に』、荒俣宏さんの『大東亜科学綺譚』、青木澄夫さんの『日本人のアフリカ「発見」』ほか数冊で、彼の一部分を紹介しているだけなのだ。正氏の一般向けの著書は『南の探検』、『世界の涯』、『密林の神秘』と三冊あるが、そのうち『南の探検』が、二〇〇六年に平凡社ライブラリーで復刊された。

こんな状態だから、厳密な調査をして評論を書く建築家の藤森照信さんでさえ、三田の蜂須賀邸を紹介するとき、正氏の〈奇行〉を強調し、「フィリピンの山中に有尾人を探しに出かけて「発見」してしまったりした。まっとうに動物学の道を進めば、山階鳥類研究所のように、蜂須賀動物研究所を誕生させることができただろうにと惜しまれる」(『失われた近代建築　Ⅱ文化施設編』)と変人扱いしてしまう。

私が蜂須賀正氏と出会ったのは、拙著『「バロン・サツマ」と呼ばれた男——薩摩治郎八とその時代』を書くために薩摩治郎八の資料を調べていたときだった。治郎八とロンドンで親しくなった一人として正氏のバックグラウンドを調べていて、当時の日本では珍しい世界的な冒険家で、絶滅鳥の研究というロマンに生涯を捧げた学者であることを知った。ところが、彼もまた治郎八と同じように外国生活が長いため、日本国内においては誤解と偏見の眼でみられ、死ぬとたちまち忘れ去られていったのである。

そこで私は、いつか蜂須賀正氏の業績をきちんと紹介したいという願いを抱くようになったのであった。

# 1　正氏のイギリス、日本人のイギリス

## いきものの構造を知りたい

一九〇九（明治四二）年のある日のこと。東京三田綱町（現・港区三田二丁目）の広大な邸宅のなかで使用人たちが、「若様！」「若殿様！」と大騒ぎで探している。この家の長男で小学校二年生の蜂須賀正氏が、昼過ぎから見えなくなったのだ。屋敷のなかから出た気配はない。日も暮れかけてきたが、まだ見つからない。心配になった姉の年子も一緒になって探していると、どこからか「姉さん」「姉さん」と呼ぶ声がする。声の方向を探ろうとするが、どこだかよく分からない。耳を澄ますと縁側の下から聞こえてくる。覗いてみると、床下に小さい黒い影が見える。正氏が背中を向けて座っていたのだ。大名屋敷の面影を残すこの邸宅の床下は、高さが一メートル以上あり、奥行きは深い。

「何をしていらっしゃるの？　正さま。みんなが心配して大騒ぎしているのに、なぜそんなところに隠れているの？」

年子は怒ったようにいったが、正氏は気にするそぶりも見せず、

「そっときてごらん」

と、いかにも大切なものを見ているかのように真剣な顔で手招きする。

床下に入って正氏の指さす先を見ると、かすかに射し込んでくる光で円錐形に掘られた小さな穴がみえる。アリ地獄だ。正氏は、そこにアリがかかるのを何時間も観察していたのだった。

年子は、このことを後年、「小学生の子供が、何時間もそのために床下にがんばっている興味の持ち方が異常に思えた」（蜂須賀年子『大名華族』）と書いている。だが、果たしてそうだろうか。そもそも男の子は、機械好きか昆虫好きのどちらかになる傾向がある。私も小学生の頃、昆虫採集に熱中した。アリ地獄についても縁の下に発見して、そこから逃げ出そうとするアリに、穴の主であるウスバカゲロウの幼虫が下から砂をかけて、捕らえる様子を飽かず眺めていたことがある。いきものに興味を持ち始めた少年にとって当たり前のことだと思うのだが……。

このいきもの大好き少年・蜂須賀正氏は、その名が示すように旧阿波・徳島藩二五万七千石の一六代（家祖・蜂須賀小六正勝から数えると一八代）当主となる人。一九〇三（明治三六）年二月十五日に父蜂須賀正韶《まさあき》、母筆子（徳川慶喜の四女）の長男として東京に生まれた。

正氏の生まれ育った三田綱町の蜂須賀邸は、建物だけで二〇〇〇坪、敷地は五万坪あったので、ちょっとした公園のようだったという（同前）。しかし、これは姉年子の〈誇大標示〉で、一九一二年の「東京市及接続郡部　地籍台帳」をみると、蜂須賀茂韶《もちあき》所有の三田綱町の土地は、一万一一一坪で

ある。ところが、蛙や蟬の声があまりにうるさいので、土地を慶応義塾の運動場や三井合名に〈寄付〉してしまったともいわれている。これを考慮し、蜂須賀家に隣接するこれらの土地の面積を加えると約二万坪となる。これでも五万坪にかなり足りない。が、いずれにしてもわれわれ庶民にとっては、広大な土地であることには変わりがない。

自然がふんだんにある邸内で育った正氏は、幼いときからいきものに関心があったようだ。

小学校三年になるとカエルの解剖に夢中になった。庭のカエルを捕らえて、毎日のように解剖しているので、殺生嫌いの父が、解剖の器械を取上げてしまう。すると、新しい器材を買ってきて、またはじめるという繰り返し。最後には、戸棚のなかに隠れて電灯をつけ、カエルの解剖にふけったという。

年子はアリ地獄の観察やカエルの解剖から、正氏は「生物の世界にあらわれる何か残酷な法則に憑かれているように見えた」（同前）と書いた。が、私にはあとに紹介する年子の〈考え〉を導くためのこじつけのように思える。正氏は、いきものの構造を知りたかったのだろうと推測している。

一五、六歳になると鳥撃ちに熱中。撃ち殺した鳥を解剖した。この解剖も〈いきものの構造〉への興味からだろう。まもなく鳥撃ちを止めて、邸内に広大なケージを作り、そこにたくさんの種類の鳥を飼って研究を始めた。年子が聞くと、

「この世にない鳥を作り出そうと研究しているんだ」と自慢する。

金網のなかには区切りがあって、ホオジロとメジロ、マナヅルとタンチョウヅルという具合に近似

種のオス、メスを一緒にして飼っているのである。

「これらが交配して雑種が生まれると、世界の鳥類図鑑にない新種ができるんだよ」

と正氏。

「遺伝の法則の研究なの？」

「フフン、そうかもしれないが、おれのは、猟奇趣味かな。ただ面白いからやってみているのさ」

この答えに、年子は

「正氏は、少年時代にアリ地獄をのぞいたり、カエルの解剖にふけつたのと同じ動機で、生物界の生命現象に向つて、一種ニヒルな遊びを試みているのであつた」（同前）と述べている。

正氏は一六歳で日本鳥学会に入会しているから、自分の手で新種の鳥を作り出したいという功名心があったのだ。ただ、こうした〈夢想〉は、ふつう夢想のままで終るのだが、豊富な資金があったために好きなようにできたのだろう。また、正氏が〈猟奇趣味〉といったのは、思春期特有の衒いや露悪趣味といえよう。「生物界の生命現象に向つて、一種ニヒルな遊びを試みている」という年子の〈考え〉は、成人したあとの正氏の行動から彼女が推測した結論であろう。身近な姉でも正氏を誤解していたようだ。

## カモを愛した黒田長禮

蜂須賀正氏が、日本鳥学会に入会したのは、一四歳年長の学習院の先輩、黒田長禮《ながみち》の影響であった。

**黒田長禮**（1889-1978）
（『鳥』27巻4号より。
© 日本鳥学会）

黒田は、この時すでにカモの権威として本も出版していたのだ。

長禮は、一八八九（明治二二）年、貴族院副議長を務めた黒田長成《ながしげ》侯爵と薩摩藩最後の藩主・島津忠義の娘・清子の長男として東京市赤坂区福吉町（現・港区赤坂二丁目）に生まれた。祖父長知は筑前福岡藩の一二代藩主。福吉町の屋敷は、江戸時代から黒田家の中屋敷が置かれていたところだ。なお、福吉町の由来は、福岡藩と人吉藩の邸があったためといわれる。黒田家は、ここに二万三五〇〇坪を有し、和風の大邸宅を構えていた。丘陵の上に屋敷が建ち、「溜池」に近い下の湿地には大きな鴨池がある。そこにはコガモが多数飛来し、日に数百羽も獲れたときがあったという。

ちなみに、いま地下鉄の「溜池山王」駅で地名が残る「溜池」は、その名の通り昔から大きな溜池があった場所。江戸時代初期には、江戸の上水源となっていた。一七世紀半ばから少しずつ埋め立てが始まり、溜池は少しずつ縮小されていった。篠田鉱造は『明治百話』で、溜池を次のように紹介している。

……溜池一帯は――今日の電車道は、見渡す限り沼地で、蘆荻《ろてき》の洲であって、中央《まんなか》に一条《ひとすじ》（五間ぐらい）の川が流れていて、大豪雨または降雨つづきの時は、その沼一面に大水となって、湖水の如く漲《みなぎ》ります。（中略）〔五間ぐらいの川は〕赤坂見附から虎ノ門大和坂までですから、なか〳〵の長距離でところ〴〵十間ぐらいの沼となって、蘆《あし》の生い茂った場所もあり（中略）山王下のとこは、一大沼地となって、溜池から渡船《わたし》で渡るようになっていて、山王のお祭《まつ》礼《り》には賑やかなものでした。

このような場所に黒田家の鴨池があったのだが、溜池が埋め立てられ、カモの飛来が減少したので、黒田家は赤坂の鴨場を止めて、長禮が一一歳のとき新たに羽田の鴨場を購入した。住所は、東京府下荏原郡羽田村字鈴木新田。現在の飛行場の滑走路あたりだ。

鴨場は独特の構造をしている。この羽田の場合でいうと、真ん中に四二〇〇坪（一万三八六〇平方メートル）の広大な溜り池を造り、池の中央近くに二つの小さな島がある。この島は池の縁のほうにカモを均一に分布させる役目をするという。池の周囲は藪を茂らせ、外縁に堀を設け、外部とは小さな橋でしか通行できないようにする。池と外部との交通を断って、できる限り場内を静かにし、安心してカモが群棲するようにするためだ。そして岸辺には、カモを誘い込む幅二メートルほどの引き堀が一七本作られている。

鴨猟は引き堀の奥で、餌を撒き、おとりのアヒルに導かれてカモの一群が入ったところで、池と引き堀との通路を遮断する。堰の閉じる音に驚いたカモが飛び立とうとするとき、堀の両側に隠れていた猟者が、大きなすくい網でカモを掬い取るという日本独特の猟法である。

この鴨猟を見せたり、やらせたあと獲ったばかりのカモを料理して食べさせるという〈接待〉が古くから行われていた。

カモを愛した長禮は、よく羽田に通った。赤坂から新橋駅まで行き、汽車に乗って大森で下車。大森海岸まで一五分ほど歩き、和船を雇って渡る。こうして、まだ学習院高等科の生徒だった一九歳のときに、鴨場での研究をまとめた『羽田鴨場の記』を理学博士飯島魁《いさお》の校閲で出版したのだった。その後、一九一一（明治四四）年、東京帝国大学理科大学動物学科に入学。担当教授は、あの飯島博士である。

## 鳥の研究を志した三人の学生——黒田、鷹司、内田

飯島は一八六一（文久元）年生まれ。東京帝国大学理科大学生物学科の第一回卒業生で、卒業の翌年（一八八二年）国費留学生としてドイツのライプチヒ大学に留学した。一歳年下の森林太郎（鷗外）は、二年半遅れてライプチヒに着き、飯島の隣室に下宿。二人の交友は終生続いたという。飯島の守備範囲は広く、本来の海綿の研究から寄生虫学、鳥学、動物分類学の分野にも著作がある。

この飯島のもとに奇しくも鳥の研究を志す学生が三人集まっていた。長禮と鷹司《たかつかさ》信輔に大学院生の内田清之助である。飯島が彼らに与えた研究テーマは、それぞれ「分類学」、「飼育学」、「応用鳥学」であった。のちに日本を代表する鳥類学者となる三人は、終生このテーマを守りながら研究を進めたのである。

鷹司は、黒田と同じ大華族の息子で、生まれも一八八九年と同じ歳。東京麹町の広い邸宅に住み、子どものころから庭で自然に親しむことができた。はじめは昆虫採集に熱中し、だんだんと鳥に関心が移っていったという。

ところが、内田は、一八八四（明治十七）年、東京市京橋区尾張町（現在の銀座五丁目）の生まれ。家はタバコを製造する商家で、場所は銀座松坂屋の跡地を再開発した、観世能楽堂などの入る大規模複合施設の北隣。つまりみずほ銀行のところである。「当時の街路は全部舗装されて居た。但し勿論、コンクリートやアスファルトの舗装ではなく、煉瓦《れんが》が敷き詰められて居た。両側の家には庭などはないから、柳の並木を見る以外は樹木というものは目に触れない。土を踏む機会もない」（内田『ツグミが渡るころ』）という環境だった。しかし、東京府立一中（現・都立日比谷高校）に入学してから帰山《かえりやま》信順という博物学の先生に自然への興味を喚起される。

帰山の熱心な教育に〈日本の英語学の祖〉と称された市河三喜も大きな影響を受けている。「その学問に対する情熱と懇篤親切な指導振りとは十二、三歳の少年の多数を駆って小博物学者たらしめた。少くもその中の一人は他の学科を顧みないで昆虫学に熱中し、授業中にも教室の窓の外に飛び来り飛び去る珍しい蝶の方に気を取られて学業も怠り勝ちだった」（『私の博物誌』）と回顧する。市河は、博物学への熱がさらに昂じて、一九〇〇（明治三三）年に一中の生徒を集め日本博物同

**内田清之助**（1884-1975）
（『鳥』25巻99号より。© 日本鳥学会）

志会を結成する。内田清之助もそのメンバーだった。ほかに武田久吉《ひさよし》（アーネスト・サトウの子、植物学者、第六代日本山岳会会長、初代日本山岳協会会長）、小熊捍《まもる》（動物学、北海道大学教授）、東條操（方言研究、国語学者、学習院大学教授）などがいた。小熊は、のちに山階芳麿の博士論文の主査となるので、その話のときに詳しく語ろう。

ちなみに、日本山岳会は、ウエストンの慫慂により、日本博物同志会の支会として、武田久吉、高野鷹蔵ら同志会の幹部と小島烏水らが協議して設立したものだという（同前）。

話を戻す。

一九一二（明治四五）年五月三日に内田、黒田、鷹司の三人が中心になって、飯島教授を会頭に、わずか七人で日本鳥学会が設立される。

## 新種カンムリツクシガモの発見

この日本鳥学会が設立された年に黒田長禮は二冊目の著書『世界の鴨』を出版し、鴨学の専門家としての道を歩み始めた。

ある日、黒田に幸運が訪れる。それは一九一七（大正六）年四月から一カ月の予定で朝鮮に鳥類採集旅行に出かけた時のことである。四月五日釜山港に着いた長禮は、出迎えの人と市内の剝製店に入った。その土地に棲息する動物の剝製があって現地の動物相を概観できることと、たまに掘り出し物が見つかることがあるからだ。本好きの人は古本屋を考えれば、納得できるだろう。

ほとんどは、ありきたりのものだったが、見慣れないカモの剥製が一つ目を引いた。カモの専門家である長禮が分からないのだから、「新種かもしれない！」と胸がときめく。店主に訊くと前年の十二月に釜山近くの洛東江《ナクトンガン》で採集されたものだという。これを買い求め、東京に戻って詳しく調査したが、どう考えても新種新属のカモ類のようだ。そこで、翌年、日本鳥学会の『鳥』（一巻五号）に和名カンムリックシガモ、学名Pseudotadorana cristata Kurodaとして発表したのである。性別は不明で仮に「オス？」としておいた。新種を命名するとき、ラテン語で属名、種名と記したあと命名者の名前も記す。自分の名が永久に残るのだ。二九歳の黒田は、この栄誉を得たと思い、論文を書くにあたって、タイトルなど一部は日本語で、それ以外は英語で記した。「新種のカモを発見したぞ！」と世界に向けて発信したのである。長禮の得意げな顔が想像できよう。

彼は、この論文をイギリスの著名な鳥類学者ハータート博士（七九頁参照）に送った。新種を認めてもらうつもりだったのだ。だが、博士の返事は、否定的なものだった。「同じ羽色のカモが一八九〇年一月十四日のロンドン動物学会の例会で大英博物館のシュレーター氏によって発表されています。この標本は一八七七年四月にウラジオストック付近でイルミンガー大尉が採集し、コペンハーゲンの博物館に所蔵され、同博物館のルッテン博士から同定を依頼されたものです。シュレーター氏は、アカツクシガモとヨシガモとの雑種だろうと結論しています」と記され、「もしこの鳥が新種であるならば、複数の個体が採集されなければならず、すべての個体の形態、色彩が同じでなければならない」と結ばれていた。

黒田は、落胆した。だが、翌年強い味方が現れる。内田清之助が、『鳥』（二巻六号）にカンムリツクシガモが新種である証拠を発表したのだ。内容は、旧常陸石岡藩主松平（頼孝）子爵家に古くから所蔵されている「鳥づくし」歌留多のうちの一枚、朝鮮鴛鴦がカンムリツクシガモによく似ているので、黒田の標本は古名チョウセンオシというカモではないかというのだ。歌留多と標本との違いは、頭部の羽色だが、内田は雌雄の差だと考えた。さらに、『観文禽譜《かんぶんきんふ》』という江戸後期の鳥類解説書には「朝鮮をし鳥」の記載があり、このメスが黒田のカンムリツクシガモの羽色とぴったり一致するのだ。

また、長禮も自家所蔵の鳥類写生図を整理していたら、鳥の名称は書いていないがカンムリツクシガモの雌雄と思われる図を発見し、二〇年の『鳥』（二巻九号）に発表した。

正氏は、黒田長禮が新種を発見したか否かで日本の鳥類研究者たちが熱くなっていた一九一九（大正八）年に、鳥学会に入会したのだった。学習院中等科に在学する一六歳の少年も新種の鳥を発見する望みを抱いたことだろう。

これで、カンムリツクシガモが新種であることはほぼ確定したが、四年後の二四年七月に黒田がオスの標本を入手したことによって決定的となった。これは、一九一二年か一三年の冬に朝鮮群山府付近で中村再造が撃ち落したもの。この年黒田は『鳥』（四巻一八号）に「稀れなるカンムリツクシガモの第三標本に就て」を発表したのである。これは、日本語で一〇頁、英語で四頁書かれ、鳥類画の名手小林重三《しげかず》の彩色図版を付けたもので、黒田の〈勝利宣言〉だったろう（**口絵参照**）。

**蜂須賀茂韶**（1846-1918）
（国立国会図書館蔵）

**蜂須賀正韶**（1871-1932）

カンムリツクシガモの標本は、現在三点しか知られていない。ということは、ほぼ絶滅したと考えられているのだ。黒田は新種と絶滅鳥を発見したことになろうか。第一のもの（オス）は、コペンハーゲンの博物館が、そして黒田の所有していた第二（メス）、第三（オス）は山階鳥類研究所の貴重標本保管庫のなかにある。

## 英国留学の後見役は林権助駐英大使

幼少時代の蜂須賀正氏の行状から、推測できる性格は、興味のあるものにはとことん熱中するが、関心がないものは無視するタイプといえようか。そのゆえか、学習院での成績は悪かった。好きなことだけしかしない息子に業を煮やした父正韶は、家から離して世界の厳しさを体験させようと、イギリスで政治学を勉強させることにした。留学先は自分が学んだケンブリッジ大学である。

祖父の蜂須賀茂韶は、最後の徳島藩主で、維新後はイギリス留学ののちフランス公使、東京府知事、貴族院議長、第二次松方内閣文相、枢密顧問官などを歴任。父の蜂須賀正韶もイギリス留学のあと宮内省で式部官兼主猟官、皇后宮主事などを経て、貴族院では副議長を務めた。正韶は正氏にもイギリスから帰国して政治の世界で活躍することを期待したのだ。

一九二〇（大正九）年七月十八日、朝の東京駅のホームには、瀟洒な背広にストローハットを被り、ステッキを持った一七歳の蜂須賀正氏がいた。彼は大勢の人に取り巻かれて挨拶に忙しい。これから、イギリス留学のため八時半の特急で西下するのだ。見送る人びとは、蜂須賀一族のほかに、母方の徳川一門から頼倫《よりみち》侯爵（紀伊）、圀順《くにゆき》侯爵（水戸）、達孝《さとたか》伯爵（田安家）、武定子爵（水戸分家）。年子の夫の松平康春と義父の康民子爵（旧津山藩）。そして、学習院の教授や同級生、鳥学の〈先達〉黒田長禮に徳島出身の上田有沢陸軍大将など、数百人にも達した。

『東京朝日新聞』は、翌日の朝刊に三段抜きの写真を掲げ、「美しい姉君に見送られて　英国留学に蜂須賀侯令嗣の出発」と正氏の留学を紹介している。

正氏は、十九日午前十一時に伊予丸で神戸港を出帆。お付の者を一人連れていたが、ちょうど林権助が駐英大使として赴任するので、父正韶の依頼により新任の大使がイギリスまでの後見役となった。

林は、苦労人だ。会津藩士林又三郎の長男として生まれるが、鳥羽伏見の戦いで父と祖父が戦死。わずか八歳で家長となり祖父の名、権助を受け継ぐ。会津戦争で薩長を主体とする新政府軍に敗れたあと、母は貧しいなか息子を東京に出し、会津の青年たちに預ける。たまたま面倒をみていた青年の

◇美《うつく》しい姉君《あねぎみ》に見送《みおく》られて
英國《えいこく》留學《りうがく》に蜂須賀《はちすか》侯《こう》令嗣《れいし》の出發《しゆつぱつ》

舊德島藩主なる蜂須賀正韶侯の令嗣正氏氏は昨日午前八時半東京驛發特急列車で英國留學の途に就いた、氏は十八歳の少年瀟洒な脊廣服に麥稈帽の輕裝で親戚の松平、徳川兩子、姉君の年子（松平康春氏夫人）富子（松田男夫人）小枝子を始め學習院の教授や同級生總代、[illegible]侯、[illegible]伯など徳川一門の人々上田大將其他數百名に見送られて元氣よく西に向つた、今十九日午前十一時神戸港出帆の伊豫丸に乘込み林駐英大使と同伴する筈【寫眞は向つて左から正氏氏、小枝子、徳川子爵夫人、東京驛で】

1920年7月19日『東京朝日新聞』朝刊

上司が、薩摩の児玉実文少佐で、権助の窮状を知り、こういった。「わしは会津の城を大砲で攻めた者だ。林の祖父のことはよく知っとる。わしでよかったら、その孫の林君をせわしてやろう」と。

権助は東京の児玉家で育てられるが、児玉は西南戦争のとき官を辞して、鹿児島に帰郷。権助も同行した。二年間の百姓生活を経たのち、一九歳で大阪に出て大阪中学校（現・府立北野高校）に入学。その後、東京に移り、苦学して大学予備門、帝国大学法科大学政治学科を卒業し、外務省に入ったのだ。このとき権助は二七歳になっていた。外務省では、清国、韓国の駐在が長い。駐韓公使のとき実績を上げ、一九〇七（明治四十）年に男爵を授けられる。四七歳であった。その後、イタリア大使、支那公使を経て、六〇歳でイギリス大使として赴任するときだったのだ。

蜂須賀正韶は、五〇日ほどの船旅で、身近に接する苦労人の林の言動から息子が何かを感じ取ってほしいと思って託したのだろう。

だが、船旅でも正氏の興味は鳥に向かっていた。父には、政治学を学ぶといいながら、黒田には「イギリスでキジ類の人工繁殖について研究したい」と語っていたのだから、船のなかでも鳥への注意は怠らない。上海・香港間でリュウキュウカツオドリを捕獲。その写真を日本鳥学会の機関誌『鳥』（三巻一一号）に寄稿している。

イギリスに到着したのは九月上旬。正氏は、街を歩いてすぐ日本とイギリスで鳥の生態が違うのに気づく。最もよく見かけるのは、まるい頭部でオレンジ色のふっくらとした胸のヨーロッパ・コマドリ。その次はスズメ。ゴイサギのように鳴く小型のカラスもいる。なかでも鳥が人間を恐れていないことは驚きだった。

ちょっと大きな木の上には、カラスやムクドリなどの巣が二つも三つもかかっている。赤い嘴で先端が黄色く、身体全体が黒く、脇に白い破線のあるコバンなどは数メートルまで近づいても少しも人を恐れることがない。それは、イギリス人が捕らえるのは、キジやシギ、せいぜい嘴が長く褐色のまだら模様で二五センチほどの田シギまでで、小鳥を獲らないからなのだろうと推測している（『鳥』三巻一二、一三合併号、一九二二年）。

## にわか成金の日本人がヨーロッパを闊歩

正氏の『鳥』へのレポートは、鳥の専門家向けだから、鳥以外のイギリスの様子を紹介していない。

だが、このときイギリスだけでなく、ヨーロッパは疲弊し、不況のなかにいたのだ。一九一八（大正七）年十一月十八日に第一次世界大戦は終わったが、二年では戦禍の傷はまだ癒えていない。

日本はというと、日露戦争に勝って大国意識が芽生えたところで、第一次世界大戦に参戦。ドイツは極東にまで戦力を割くことができないので、激しい戦をほとんどせずに、東アジアにおけるドイツの利権を奪って意気軒昂。「大日本帝国は、欧米の列強と肩を並べた」と喧伝したのである。そして、日本国内は戦争の圏外のため、経済的な痛手を負わず相対的に円が強くなり、日本はにわか成金の状態となっていた。一九八〇年代末の日本がバブルに浮かれ、数多くの日本人が海外を訪れて、現地の習慣を無視して顰蹙をかったようなことが、このときも起こっていたのだ。

『週刊朝日』（一九二二年四月三十日号）は、ヨーロッパでの「日本人悪評記」を載せている。その記事の見出しは、「鼻持ならぬ成金振り／金を遣つて態々『国辱』を買つて歩く漫遊客」。「向ふの貨幣相場が廉いのに付け込んで、日本人が僅かばかり金を持つて無作法極まる成金振りを発揮して歩くといふので、欧洲では頗る評判が良くなくなつた」とリードで述べ、本文では、具体例が挙げられている。たとえば、一流ホテルに泊まってドテラ姿で廊下を歩く。使用人にサービスしてもらっても、サンキューといわない。高級レストランに一目で娼婦と判る女性を連れて食事をするという具合で、「日本から来る成金諸君に限つて、成るべく上等な処へ此種の女を連れて行きたがる」と非難する。また、「在留日本人の大部分は金のあるに任せて女を買ふ、酒を呑む。女と同棲してゐる人も随分多い」と指摘。そして、こう嘆いて終わる。「如何にも金さへあれば何でも出来るといつた風で、それから金といふものを持った事のない貧乏人が俄かに金を摑んで逆上したと云ふ風だから堪らない」と。

資産家の息子はもちろんだが、「貨幣相場が廉い」のであまり資産のない画家など芸術家の卵も本場で勉強しようと渡欧してきた。そんななかにオペラ歌手を目指す藤原義江もいた。ロンドンでの彼の思い出のなかに、蜂須賀正氏が一瞬だが登場する。私の調べた範囲では、正氏はイギリスでの日本人との交友を書き残していないので、貴重な資料といえよう。

藤原はロンドンの日本人クラブで「一条実基男爵をはじめ森村勇、蜂須賀正氏、薩摩治郎八諸氏、など若い連中と知り合いになり、ひまなときにはゴルフへ行ったりブリッジをしたりして遊んだ」(『私の履歴書』)と書いている。これで、正氏が、鳥の研究以外に日本人とも付き合い、ゴルフやブリッジで遊んでいたことが分かる。正氏以外の人物を、簡単に紹介しよう。

薩摩治郎八は、一九〇一年生れで、正氏の二つ上。日本の木綿王・薩摩商店の御曹司で、オックスフォード大学で法律経済を学ぶため正氏と同じ一九二〇年の十二月に渡英。しかし、途中で大学を辞めフランスに移り、画家や音楽家のパトロンとなり、日本政府に代わりパリの大学都市に日本館を建設するなど、日仏文化交流の架け橋として現在の金額にして六〇〇億円の金を使ったといわれる快男児だ。正氏とも親しい。

### ロンドンで遊び廻ったお坊ちゃまたち

薩摩治郎八は、のちに「ヨーロッパの社交生活に、長期に渡って一番派手に金を使い続けた日本人」

〔堀口大學〕と呼ばれることになるが、イギリス時代は、目立った浪費はしていなかったようだ。藤原によればロンドンで金持のお坊ちゃまとして派手に遊び回っていたのは次の三人であった。

当時のロンドンには、前記の三氏〔一条実基、森村勇、目賀田《めがた》綱美〕のほかにも、いわゆる名門の御曹子がかなり集まっていたが、この三氏は何かにつけ際立っていた。その生活ぶりの豪奢なことは、日本人間はもとより、イギリス人の間にも有名であった。衣服にしても、すべてが最高級の、それもいっさい特別注文で、〔中略〕お茶の時間になると、ロンドンの名流夫人が集まるルンプルマイヤーに、夕食はほとんど有名料亭か一流ホテルに、車を乗りつける。車の鍵を入り口のドア・ボーイに軽く投げ渡す。左右にならぶボーイをはじめ、ボーイ長に会釈しながら、食堂へはいる前に、まずバーへ立ち寄る、という順序であるが、この乗りつける車がまた、そこらにありふれているものと違って、別あつらえである。

〔中略〕一条、森村両氏は、ロンドン人でさえあまり知らないノーマという特別あつらえのオープン・カーを乗り回し、それもたいていの場合、二人は相談をして二台のノーマをならべて走り、ボンド・ストリートやピカデリーの目抜きのところに停車する。これが人目を惹かないはずがない。はなはだしい時は、人だかりで交通巡査が整理したこともあった。さすがのロールスロイスも、このノーマには、こうした場合、敵ではなかった。この人だかりの中へパイプをくわえた二人の日本人が、手袋をはめながらゆうゆうと乗り込んで、見物にかるく会釈して走り去る。いつも便乗していた僕は、この光景を見るたびに、ロンドンで最も大日本帝国の国威を発揚しているのは、この二台のノーマだとさえ思った。

目賀田氏は、パリが本拠なので、ロンドンには車を置いていなかったが、パリではさだめし曲物を乗り回していたに違いない。氏はロンドンとパリでダンスを専攻し、金にあかして一流のホテル、クラブで「バロン目賀田」として木戸御免的な存在であった。僕はよく目賀田氏に誘われて、朝の教会へ行った。それも、モーニングにかならず着かえて行くのである。坊さんのお説教やお祈りはどうでもよく、上流家庭の娘さんに会うのが目的であった。ダンスにかけては、いかなる場所でも、断然群を抜く腕前と、その均整の取れた堂々たる体格で、「バロン目賀田」は教会でも評判であった。

（藤原義江『流転七十五年』）

私には金持のどら息子の鼻持ちならない行状としか思えない。しかし、日本からはるか離れたヨーロッパに渡り、その文化のなかで生活していた藤原をはじめとする当時の日本人は、意識するにしろ無意識にしろ、西欧文化へのコンプレックスを抱いていたから、こんなことが「大日本帝国の国威を発揚」することと映ったのだろう。

一条実基は、一九〇一年生まれ。一条公爵家から分かれ男爵を授けられた。一九二〇年イギリスに留学しバーミンガム大学経済科を卒業。イギリス人の妻を迎えている。藤原義江を当時ロンドン駐在の外務省一等書記官吉田茂に紹介した。ついでに当時の日本大使館のメンバーを記しておく。林権助大使、永井松三参事官（荷風の従兄）、吉田茂一等書記官（のち首相）、斉藤博二等書記官（のち駐米大使の任期中に病死）などである。

森村勇は、一八九七年生まれ。貿易業で成功した男爵初代森村市左衛門の弟・豊の息子。父の豊は、貿易商社森村組の尖兵としてニューヨークに滞在して会社の発展に多大な功績をあげたが、勇が二歳のとき死亡。高千穂高商を卒業後、ハーヴァード大学に留学。その後イギリスに二年遊学し、一九二二年帰国。森村産業、日本特殊陶業、日本碍子など森村グループの取締役を務めた。

目賀田綱美は、一八九六年生まれ。明治大正期の財政家として活躍した男爵目賀田種太郎の長男。母は勝海舟の娘。一九二〇年九月第一回国際連盟総会ジュネーブ会議に出席する父に随行してフランスに渡り、パリに居着いてダンスに熱中。「バロン・メガタ」の愛称でパリ社交界の人気者となった。二六年父危篤の報で帰国。日本にアルゼンチン・タンゴと社交ダンスをもたらした。前記の『週刊朝日』の記事に、目賀田らしい人物が登場するので、その部分を引いておく。「M男爵の息子が巴里で一月に何萬円とか使つて巴里を出たり這入つたりする毎にカフエー・ド・ラ・ペーとかの主人に送迎させせて得々としてゐたなんてことは倫敦では見られない」。

## 皇太子裕仁のイギリス

彼らと同じ時期に、イギリスで大きな話題となっていた二〇歳の日本人がいた。皇太子裕仁（昭和天皇）である。一九二一年五月九日から三十日までイギリスを訪問して大歓迎を受けていたのだ。

皇太子外遊の計画は、宮内省に裕仁の側近として勤めていた西園寺八郎、学問所御用掛としてフランス語を教えていた山本信次郎大佐（のち少将）、式武官の松平慶民《よしたみ》らによって進められた。大正天皇が病気なので、裕仁は、若くして天皇になるとみられていたが、ヨーロッパ滞在の経験がある彼らは、皇太子が天皇になる前に、広く世界を見て、生きた知識を吸収することが必要だと考えていたのだ。それに加えて、日本は、第一次世界大戦で戦勝国となり、国際的地位があがったので、同盟諸国を廻り国王や各国首脳と会うことは、日本のその後の伸展に寄与するとも。

その一方で、反対論もあった。旅行で不慮の災害が起こらないか。皇太子にとって初めての長旅で、気候風土、生活様式の違う外国で健康を損ないはしないいか。皇太子はまだ成人していないし、宮中深く育ったので、外国で元首等と会って非礼を侵し、日本国の声価を落とすことにならないか、などなど。

しかし、山縣有朋、西園寺公望、松方正義、原敬首相らの強力なバックアップによって決定にいたる。

かくして、一九二一（大正十）年三月三日、皇太子裕仁は、御召艦「香取」に乗り、「鹿島」を従えて横浜を出発したのであった。ところが、沖縄を出発してまもなく、皇太子が初めて高級士官たちと午餐をとったとき、御用掛の山本は仰天する。裕仁は、ズーズーと音を立ててスープを飲み、スプーンはカンカンと皿にあたって喧しい。ナイフやフォークの使い方もがさつで、肉を切るしぐさも無器用だ。これでは、ヨーロッパで、野蛮で下品な人間とみなされてしまう。「宮内省の陪臣たちは皇太子に何を教えていたのだろう」と山本は、いぶかった。「こうなれば仕方がない。フランス語を教える時間に食事のマナーを教えよう」と決意し、船上での二カ月は、その特訓に費やされたのである。途中の寄港地が、マナーの実地トレーニングの場となった。現地総督主催の晩餐会のあとなどに、山本と七年の滞英経験がある外務省書記官澤田節蔵が、マナーの間違いと不適当な話題などを厳しく直言したのだった。

外交官の澤田節蔵は、皇太子についてもう一つ気づいたことがあった。それは、体形である。少し猫背気味なのだ。今回の旅行のために宮内省は、皇太子の陸海軍の軍服から平常服まで新調したのだが、体形に合わせて作っているので、猫背が目立ってしまう。これでは、訪問先での印象が悪くなる。澤田がロンドンで背広を注文していた一流テイラーなら、理由を話せば、体形をカバーするよう工夫してくれるだろう。宮内省の許可を得たので、航海途中の寄港地ジブラルタルでの採寸を依頼した。テイラーの採寸師を連れてやってきたのは、ロンドン駐在の吉田茂である。さすがに一流の職人、寸法を取ってすぐ陸路フランス経由でロンドンに戻り、ポーツマスに入港する一週間のあいだに、注文通り仕上げてくれたのだ。おかげでヨーロッパ歴訪中、皇太子の容姿・挙措は、威厳あるものになったという。

皇太子一行は五月九日、ヨーロッパ外遊の最初の訪問国としてイギリスのポーツマス港に到着した。エドワード皇太子が来艦して歓迎の意を表し、一行は桟橋から宮廷専用列車に乗り込んだ。ロンドンのヴィクトリア駅には、国王ジョージ五世ら王族関係者と政府閣僚が出迎え、裕仁は国王と同乗して六頭立ての馬車でバッキンガム宮殿へ向う。沿道で数多くの市民から熱狂的に迎えられた。

この日はバッキンガム宮殿で国王ジョージ五世の公式晩餐会があり、宮殿に宿泊。翌十日にはウィンザー宮殿にエドワード皇太子を訪ね、その夜外務大臣主催の晩餐会に出席した。裕仁一行は五月三十日までイギリスに滞在。オックスフォード、ケンブリッジ、エディンバラ、バース、マンチェスターなど各地を訪ね大歓迎を受けた。

わが蜂須賀正氏は、二歳年長の皇太子をオートバイに乗ったまま出迎えて、まわりの日本人から顰蹙をかったといわれている。私には、イギリス風の生活と習慣になじみ、皇太子に対する日本人の過剰な崇拝ぶりに違和感を抱いている正氏青年の姿が思い浮かぶ。そして、「この出迎えとは、いつのことだろうか」と気になった。侯爵の嗣子として晩餐会に招待された場合には、「オートバイに乗ったまま出迎える」ことはできそうもない。とすると可能性が三つある。一つは、十八日に裕仁がケンブリッジを訪ねたとき。次は、在ロンドンの日本人のために、旅行の後半の二七日午後五時半からリージェント・パークで裕仁が催した園遊会のとき。ここには在留日本人であれば半クラウンで入場できたのだ。最後は、その翌日に皇太子が、日本人会の茶会に出席したときだ。ケンブリッジのときが、一番可能性があるが、イギリスのトップクラスの大学に勉強に来ている日本人が、こんなことに目くじらを立てるのだろうか。

皇太子裕仁は、この後、フランス、ベルギー、オランダ、イタリアと廻り、九月三日横浜に帰港した。半年間の旅行だったが、皇太子時代の一番楽しい思い出であったようだ。後年昭和天皇は、ことあるごとにこのときの楽しさを語っている。たとえば、一九七〇年に那須で記者と会見したときには、「それまでの生活はカゴの鳥のような生活でしたが、外国に行って自由を味わうことができました」というように。

## 徳島藩の語学教育と正氏の英語力

蜂須賀正氏は、皇太子裕仁が日本に戻った九月に、ケンブリッジのモードリン・カレッジに入学した。読者には、学習院の劣等生がケンブリッジ大学に入れるのだろうか、と疑問に思う方もいるかもしれない。この頃のケンブリッジもオックスフォードも入学の基準はゆるやかだった。家族に卒業生がいれば、入りやすかったし、外国の王族や貴族の受け入れは比較的寛大だったのだ。ただし、英語は理解できなければならないが……。正氏は、祖父がオックスフォード、父がケンブリッジの卒業生で、華族なのだから、ハードルは低かったろう。

さらに英語教育について、蜂須賀家は革新的であった。一八七〇（明治三）年に徳島藩は、外国語学伝習所教官としてオランダから二人の教師を迎えているのだ。彼らは長崎出島の最後のオランダ商館長であるドンケル＝クルチウスの息子で、ボードウィンとヤン・ヘンドリック。英語・フランス語・ドイツ語を教え、藩主茂韶の家庭教師ともなった。茂韶は、この語学力を生かしてオックスフォード大学に留学したのである。

このような家であるから、正氏にもイギリス人の家庭教師がいたと推測できる。姉の年子には、学校の授業の各科目に家庭教師がいたのだから、長男の正氏は同様かそれ以上だったろう。彼は、好きなことには熱中するタイプなので、英語の勉強は熱心だったのではないか。のちのことになるが、正氏は英語とフランス語が堪能で、甥の松平康は「叔父は日本語より英語の方が上手であった」といっているのだから。

また、イギリスに着いてから約一年、正氏は、家庭教師について受験勉強をしたと、私は想像している。たとえば、学習院高等科を中退してケンブリッジ大学に留学し、音楽を研究した紀州の徳川頼貞は、一九一三年の秋にイギリスに着き、ケンブリッジ大学セルウィン・カレッジのマレー博士の家に寄寓して受験準備をしているのだ。さらに、正氏よりあとのことになるが、吉田茂の息子健一も、オックスフォードに入る前に、同大学の元教授の家に下宿した。吉田健一は、こうした例が一般的だと語っている。

## 2 ロスチャイルドと絶滅鳥

### ロスチャイルド家の成人祝いは博物館の建設

蜂須賀正氏は、親元を離れたのをいいことに、ケンブリッジで羽根を十分に伸ばして鳥類研究にのめり込んでいく。研究テーマであるキジは、「英吉利の雉類について」(『鳥』三巻一二、一三合併号)を投稿したあと、一五号に「稀れなる雉類 Rheinardius ocellatus に就て」を寄せた。

これは、現在生存するキジ類のなかで最も珍しい中国産のもので、パリ博物館にオス四羽、メス一羽、大英博物館とシュツットガルトの博物館に各一番《つがい》、トリング博物館に数羽しか剝製が存在していない。そのキジを正氏はノーフォーク海岸に住む老人のコレクションから入手した。大英博物館のものは尾羽先端が擦り切れているが、自分のは完璧だと書いている。要するに鳥仲間への自慢話である。

それよりもここでは、一般人にはあまり馴染みのないトリング博物館という名前にご注目いただきたい。ロンドン郊外ハートフォードシャー、トリングにある個人の動物学博物館で、オーナーはイギ

**L・W・ロスチャイルド**（1868-1937）
（© The Natural History Museum）

リス・ロスチャイルド家の当主ライオネル・ウォルター・ロスチャイルドである。彼は、正氏が理想とした人であった。

ウォルター・ロスチャイルドは、七歳のとき動物の剥製を見て心を奪われ、博物館を作ることを夢見る。そして、幼少から鳥や蝶の標本を熱心に集め、一八八七年にモードリン・カレッジに入ったとき、彼のコレクションは、鳥類五〇〇〇、鱗翅目昆虫（蝶、蛾）三万八〇〇〇、その他の生物約三〇〇〇〇にも達していた。父ナサニエルは、家業の銀行を継ぐべき息子の動物学への偏愛が気に入らない。だが、妻エマの説得に負けて、二一歳の成人祝いに博物館を建ててやることにした。一八八九年、ウォルター二三歳のとき、ロスチャイルドの屋敷があるトリング・パークに博物館が完成する。父は、これで息子は動物学を趣味とし、家業に力を入れるだろうと思ったのだが、そうはいかなかった。銀行にいても、博物館の管理人をオフィスに呼んで、動物学の話をする。週末には、トリングに引きこもり、博物館のコレクションを眺め暮らす、といった具合で、仕事をほとんどしない。ウォルターは、シティでは何の業績も上げていないが、イギリスの動物学界では知らぬ者がいない存在になっていった。

一八九二年には、博物館を一般公開する。このとき、鳥類の剝製標本だけで二〇〇〇点を数え、世界のどこの博物館も及ばない規模を誇っていた。

この後も、コレクションの充実に努め、世界中に彼が派遣した収集人《コレクター》が足を踏み入れなかった地域は、南極だけという徹底ぶり。ロスチャイルド家の莫大な財産がなければできない仕事であろう。こうして集められた標本の整理分類から、陳列ケースの配列まで、ウォルター本人が行っていた（小山慶太『道楽科学者列伝』）。

父ナサニエルは、息子の道楽にじっと耐えていたが、とうとう見放すときがやってくる。一九〇八年、銀行から解任し、次男のチャールズに家業を託すのである。父としては一九年我慢しての一大決心だったが、息子は心置きなく動物学に没頭できるので大歓迎。ウォルターは、解任から三年後、動物学の分野で王立協会（ロイヤル・ソサエティ）の会員に選ばれる。一九一五年に父が死ぬと、長男のウォルターがロスチャイルド家を継ぎ、男爵となった。この後、三七年に亡くなるまで大財閥の当主として君臨する。ウォルターの動物学界での活躍はめざましく、彼の名前が冠された生物は、二五〇種類を超えるまでに至った。

## 年長のロスチャイルド男爵と親交を結ぶ

正氏にとって〈聖地〉ともいうべきトリング博物館には、イギリスに着いてかなり早い時期に訪ねている。また、ウォルターにも、博物館訪問からそう間をおかずケンブリッジの鳥類学者の紹介などで、会ったのではないか。そのとき、三〇〇年続く大名華族で、侯爵の息子という肩書きが役に立ったと思われる。ウォルターは一八六八年生まれだから、正氏と三五も年が離れているが、すぐに親しくなったようだ。

……私の通された立派な応接間には大きな薪がくべてあり、差し向かいに座ったのはこの家の主人ロスチャイルド男爵（ウォルター）である。（中略）私は学生あがりの若僧であったが、男爵はもうすでに六十に近かったと思う。お互いに研究していることに気が合ったので、我々二人は、日曜日の午後など、いつまでも話を続けていたことがあった。

（蜂須賀正氏『南の探検』）

二人が話し合っていた窓の外は、ウォルターが、四頭立てのシマウマの馬車を御して散歩したという、有名な逸話が残されている広大な庭園だ。「シマウマは野生の動物だから普通の馬のように飼い馴らすことはできない」といわれていたのを、「シマウマは分類学上ロバに近いので、必ず人に馴れる」と自信を持って調教し、成功したのだった。

「しかし、残念ながらこれを実用化できなかったんです」と男爵。

「どうしてですか？」と正氏が訊くと、

「トリングの町で普通の馬車に出会ったとき、相手の馬がビックリしてしまい、御者が制御できなくてけが人が出てしまったんです」と残念そうに答えた。

## ロスチャイルドに影響されて絶滅鳥ドードーの研究を

蜂須賀正氏の一生を眺めてみると、この博物学の大先輩の生き方や研究を手本にしたのではないかと思えるふしがある。たとえば、正氏の終生のテーマとなった絶滅鳥〈ドードー〉の研究がそうだ。そして、ケンブリッジ大学の卒業論文が、架空の鳥「鳳凰」の研究であったことも興味深い。この研究で、鳳凰は孔雀の類ではなくキジ科の鳥と結論づけている。つまりこの論文は、正氏がイギリスで研究したいとしていたテーマ（キジの研究）とつながる。その一方で鳳凰は〈架空の鳥〉だから、見たこともない〈絶滅鳥〉と研究手法が似ている。ほんのわずかな手掛かりから、想像力を駆使して理論を組み立てていくのである。

一九世紀末になると交通が発達し、動物学者たちは世界の僻地に出かけて、その地方特産のいきものを発見しようと躍起になっていた。ところが、ウォルターは、忘れられた鳥の研究が重要だと考え、一九〇五年の万国鳥学会で、絶滅した、または絶滅に瀕した鳥類の講演を行ったのだ。実際、絶滅しそうになっていたバリ島のムクドリを、人工飼育して残しているし、一九〇七年には大著『絶滅鳥大図鑑』（*Extinct Birds*）を出版している。

この本は、過去五〇〇年間に地球上から消え失せた鳥類を丹念に調べ上げたもの。この間にいなくなった鳥類は一四〇種類になるという。そのうち七七種類は、剝製の標本か立派な写生図が現存する。残りの六三種類は骨格や卵、羽毛の一部などが残っているため、確かになんらかの鳥のいた事実はあるが、生存当時の姿は判然としないもの。それ以外に、証拠が残っておらず絶滅したものがどれだけあるかとも指摘している。

ところでウォルターの本では〈ドードー〉の紹介に、解説三頁、図版四頁とかなりのスペースを割いている。まず、DIDUS CUCULLATUS（のちに最初に付けられた学名が知られ Raphus cucullatus と変更される）という学名のあとに改行して通称名 DODO（ドードー）を表記。次いで、発見されてからつけられた一〇種類の名前が小さい字で列挙され、一行あけて本文がはじまる。大意を紹介しよう。

## 『絶滅鳥大図鑑』のドードーの説明

この驚くべき鳥が初めて紹介されたのは一五九八年のヤコブ・ファン・ネック提督の航海記録で、それは一六〇一年にアムステルダムで出版された。そのなかで「青いオウム類はそこに大量いたし、ほかの鳥も同様にいた。そうした鳥のなかに大きさで人目を引く鳥がいた。白鳥よりも大きく、巨大な頭部は半分までしか皮をかぶっていないので、さながらフードをかぶっているようだ。この鳥には翼がなく、そのかわりに黒っぽい羽が三、四本、翼の位置に突出している。尾は湾曲した柔らかい灰色の羽二、三本からなっている。われわれはこの鳥のことを〈ワルフ・フォーヘル〉（胸のむかつくような、いやな鳥）と呼んでいた。その理由は、煮込めば煮込むほど肉が硬くなり、まずくて食べられないからである。しかし、腹部と胸部は、いい香りがして容易に嚙み切れた」と書かれている。

ここで脱線するが、オランダ語から日本語に訳されたファン・ネックの『東インド諸島への航海』

（渋沢元則訳）が出版されている。それを参照すると、異なるところがある。オランダ語から英語と日本語に移された時、翻訳に〈誤差〉が生じたのか、それともテキストとした版が違うのか？　参考までにその箇所を挙げておこう。「青いオウム」→「灰色のオウム」。「ほかの鳥も同様にいた。そうした鳥のなかに大きさで人目を引く鳥がいた」の箇所なし。「白鳥よりも大きく」→「白鳥くらいの」。「尾は湾曲した柔らかい灰色の羽二、三本からなっている」→「尾のあるべきところにちっぽけな四、五枚の羽がくるりと丸まっているだけで、体全体が灰色をおびている」。「腹部と胸部は、いい香りがして容易に嚙み切れた」→「胸肉と胃袋はたいへんうまい」とだけ。「腹部」と「胃袋」の違いも気になる。英語の belly は、人間では「胃袋」だが、動物のときは「腹部」を意味するので、私はこう訳したのだが？　原語ではどうなのだろう。

『絶滅鳥大図鑑』のドードーの説明に戻ろう。

一七、一八世紀には多数の旅行記や航海記が出版され、そのなかにドードーの記述やそのスケッチをみることができる。これらの資料から明らかになったのは、ドードーは一七世紀の終わり、一六八〇年から一六九〇年に絶滅したということである。その原因は、多くの絶滅鳥にいわれることと同じで、人間による。飛べなくて、体重が重くヨチヨチ歩き、天敵がいなかったのでまったく警戒心のないこの鳥は、船員やモーリシャスにやってきたり住んだりした人たちの食料として絶え間なく虐殺された。しかし、その他の種類も含めマスカリン諸島に大量にいた鳥を最終的に絶滅させたのは、人間が連れてきたブタやセイロン・モンキーであろう。これらの動物はまたたく間に増えて、卵や幼鳥を見つけてエサとしたのである。

はるか後年ドードーとして注目されるこの鳥は、鳥類学者のあいだで異論があり、なかなか所属が決まらなかったが、二種類のドードー属と近縁の鳥ソリテアを特殊なハト属とした。

このあと一四点のドードーの絵のリストが掲げられて、次のように続く。

結局、二羽のモーリシャス・ドードーが、生きたままヨーロッパに運ばれ公開された。一羽は一五九九年にファン・ネック提督が持ち帰ったもので、これがおそらくルーラント・サフェリー（彼は何点もドードーの絵を描いている）の絵のモデルとなったものだろう。もう一羽は一六三八年にロンドンで展示され、ハモン・レストレンジ卿が言及している。たぶんこの鳥だと思うが、その後トラデスカント博物館（一六五六年）に剝製となって展示され、最終的にオックスフォードのアシュモリアン博物館に所蔵された。大英博物館にあるサフェリー筆とみなされるドードーの絵は、この剝製がモデルとなったと思われる。

ドードーはモーリシャス島に生息していたのだ。

さらに、図版の説明が付き、巻末の図版の頁に移る。全四頁のうち、一頁が、ベルリンにあるルーラント・サフェリーの絵のカラー図版。あとの三頁にはスケッチが一三点収められている（**口絵参照**）。

以上が、『絶滅鳥大図鑑』でのドードーの概要である。ドードーは人間と彼らが持ち込んだ動物によって生態系が破壊され、絶滅したのだった。この図鑑のなかでは比較的スペースがとられた紹介だが、多くの絶滅鳥を紹介するため、舌足らずのところがある。それを補足しておこう。

## ドードーは、マスカリン諸島にだけ生息する鳥

ドードーは、マダガスカル島の東方にある三つの島々――マスカリン（モーリシャス）諸島にだけ生息する鳥だ。西寄りの最も大きな島がレユニオン島、東方の小型のものがロドリゲス島で、中央がモーリシャス島である。ドードーには二種あるのだが、白色のものがレユニオン島に、灰色のものがモーリシャス島に棲んでいた。ふつうドードーと呼ばれるのは、こちらの灰色のものだ。ドードーは、七面鳥ほどの大きさで、翼が退化して飛ぶことができず、先端がひしゃげた巨大なくちばしに短い脚と小さな尾をもった不格好な鳥。駆けようとすると身体がよたよたと揺れて、腹が地面をこすってしまう。木に登ることはできないので、巣は地上につくり、卵は一度に一個しか産まない。それでも、天敵がいないので無人島で繁栄していたのだった。

一五〇七年、ヨーロッパからアフリカ経由でインドへ行く途中の基地を探していたポルトガル人によってマスカリン諸島が発見された。船員たちは、飛べない太った鳥に気づいていただろうが、公式の報告書には何も記されていない。ドードーが正式に発見されたのは一六世紀末のことだった。オランダの統治者モーリシャス伯爵が、八隻の船を与えファン・ネック提督を東インドへの探検航海に派遣。途中オランダ艦隊はモーリシャス島に上陸した。いままでポルトガル人によってイラ・ド・セルネと呼ばれていたこの島を、パトロンである伯爵に敬意を表してモーリシャスと名づけたのである。

ファン・ネック提督は、味を気に入らなかったようだが、大洋を航海する人々にはドードーは食料

**『不思議の国のアリス』に登場するドードー鳥**（ジョン・テニエル画）

として重宝がられた。なにしろ人を恐れないのでかんたんに捕獲でき、大きいので一羽で何人分もの食料となった。船員たちは、食べきれないものは塩漬けにして大量に貯蔵し航海したのである。

ところで、ドードーという名前には、諸説ある。オランダ語の**dod-aarsen**「ものぐさな」、ポルトガル語の**doudo**「愚かな、単純な」、そして、ハトに似た「ドゥー・ドゥー」という鳴き声の擬声語などだ。

また、ヨーロッパに送られたドードーは実は二羽ではなかったのだが、これについては、正氏の〈ドードーの研究〉（二二五頁）のところで語ろう。

オックスフォードのアシュモリアン博物館に唯一残されていた剥製は、管理状態が悪く、頭部と片足を残して焼却処分された（近年、この足の爪のDNAを分析してハトの近縁であることが改めて確認された）。現在、このドードーの骨は博物館の貴重品として展示され**（口絵参照）**、そのそばにヨハン・サフェレイ（ルーラントの甥）が描いた大きなドードーの絵が掲げられている。

オックスフォードのクライスト・チャーチで数学と論理学を教えていたルイス・キャロルことチャールズ・ドジソン（ドドソンと発音されるようだ）は、このドードーを気に入って、アリスとの散歩の途中よく博物館に立ち寄っていた。牧師志望だったドジソンは、吃音のため説教が聞き苦しいので神父を

# 訂正表

『絶滅鳥ドードーを追い求めた男』において、行の脱落がございました。左記の通り訂正させていただきます。著者および読者の皆様に深くお詫び申し上げます。

藤原書店編集部

（本文二四二頁の冒頭に以下の内容が加わります）

別邸は、熱海を見下ろす高台にあり、建物のほぼ中央に円筒形の塔をもつスペイン風住宅。和風住宅の多い戦前の熱海で〈異様な建物〉として町のランドマークとなっていた。

斜面に建てられているので二階が玄関だ。入ると左右に細長い一〇畳程の広さで、室内に入るのに右、正面、左と三通りの方法がある。右に行ってみよう。まず六畳ほどの外套室があり、二畳の来客用トイレが付属している。ここにコートを預け海側の扉を開けると階段室に通じる。上に行けば三階（の一七畳ほどの部屋へ　……と続く）

断念して教師になったのだが、その挫折感に長く苦しめられた。そこで、本名を名乗るとき必ず自嘲的にどもってドードー・ドドソンといっていたという。英語で as dead as dodo というのは、「無用でなにも影響を与えない」という意味なのである。

一八六五年に出版された『不思議の国のアリス』の三章では、アリスの涙の池に落ちたあと、動物たちが濡れた身体を乾かすために「コーカスレース」（勝手に走り回る）をする場面でドードーが登場する。「堂々めぐり」（矢川澄子訳）のレースを取り仕切る〈的外れなことをいう太ったグズな鳥〉という設定だ。これに加えて、挿絵でジョン・テニエルが杖を持ったドードーがうやうやしく指ぬきをアリスに渡すシーンを描き、ドードーは世界でいちばん有名な絶滅鳥となったのだった。

## 白ドードーとソリテア

レユニオン島の白ドードーは絶滅するまで、ほとんど注意を払われなかった。この島はモーリシャス島より大きいが、平野が少なく移住者があまりいなかったのだ。一六一三年と一九年にそれぞれ別に訪れたイギリス人とオランダ人の航海記に、「七面鳥ほどの大きさで、太っていて飛べない白くておとなしい鳥」と記述された程度。一六三八年にフランス船がやって来て、フランス領とし、島の名前をポルトガル名から現在の名前に変更したあと、一六四〇年ごろと一六八五年ごろに一羽ずつヨーロッパに送られた記録がある。そのどちらかの白ドードーをピエール・ウイトホーが描いたようだ。このドードーも人間に生態系を壊され、一七三五年から一八〇一年の間に絶滅したとみられている。

また、ロドリゲス島には、ソリテア（**口絵参照**）と呼ばれるドードーの近縁種が棲んでいた。一七世紀末にマスカリン諸島で過ごしたフランス人の探検家でナチュラリストのフランソワ・ルガの著書『フランソワ・ルガとその一行による　東インドのふたつの無人島への旅と冒険』には「孤独鳥《ソリテール》」の一章がある。多数いるのに群れで見かけることがほとんどないので、この名前が付けられたと説明され、次のように描かれている。

「雄の羽毛は通常、灰色がかった色と褐色が混じる。足もくちばしも七面鳥に似ているが、くちばしは七面鳥のそれよりも少し鉤状に反っている。尾はほとんどなく、羽毛に覆われた尻は馬の尻のように丸まっている。七面鳥よりも背丈が高い。首はまっすぐで、背丈に比例して、七面鳥が頭を上げたときよりも少し長い。眼は黒く生き生きとして、頭には鶏冠《とさか》も冠毛もない。飛ぶことはまったくない。体の重みを支えるには、翼が小さすぎるのだ。翼はもっぱら、喧嘩をするときに使うか、あるいは互いに呼びかけ合いたいときにくるくる回すくらいである」（中地義和訳）。

このソリテアも卵は一回に一個しか生まない。人間が住み着いた島での目撃情報は、一七六一年が最後となった。

## ロスチャイルドとの絶滅鳥談義

このようなドードーに関する知識を基に、正氏はウォルターとトリング博物館の標本室で〈ドードー〉について話し合っていた。それはこんな様子だ。

標本室には男爵の監修のもとに作られた白ドドのモデルがある。嘴や翼が普通のドドと同じに出来てゐる点について、男爵と私はしばしば意見を披瀝しあつた。男爵はまた偶然の機会に白ドドの小さな原図を入手されてゐたが、貴重なものであるから雑誌アイビスに紹介された。この論文の中に説明されてゐる画工の来歴その他について議論の余地があつたので、小さな額を壁から外して太つた男爵と小がらな私は長いこと見入りながら意見を述べあつたものであつた。

（蜂須賀正氏『世界の涯』）

つまり、ヨーロッパに送られたレユニオン島の白ドードーの剝製も骨も存在しない。ウォルターは、『絶滅鳥大図鑑』にレユニオン・ドードーとして白ドードーの彩色画（口絵参照）を載せているが、それは画家ピエール・ウイトホーの絵を基に、嘴と尾は普通のドードーと同じとみなして創り上げたもの。全体は白く、嘴と脚と小さく退化した羽が黄色になっている。このモデルもこの考えを踏襲しているから、意見を述べ合う余地があるわけだ。

またあるときは、階段の壁に掛けられた、二メートル近い大きなクイナのような絶滅鳥の絵について議論した。この鳥は、嘴と脚と長い足の指がサンゴのように赤い。羽は純白だが、風切り羽は黒く、体側の羽は薄い赤みを帯びている。

「この大きなクイナが例のマスカリン諸島のフラミンゴですね。体側のピンクのような色とオオバンにあるような頭の上の平らな板は、どんな資料からお取りになったのですか」

「体側の色は、あのフランソワ・ルガの著書に記されています。嘴についてもルガは『ガンのようだがもっとシャープだ』といっています。頭の上が平らなのは、私の推測です」

「それは何を根拠にしているのでしょう」

「この鳥は大きくて足が長いのでフラミンゴの仲間と考える人もいますが、マスカリン諸島にはフラミンゴは生息してないいし、その痕跡もありません。フラミンゴの骨が一本も発見されていないのです。そこでライデン王立自然史博物館の館長シュレーゲル博士の『かつてモーリシャス島には大きなクイナ科の鳥が存在した』という説に基づいて大きなクイナ科バン属の鳥と考えました。嘴とそれにつながる平らな板はバン属の特徴です。ご承知のようにシュレーゲル博士は、フランソワ・ルガに敬意を表して、この鳥にレグアティア・ジガンティアという学名を付けた人ですからね」

「なるほど。そうすると、新しい決定的な説が出れば、お考えは変わるということですか」

「そうです。誤りとわかれば、訂正することはやぶさかではありません」

正氏のような若造との議論でも、ウォルターは謙虚で、自分の間違った説を取下げることに少しも躊躇しない、大きな度量の持ち主だった。

## 絶滅に近い動物を保護するベドフォード公爵

もう一人、正氏が親しくなったイギリス動物学界の大物がいる。その人は、一一代ベドフォード公爵である。一八五八年生まれで、ウォルター・ロスチャイルドより一〇歳年上だ。王立協会（ロイヤル・ソサエティ）の会員で、ロンドン動物学協会総裁を務め、絶滅に近い動物の保護に努力している。ロンドン北方のベドフォードシャー、ワーバンに広大な領地があり、そこに動物を放し飼いにしていた。正氏が訪ねたとき、絶滅に瀕していたヨーロッパ産の野牛を飼育し、中国の珍獣四不像《しふぞう》を絶滅から救い、繁殖させている最中であった。この動物は、蹄はウシに、頭はウマに、角はシカに、体はロバに似ているが、それらのどの動物でもないということから、四不像と名づけられた。しかし、いまでは偶蹄目シカ科の哺乳類に分類されている。

野生のものは一九世紀以前に絶滅。一八六八年に北京郊外の南苑で飼育されているのをフランス人の宣教師ダヴィッド神父が見つけ、ヨーロッパに紹介された（この神父は、四川省でジャイアント・パンダも発見している）。ロンドン、パリ、ベルリンの動物園などに送られるが、公爵のところ以外は全滅。南苑でも洪水や義和団の乱で個体数が減少し、一九二一年ごろには中国大陸からは姿を消した。現存するのは、公爵が育てた子孫。八〇〇頭ほどが、世界の動物園で飼育されている。正氏は、留学を終えて帰国するとき、公爵

**ベドフォード公爵**（1858-1940）
（*Obituary Notices of Fellows of the Royal Society*, Vol.3, No.9, Jan., 1941）

に生きた四不像をリクエストしたが、まだ個体数が足りないと、剝製を贈られた。

現在は、公爵が放し飼いにしていた領地がサファリ・パークとなり、邸宅がワーバン・アベイとして観光客に開放されている。

正氏が、こうした年長の世界的な動物学者と親しくなったのは、趣味を同じくしたこともあるが、人を惹きつける個人的な魅力もあったのだろう。

## 鳥研究で国際的な親交を広げる

さて、ここまでみてきたように若き蜂須賀正氏にとって、イギリスは理想的な場所であった。鳥類学の研究は進んでいるし、優れた研究者が何人もいて、直接会うこともできる。大英博物館やトリング博物館に行けば、標本や資料が揃っている。ロンドンの繁華街ピカデリーには、稀覯書を扱うクォリッチという古本屋もあり、世界一の剝製屋ローランド・ウォードもある。博物館では剝製を遠くから眺めるだけだが、この店ではすぐ近くまで寄れ、触っても怒られない。博物館と違った楽しみがあるのだ。正氏は、ここでシベリア産の世界最大といわれるマンモスのメスの牙を購入したこともあるが、上得意の客というほどではないらしく「大動物の剝製を四五十頭ぐらゐしか注文したことがなかつた」（『世界の涯』）と謙遜しながら自慢している。

一方、ケンブリッジには、鳥の研究会がなく、自然史学会があったのでそこに入会した。また一九二三年には、鳥への情熱が評価され、イギリス鳥学会の会員に推挙される。正氏、二〇歳のことである。
翌年の七月十三日に、日本鳥学会の評議員に就任。十一月にはロンドン動物学会の会員に選ばれる。このように正氏は次々と活動の場を広げていく。ところが、ケンブリッジの自然史学会では、鳥類研究がほとんど行われていない。それどころか哺乳類と較べると格下にみている。そこで欲求不満の仲間とケンブリッジ・バード・クラブを創設する。発起人には正氏のほか、のちにケンブリッジ大学で動物行動学を担当するW・H・ソープやオックスフォード大学で動物学を教えるバーナード・タッカーなどがいた。

さらに、一九二五年四月にはルクセンブルグで開催された鳥類保護会議に日本鳥学会会頭の鷹司信輔と出席。二二歳で国際的にデビューしたのだ。この翌月には、*A Comparative Hand List of the Birds of Japan and the British Isles*（『日英鳥目録』）をケンブリッジ大学出版局から出す。これは、日本列島とイギリス及びアイルランドは地理的に同じような位置にあり、大陸と離れているので、鳥の種類が似ているとする考えで書かれたもの。正氏の本格的な鳥類研究の最初の著作である。内容は、一ページの中に日本の鳥とそれに対応すると思われるイギリスの鳥を対比、表示している。

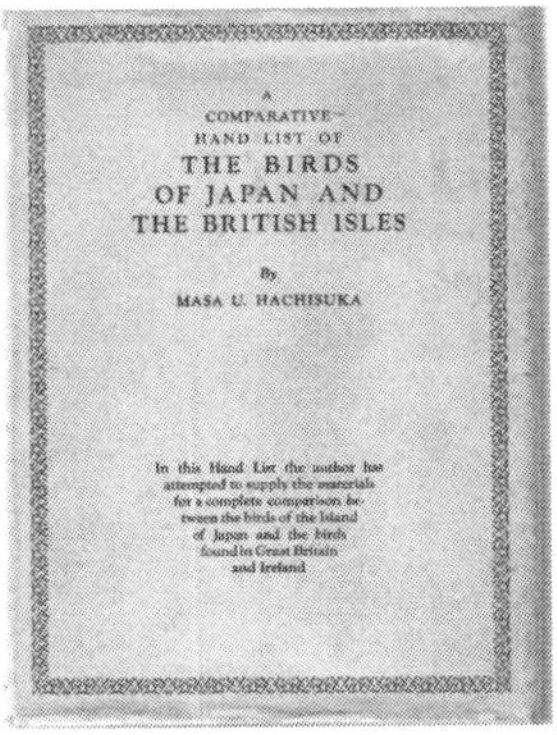

『日英鳥目録』の表紙

次いで、二六年になると五月二一日にオランダ鳥学会二五周年祭に、三日後の二四日から二九日まではコペンハーゲンの第六回万国鳥学会（国際鳥類学会議）に、ただ一人の日本人として出席した。こうして鳥類研究での国際的な親交を広げていったのである。

# 3　イギリス留学中の調査・採集旅行

## 二〇歳でナイル流域探検旅行

蜂須賀正氏は、イギリス留学中に三つの調査・採集旅行を行っている。一番初めはエジプト旅行。一九二三年の暮、二〇歳のときであった。この年の初めの数カ月、正氏は、病に臥せっていた。やがて、体調は順調に回復し、年の暮までにはほとんどもとの健康体に回復したが、「暖かいところで静養したら」という医者の勧めによって英国内に留まらず、エジプトへの旅行を思立ったのである（蜂須賀正氏『埃及産鳥類』）。ケンブリッジの同級生で親友のモハメッド・リヤッドが、エジプトに帰国していたので、彼を訪ね、ナイル川流域を二カ月、狩猟を兼ねて旅行したのだ。

エジプトは、一五一七年からオスマン帝国の支配下にあったが、一八八二年以降、イギリスの実質的な植民地と化していて、支配構造が複雑になっていた。一九一四年に、第一次世界大戦が起こると、イギリスはオスマン帝国に宣戦布告し、一四年十二月にエジプトを一方的に保護領化してしまう。こうして、エジプトは、四〇〇年に及ぶオスマン帝国領としての歴史を終える。だが、イギリス統治に対するエジプト国民の不満が大きくなり、イギリスは、「連合国側に立ってオスマン帝国と戦うなら戦後に独立させる」と約束せざるを得なくなった。ところが、戦争が終わると、イギリスはエジプトを手放す気配を見せないので、エジプト国民の怒りが爆発。独立運動が激しくなっていった。事態を重視したイギリス政府は、方向転換し、一九二二年二月二八日にエジプトは、英国保護領から独立したのである。しかし、イギリス軍の駐留など、依然としてイギリスの権益は数多く残っていた。

正氏がエジプトに向ったのは、独立から二年に満たない一九二三年十二月のこと。十九日にイタリアのトリエステから船に乗り、クリスマス・イヴの二四日にアレキサンドリアに到着した。美しい夕陽に感激し、エジプト旅行に胸躍らせて税関へ行くと、上気した気持に水をかけられてしまう。狩猟用に持参した鉄砲や拳銃、弾丸は、イギリスの輸出許可証しかなく、「エジプトへの輸入許可証がない」と没収されてしまったのだ。イギリスは、エジプトをまだ保護領のようにみなし、輸出許可証だけで持ち込めると処理したが、エジプトは独立国として対応したのだろう。正氏は憤懣やるかたなくアレキサンドリアの町を見物して、カイロに向う。親友のリヤッドに会い、ギザ動物園に園長と副園長を訪ねる。動物園は表敬訪問のつもりだったが、没収の話も出たことだろう。

エジプトでは、ほとんどの仕事は午前中で終わり。せいぜいやって午後二時までだから、没収品の返還や狩猟許可証発行の交渉がなかなか進まない。正氏は、リヤッドや動物園の関係者を利用して、交渉を有利に進める努力をしたようだ。その結果、現地の役人では判断がつかず、決断が上層部のイギリス人に任された。幸運なことに、その人は、以前イギリス鳥学会に関係があり、ギザ動物園の人も知っていた。しかもケンブリッジ出身である。普通なら一カ月かかる狩猟許可証が、二日で下りたのだ。さらに、許可費用が一〇〇ピアストルかかるところを、大英博物館の研究生ということで無料となった。そして、銃器は一〇割の担保金で使用が許可されたのである。

銃も弾丸も取り戻し、狩猟許可も得た。さらに、リヤッドがアバス・アリ・イスマヘルというアラビア人の忠実な従者を紹介してくれた。かくして蜂須賀正氏は、砂漠探検へ出発する。装備は天幕二張り、ラクダ二頭、ロバ二頭。メンバーは、馬丁三人、料理人一人、夜番一人に従者アバスと正氏の七人である。正氏は、この旅行ですっかり砂漠に魅せられてしまう。

振返つて自分の流離の足跡を見る時、どのくらゐ私は砂漠に魅せられてしまつてゐたことかが分る。東はシリヤとパレスタインから、西はモロッコの大西洋沿岸にまたがり、南はナイル河を遡つてスダンやソマリランドまで、偉大なサハラの砂漠の至るところで動物を尋ねては探険をした。まるで水に浮ぶ鴨のやうに砂漠の中に自分を見出した時には、喜々として楽しいのである。なかでもエジプトにおける始めての印象はいつも私の脳裡に生々しく残つてゐる。

海も時によつては荒れる。山も荒れる。それと同じに砂漠も荒れることがある。荒波を蹴立て、風雲を侵して行くのと同じやうに、熱砂の嵐に翻弄されながら無事目的地に達した時の私の気持をわけ合ふことの出来る読者があつたら、それは実に嬉しい限りである。

（『世界の涯』）

## 熱砂の嵐に翻弄される

このあと、正氏は、危うく遭難しそうになった経験を『世界の涯』に記す。——彼のキャラバンは、古王国時代の古墳やピラミッドが集っているサッカラを経て、カイロから一〇〇キロほど離れたオアシスの町ファイユームまで往復二週間の旅を予定していた。現在では、カイロから車で二時間ほどで着くので、初めての砂漠旅行の足慣らしとしては、格好の場所といえる。ファイユームは水が豊富で緑も多く、ファラオ時代からの狩猟地でもある。しかし、砂漠は、砂嵐が吹くと突然凶暴な姿を現わす。

初めて砂漠に出て、雄大さ、静かさ、そして夜空の美しさを経験した正氏は、「湿度も黴菌も埃もない空気のお蔭で、まるでシャンペンを呑んだ時のやうに体が爽か」になって目覚めた。朝食を摂ったあと、正氏とアバスがロバに乗って砂丘を進んでいると、行く手に砂色をした体長二〇センチほどのコバシチドリの一群を見つけた。この鳥はめったに飛ばないが、走るのが非常に速い。正氏は、鳥を撃つのに夢中になって、砂嵐に気づくのが遅れた。あっという間に、視界がきかなくなり、荷物を積んだラクダは見えなくなってしまう。砂丘に上ってラクダを探すが、周囲は、黄色い幕に閉ざされている。「サラサラッと片方へ飛んで行く砂を眺めてゐると、今までの平地はたちまちに低地と変つて行つてしまふのである。それと反対に、片方では砂丘が築かれて行くではないか。ちよつと積つた砂は一尺かさなり、それが一丈となり、なだらかに下つて行くところには、波のやうなうねりをさへ築いてゐる。また、縮緬のやうな模様を描き出したところさへも見える。それが見る見るうちに出来上つて行くのであるから、砂丘は大海原の波そのものにひとしいのである」。

砂嵐に翻弄されながら正氏は、ギザ動物園の園長フラワー少佐の言葉を思い出していた。少佐によると、サッカラにはエジプト国王直属のラクダ隊が駐屯していて、砂漠で探し出せないものはないという。万一のときは、この隊が助けてくれるのではないかと、一縷の望みを抱いていたのだ。

砂嵐のなかで、正氏は、一瞬階段ピラミッドの頂が目に入った。これに力を得て進んでいくと、彼方にぼんやりと一頭のラクダが現れた。「それはクリーム色の美しい毛で、足は長く、高い瘤の上にはカーキ色の軍服を着た黒人が足をゆるやかに前方で組合せて乗つてゐる。吹きさかるサンドストームのなかを、何事もないかのやうに歩いて行く。／これが有名なエジプト王の駱駝隊員なのである。つひに救ひの手は差しのべられた。そして私とアバスはこの日の出発点であるピラミッドへ戻り着くことが出来た」。

しかし、荷物を積んだラクダの一隊とは離れて、食料もなく、連絡がつかない。キャンプを張った場所の近くに一人のベドウィンが住んでいた。砂漠を熟知した彼は、それなりの報酬を出してくれれば、正氏のキャラバンを探し出してみせるという。こうして、彼の案内で何とかキャラバンと合流することができたのである。

正氏は、旅のはじめに、砂漠の洗礼を受け、「熱砂の嵐に翻弄されながら無事目的地に達した」のだった。

彼は、この採集旅行で、動物の保護色の完璧さを身をもって知った。それはカイロ近くのヘルワンという砂漠にスナヒバリが住んでいると聞いて採集に行ったときのことだ。灼熱の砂漠に住むこの鳥が、美しい声で鳴いている。声をたよりに近づいていくと、砂利混じりの一帯になり、ますます近くから聞こえてくるようになった。ところが、正氏の気配を察したか、急に鳴きやんでしまった。眼を凝らしてみても、見えるのは小石混じりの茫漠たる砂漠ばかりである。鳥が飛び去った様子もない。そこで、しばらくじっとして聞き耳を立てていると、五、六メートル先の石が一つ動いた。それがヒバリだったのだ。動かなければ石として見過ごしていただろう。このとき捕獲したスナヒバリの標本は、いま山階鳥類研究所に所蔵されている（採集地 Wadi Ho fa, Helwan Egypt、採集日一九二四年一月八日）。

その後、正氏は、数多くの砂漠を踏破したが、「ここまで自然と一体化するのか！」と驚かされた生き物は、ヤモリだった。眼の大きなその小動物は、虹彩の色まで砂に合わせて砂漠で活動していたのである。

蜂須賀正氏のエジプト旅行は、これ以降、ナイル河を遡り、ラクソールからアスワンまでの神殿めぐり、つまり観光的な旅行が主となったので割愛する。二四年二月十九日にはカイロに戻り、二五日にポートサイドから諏訪丸に乗ってマルセーユへ向う。こうして、初めての探検旅行が終了する。観光を兼ねたような採集旅行だったが、一〇〇種類以上の鳥を捕獲し、二六年には研究をまとめて『埃及産鳥類』として日本鳥学会から刊行した。

## 隣のダーウィンさん

正氏の学ぶケンブリッジ大学はチャールズ・ダーウィンをはじめイギリスの著名な博物学者を輩出しているので、ケンブリッジには、こうした学者たちを親しみを持って遇している雰囲気がある。なかでも別格なのはダーウィンであった。正氏よりおよそ九〇年前にクライスト・カレッジを卒業し、ビーグル号航海のあとはケンブリッジに住み、一八八二年に亡くなっている。しかし、ケンブリッジの人が、彼の噂話を昨日のことように話し合っているのが、正氏にとって驚きだった。「歴史上の人物である進化論のダーウィンではなく、隣のダーウィンさんなのだ」と。

考えてみれば、二〇歳の蜂須賀正氏には、ダーウィンの死んだ四〇年前は、遠い昔だが、六〇歳の人にとって四〇年前はつい昨日のことで、それも気力・体力ともに充実した二〇歳の時。その記憶は鮮やかであろう。さらにモードリン・カレッジから自転車で二〇分ほど行くとダーウィンの家があり、そこに孫娘一家がいまも住んでいるのだから、ケンブリッジの人には「隣のダーウィンさん」なのである。

同じように、正氏の在籍するモードリン・カレッジでは、アルフレッド・ニュートン（一八二九〜一九〇七）教授がよく話題に出てくる。『鳥類大辞典』(*Dictionary of Birds*) を著した一九世紀を代表する動物学者・鳥類学者で、モードリン・カレッジの校長をしていたことがある（このアルフレッドの三歳下の弟エドワードは、モーリシャス島の植民地事務官を務め、絶滅したドードーやソリテアの骨を大量に兄のもとに送って研究を発展させた）。彼のもとに毎月お茶を飲みながら鳥の話をする会ができ、これが発展して一八五八年十一月にイギリス鳥学会が発足したのだった。

このニュートン教授の話もダーウィンのように語り伝えられていて、正氏がアイスランド探検を思い立ったのは、この教授の影響であった。というのは、ちょうどその頃、オックスフォードの学生たちがノルウェーのスピッツベルゲン島の探検を盛んに行い、「北」が注目されていたので、正氏も対抗してどこか北の方に行きたいと考えていた。そこで思い出したのが、絶滅したといわれるオオウミガラス（二三〇頁参照）を捜すニュートン教授主宰のアイスランド探検である。

「教授のは、一八五八年のことで、七〇年ほど前になる。オオウミガラスを求めての調査だから、詳しい鳥の生態は観察していない。この土地は、いまは人々に忘れられたようになっている。探検してみよう！」と思いたつ。正氏にとって二回目の調査探検旅行である。このアイディアをケンブリッジの鳥学会で話すと、キース・カレッジの学生、タートルとカドバリーが賛成したので〈ケンブリッジ動物学探検隊〉を組織し、正氏が隊長に就任。大学から身分証明書を、大英博物館から現地の博物館や鳥類学者への紹介状をもらって準備は整った。

## 親戚の鷹司信輔公爵に付き合って海鳥観察

一九二五年六月十二日二二時四五分、ロンドンのキングスクロス駅を出発したエディンバラ行の急行列車のコンパートメントに、くたびれた洋服を着た三人の学生と一人の中年の紳士が座っていた。学生は、ケンブリッジ鳥学会の会員、タートルとボーントリーに正氏。紳士は、日本鳥学会の会頭・

鷹司信輔公爵（三六歳）であった。

一九二二（大正十一）年に初代会頭の飯島が死去すると、摂関家という公家でトップの家柄の鷹司が、鳥学会の第二代会頭に就く。彼は一九一七（大正六）年に、処女作『飼ひ鳥』を出版した鳥飼育の専門家である。この本は、鳥を飼う人のバイブルで、版を重ねて増訂され、初版の二九三頁が、二八年の第六版では七〇〇頁もの大冊となっている。

鷹司は二四年四月十九日に日本を出発。アメリカ経由でヨーロッパに着き、ベルギーで開催された万国議員商事会議に貴族院代表として出席したあと、ロンドンのケンジントンに滞在。大英博物館をはじめヨーロッパ各地の鳥学に関する施設や動物園を訪問して鳥に関連する資料や標本を研究したり、各国の鳥類学者と交友したりしていた。二五年四月に正氏と参加したルクセンブルグでの鳥類保護会議もその活動の一環。その間、黒田の依頼でコペンハーゲンにあるカンムリツクシガモの標本を精査し、二四年の十二月イギリス鳥学会の例会に正氏と出席して、黒田の新種説を主張したこともあった。

鷹司信輔（1889-1959）
（『鳥』15巻73号より。
© 日本鳥学会）

この滞在中「鷹司の大きな仕事は、海外での日本の鳥に関する研究の渉猟だった。コピー機などない時代に彼は、日本の鳥に関する原記載論文をことごとく写し取って帰国した。この調査によって、海外の研究者が日本の鳥にどのような学名を与えているかがほぼ確定したとされており、これがその後の鳥学会による日本の鳥類目録作成にも大きく貢献したことは間違いない」（井田徹治『鳥学の一〇〇年　鳥に魅せられた人々』）。

こうして、鳥学に関する多数の資料を収集して、日本に帰国したのは、二五年十月十一日。一年半の旅行であった。

正氏と鷹司との関係は、鳥好きのつながりだけではない。信輔の妻は、徳川宗家一六代家達の娘。ということは、正氏の母が一五代慶喜の娘だから、系図上は従姉の夫ということになる。さらに家系を遡ると、蜂須賀家と鷹司家は何代にもわたって縁組を繰り返しているのだ。

蜂須賀正氏のアイスランド探検隊が、スコットランドを経由して行くので、鷹司も、同行。彼はボーントリーとエディンバラに近いノーザンバランド海岸沖のファーン群島にいる海鳥の生態観察を計画したのだ。〈ケンブリッジ動物学探検隊〉のメンバーであるカドバリーは、実家のカドバリー・チョコレートをたくさん持ってエディンバラで合流することになっていた。

## 日本流とイギリス流、どっちが残酷？

正氏とタートルは、鷹司に付き合って、ファーン群島の海鳥を観察したあと、六月十六日、カドバリーを加えエディンバラの港から一路アイスランドへ向かう。二十日午前一時、霧のため大幅に遅れて首都レイキャビクに到着した。この時期、北極圏に近いアイスランドはほとんど日が沈まない。明るい真夜中の波止場には、人がごった返していた。朝になって、三人は博物館を訪れたが、土曜日で休館。館長の家を探し当てて訪ねると、歓迎してくれたばかりか、週末なのに、政府の役人に交渉して、特別の狩猟許可証をとってくれたのである。そのあと、一行は、首都の自然探訪に出かける。目抜き通りを外れると自然が豊かで、シギやオリーヴ色の斑点のあるビンズイ、ヒタキの仲間が見られた。鳥たちは人が近寄っても逃げないので、日本では警戒心の強いマガモも、正氏は簡単に撃つことができた。

この探検の目的は、北部アイスランドのミーヴァトン湖沼地帯に棲む鳥類の研究なので、二二日にはレイキャビクを出港。島を時計回りに北上し、イーサフィヨルズを経由して、二五日北部のアークレイリに入港した。ここで待っていた通訳兼案内人のポールソンと人夫一人に一〇頭のポニーでミーヴァトンを目指す。途中、西暦一〇〇〇年にアイスランドがキリスト教に改宗するときそれまで信仰していた神々の偶像を投げ込んだといわれるゴーザフォスの滝を見物し、ラクサ川を渡り、二七日ミーヴァトン湖畔の町レイキャフリーズに到着した。

ミーヴァトン湖は、二三〇〇年前に噴火した溶岩が川を塞き止めて作られたといわれる。面積は三六平方キロ。北海道にある摩周湖の二倍ほどの大きさだ。ミーヴァトンという名前は、アイスランド語で「蚊の湖」を意味し、大量のユスリカが発生することから名づけられた。そのユスリカを餌とする野鳥の繁殖地で、アイスランド屈指の野鳥の楽園。世界最大のマリモの群生地としても知られる。

翌日、一行は、ミーヴァトン湖の小島を調査した。地元の人は鳥の卵を食料としているので、鳥と共存し、卵を採り尽すことはしない。繁殖期間中は、一週間に一度島に卵を採りに行くが、一つの巣に卵を四つ残しておくという。

この島はカモの繁殖地として有名なところ。上陸すると、足の踏み場もないほどのカモが群れている。背面が灰色で体側が白く、その他が黒いスズガモが一番よく見かける種類だが、その名の通り頬が白くて、背中が黒く腹部の白いキタホオジロガモの巣も発見された。それからスズガモより黒と白のコントラストが鮮やかで、背面も黒く、頭から後ろに長く垂れる冠羽が特徴的なキンクロハジロ、全体に黒く風切羽だけが銀灰色のクロガモ。ほかに眼の周囲と腹は白いが、他の部分は黒褐色でオスの尾羽が長いコオリガモの巣が四つほど。頭頂が灰色で、黒っぽいアイマスクが特徴のヒドリ、首が細長く先の尖った尾羽を持つオナガガモ、頭部の羽毛がボサボサで嘴の細長いウミアイサなどの巣は一つか二つしか見当らない。カモは種類によって繁殖に早い遅いがあるから、時期によって見られる種類が異なる。ヒレのついた足を持ち、嘴が細く、夏羽では首の周りが赤くなるアカエリヒレアシシギも非常に多い。

鳥たちが島の上をそろそろ歩いているところは、まるで真夏の草原の上にバッタがいるようで、あちこちから飛び上ってくる。島はかなりの大きさがあり、中央部は多少乾燥しているので、喉が白くて頬が赤く、背が暗灰色なアカアシシギや、カモメに近いアジサシの類が見られた。これもおそらく繁殖するのだろう。ライチョウ（**口絵参照**）も一回飛び出したが、これはまさか島では繁殖しないと思われる（『世界の涯』）。

住民に聞いてみると、ライチョウが食用肉として最も重要で、夏の間に獲っておき缶詰にして一年中食べるのだという。一時乱獲がたたって、急激に減少したので、政府が五年間捕獲を禁じた。その結果、一九二四年に解禁したときには、以前の状態に戻り、一日に一二〇羽つかまえた者もいたそうだ。

翌日から三人が手分けして採集を開始。カドバリーは、魚を調べるため釣竿を持って川へ。記録と卵採集が担当のタートルは、写真機と鳥の卵を標本にする道具一式を抱えて、標本担当の正氏は、鉄砲を肩に、望遠鏡を胸にさげて、あちこちを歩き回った。

夕刻、カドバリーは、大きな鱒を何匹も採って笑顔で戻ってきた。正氏が魚の食性を調べるため腹を割くと、一〇ポンド（約四・五キログラム）以上もある大きな鱒の胃袋からは、カモの雛や小鳥が出てきた。カモの雛が三羽入っていた鱒もいた。水面に顔を出して小型の鳥類を一呑みにしてしまうようだ。

カドバリーの釣りを見ていると、二ポンド（約九〇〇グラム）以下の魚は釣ってもすぐ川に戻してしまう。イギリスでは、資源保護のため二ポンド以下の魚は釣ったら逃がさなければならない規則になっている。アイスランドでも守っているのだ。規定以上の魚を釣り上げると、すぐナイフを頭に刺して即死させてしまうことに、正氏は驚いた。これがイギリスの釣り仲間の習慣だという。

「日本では、水の中に入れて生かして家まで運ぶよ。残酷だな」というと、

「これから死んでゆかねばならない魚を、一刻も早く苦痛から解放してやるのが、慈悲というものだ」とカドバリーは譲らない。

こんなこともあった。正氏は、コオリガモを撃ち損じて、傷ついたまま生け捕りにした。カモが動

いて飛べるようなら、手当てをしようと見ていたら、カドバリーとタートルは、「そんなことをしては残酷だから、早く殺してやれ！」と猛烈に非難する。仕方なく殺さざるを得なかった。正氏は、はからずも日本とイギリスの動物の死に対する考え方の違いを体験したのだった。

## ユスリカ除けの黒いヴェール

この地では、ミーヴァトンの名前の通り、ユスリカに悩まされた。外出のときは、ユスリカを防ぐために黒いヴェールのついた帽子をかぶり、顔の前にヴェールを下げる。「それはちやうど昔の貴婦人に見受けるやうなヴェールであるが、蚊帳の目よりもっと細かくて、どんな小さな虫けらでも防げるし、さほど眼障りにもならない」。以下、正氏の『世界の涯』から引用するが、彼はユスリカと思える昆虫を「ブユ」と記している。鳥専門とはいえ視野の広い動物学者なので、間違いをしないと思うのだが、「蚊柱」をつくるところなどは、ユスリカの特徴であろう。また、「ブユ」なら、刺された話がありそうなのだが、それもない。私は、この記述をユスリカの様子だと考えている。

アイスランドのブユは実に怖しい。数が非常に多いので外出の時はヴェールなしには歩くことも困難である。扉を開き、二三歩屋外に出て、さて眼を自分の頭上にやると、一間も二間もの高い柱となつたブユが、ブンブンと喚きあつている。剥製で疲れると、屋外に飛び出て背骨を伸ばし、両手を振りあげて大あくびをするのであるが、そんな時、口を開けた瞬間に、必ず二三十匹のブユが飛びこみ、舌をざらつかせる。であるから、外出時となると、兼ねて用意してゐたヴェールを被るのであった。

学生の調査行なので三人は、毎日休むまもなく採集に従事したわけではない。現地の人と交流したり、たまにはのんびりと釣りを楽しんだりしながら七月十四日まで滞在した。

七月も半ばになると鳥たちの様子にも落ち着きがなくなってくる。南に向って旅立つ準備を始めているようだ。

一方、アイスランド人にとって、冬はほとんど陽が差さず、雪と氷に覆われているので、白夜のこの時期が農民たちの繁忙期でもある。午前二時や三時まで働いていて、彼らがいつ寝るのか見当がつかないほどだ。ある日、正氏は、〈深夜〉に眼を覚まして、こんな美しい光景に遭遇する。

私は朝の二時であったか三時であったか、眼を覚まして窓から外を眺めて見ると、四、五人の男が大きな鎌を操つて草を刈つてゐるのを見た。大きくて赤い太陽は地平線に触れたかと思ふと再び燃えるやうな光を放つて昇りつつあつた。陽光の輝きわたつた彼方此方から小鳥の声が一斉に聞こえた。草叢の中からユキホホジロが囀り、溶岩の角に突立つたヒタキの愛らしい声、少し遠いところからハマシギの声がピリピリピリつと通つてくる。鳥どもは一斉に眼を覚ましたのだ。ここでは太陽の明るさにさほどの変化がないから、われわれにとつてはなんらの意味も齎らさない。しかし鳥の二十四時間の生態は非常に規則正しいものである。さきにレイキャビックのシーマンドソン氏の家庭にコーヒーを飲みに入つた時、籠のカナリヤが夕刻になると、外は明るいのにぴたつと囀るのをやめてうずくまつて寝てしまつたことを思ひ出した。実に自然はよくできたものである。生物のエネルギーの消耗、補給までも支配してゐるのだ。（『世界の涯』）

陽が昇り、夜がしらみかけていく荘重な雰囲気はないが、人間を除く生き物たちは体内時計に忠実に白夜のなかでも行動しているのだ。

帰りはフーサヴィークから乗船し、セイージスフィヨールズ、フェロー島を経て、アバディーンの北方ピーターヘッドに入港したのは七月二三日のことであった。

この探検の成果は、二七年に *A Handbook of the Birds of Iceland* としてロンドンで出版された。また、採集した鳥の剝製と卵は、現在山階鳥類研究所に保存されている。

## トリング博物館と共同で北アフリカ横断探検

第三回目の探検が、フランス領北アフリカの横断である。正氏は、ケンブリッジ大学を卒業し、大英博物館で研究していたが、滞英が七年におよび日本から帰国を迫られていた。そこで「帰朝する前に、私の憧れの土地である砂漠の生活を、是非今一度繰り返して見たい」（蜂須賀正氏「モロッコへの旅」

『自然科学』一九二八年二月号）と考えた。エジプト旅行以来、砂漠に魅せられてしまったのだ。

今度はトリング博物館と共同の探検で、博物館から鳥類学者のハータート博士が参加した。そう、黒田長禮が発見したカンムリツクシガモは雑種ではないかと疑問を呈したあの博士である。エルンスト・ヨハン・オットー・ハータートは、一八五九年ハンブルグ生まれ。二五歳でナイジェリア探検を行い、その二年後にはスマトラやインドを調査。一八九二年に中南米の採集旅行を終えたあと、ウォルター・ロスチャイルドに乞われ、開館時からトリング博物館の責任者を務めている。この年六八歳となるが、すこぶる元気。北アフリカには八回も探検旅行をしているヴェテランである。

調査期間は三カ月。「鳥類を主とし、其の他哺乳類、蝶類等の採集を行った」（同前）。正氏は、フランスの自動車シトロエンをチュニジアのチュニスで購入。サハラ砂漠を横断して、モロッコのマラケシュに至る約一万キロの旅行に使用した。一九二四年にシトロエン社が、宣伝のため自動車でサハラ砂漠を横断した例に倣ったのだ。正氏一行は、道のよいところでは時速一〇〇キロで走ったという。一九二〇年代でも高速を出せる自動車はあったのだ。

E・J・O・ハータート
(1859-1933)

一九二七年三月中旬、ロンドンからやってきたハータート博士とタートル（アイスランド探検のメンバー）にマルセーユで合流。チュニスに渡ってカルタゴの遺跡を見物したあと、採集旅行が始まる。チュニスから海岸沿いに南下しスファックスまで行って、チュニスに戻り、西に向う。アルジェリアに入って、スークアフラースを経てコンスタンティーヌか

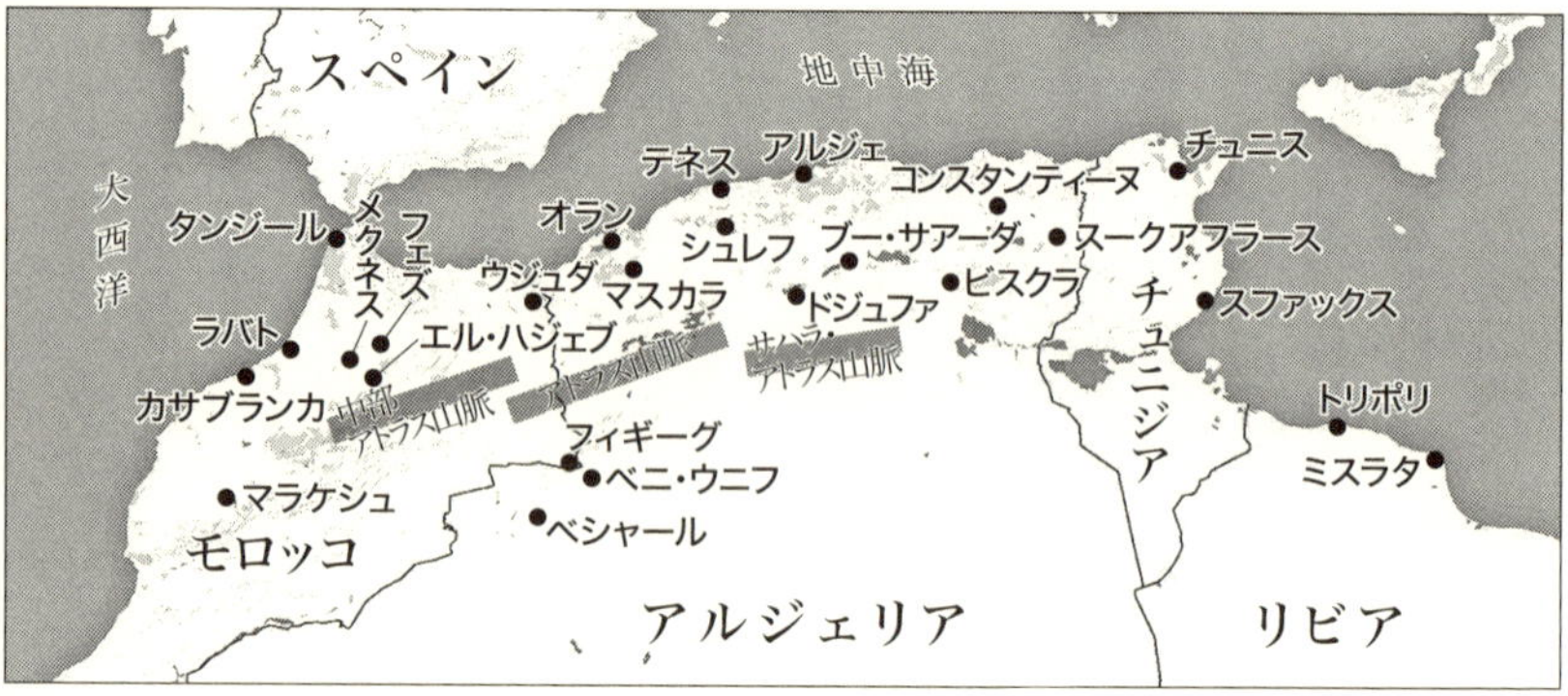


北アフリカ探検のルート

ら内陸部へ。コンスタンティーヌは、ルメル川渓谷の岩山に作られた町。雄大な渓谷には、カラスの仲間で一番小さいニシコクマルガラス、コウノトリ、チョウゲンボウ（小型のハヤブサ）、風切羽が黒い以外は全身が白いエジプトハゲワシなどが見られた。

山を越えてローマ時代からオアシスの町であるビスクラへ行き、サハラ砂漠の北東端に至る。ここに数日逗留。着いてすぐ、首から上が白く、喉のところから髭のような黒い羽毛が生えている大きくて立派なヒゲワシ（口絵参照）が悠々と飛んでいるのを見かける。ハータート博士によると、以前来たときより乾燥が激しくなり鳥が少なくなったとのこと。それでも、頭頂から背中は赤みを帯びた淡褐色で、下面が白いサバクヒタキの仲間各種、冠羽が長くて尖っているカンムリヒバリなどのヒバリ類、緑色が鮮やかなルリホオハチクイ、スナヒバリ、カワラバトなどを捕獲できた。

四月六日、サハラ・アトラス山脈を越えてビスクラから一七五キロ西のブー・サアーダに向う。途中、大きなオアシスの町ザーチャとトルガを通過する。博士は、「一九〇九年、ザーチャに初めて来たとき、ロスチャイルド卿と一緒だった」と懐かしそうに話してくれた。途中の峠から眺めると、木々のない褐色の平原が広がるなかにナツメヤシが青々と繁るブー・サアーダが、はっきりと見分けられる。涸れ川の河岸段丘に沿って造られたオアシスの町だ。ここでは、簡素だが快適なホテルでゆっくり休めた。四月八日、ブー・サアーダを出発して、アルジェリアの高原道路を快適に走り、ドジュファに到着。古いホテルで昼食を摂り、サハラ砂漠周辺地域に別れを告げ進路を北にとる。地中海に臨むアルジェに着いたのが四月十日。ここでタートルがケンブリッジに帰国した。

## 砂漠で生物の環境適応の不思議を知る

アルジェから地中海沿いに美しい景色を楽しみながらテネスまで行き、南下。内陸部に入りオルレアンヴィル（現・シュレフ）を経て、ブドウ畑とオリーヴの木々が美しいマスカラに到着したのが四月十四日だ。ここはアルジェリアで最も美しいところだが、人の手が入り開墾された平原なので、あまり魅力的な鳥はいない。頭頂から首の後ろまでが青く、喉から腹にかけて茶色のズアオアトリ、顔が赤く、黄黒白茶と五色の羽毛を持つゴシキヒワ、全身は黄色味のある褐色で、飛翔の時に翼の黄色い帯が鮮やかなカワラヒワ、頭部が黒く、襟が白いノビタキなど平凡な鳥ばかり。正氏は、急な岩場にいたコキンメフクロウ（**口絵参照**）を捕獲した。身体が小さく平べったい頭部のこのフクロウは、ギリシア神話で女神アテナの使いとされる鳥だ。

いよいよアトラス山脈を越えてサハラ砂漠のオアシス、コロン・ベシャー（現・ベシャール）に向う。

この途中で正氏は、生物の環境適応の不思議さを知ることになる。

北の地中海に近い地方、つまり海岸から五、六〇キロほど入ったマスカラまでは、雨量が多く植物が豊かだ。ところが、さらに三〇キロも南に下ると「今まで青々と繁茂して居た樹木は素より、一株の草も見えなくなり、唯見渡す限り、一面に黄褐色を帯びた沙原」となる。一行は一キロいくごとに景色が変転する様子に興味を抱き、角が生えているような冠羽を持つカンムリヒバリを採集していった。すると、耕作地に住むヒバリは体色が黒ずんでいるが、砂漠のものは黄褐色になっていることが判った。これは保護色としてカンムリヒバリが獲得したものだろうが、決して一代限りの変色ではない、と正氏は考えた。耕作地と砂漠が接しているところでヒバリを銃声で驚かすと、それぞれ生息地域内にだけ逃げるのだ。同じ種類のヒバリでありながら、めったに生息地の外には飛び去らなかったのである（「モロッコへの旅」）。

コロン・ベシャーのオアシスは大きくて、フランスの外人部隊が駐留し、地元民の部落も数個散在している。晩年、正氏は、サハラ砂漠のオアシスの様子をこう描いた。


サハラのオアシスでは、アラビヤ人がナツメヤシを植え、畑をつくり、庭には美しい芝生のあいだにザクロやイチヂュクなどを植え、羊の群を飼う。また掘抜井戸の水をくみあげる大きな車を、ロバがぐるぐるとまわしている風景によくであった。暑い砂漠の旅行をおえて、いちどラクダをオアシスに乗りいれると、ナツメヤシの葉で陽をさえぎられた小路のほとりには小川があり、うるさいほどカエルの声が聞こえる。庭には、小鳥がたくさん人をおそれずにさえずっている。死んだような砂漠とくらべると、オアシスは生々として、のどかないこいの場所である。

大きなオアシスになると、部落が2つも3つもある。河の流れも相当な幅であるが、これがオアシスをすぎて砂漠のなかに流れでると、砂に吸われて流れはばったりと消えてなくなる。乾燥した砂の境目には、じめじめした地帯がない。

（蜂須賀正氏「砂漠の生物〔I〕」『生物学大系　第7巻』一九五二年）

正氏は、砂漠の「じめじめした地帯」のないきっぱりしたところを好んでいるようだ。日中の陽射しは、帽子なしでは数分も耐えられないが、日の出前や日没後は世界が一変する。「真に世界の他の地方では味ふ事の出来ない爽快な感じを得る」（「モロッコへの旅」）のだ。これも同じ〈きっぱりした〉感覚だろう。

コロン・ベシャーでは、カンムリヒバリ、スナヒバリ、セネガル産の喉が白く全体が緑色で尾羽が長いハチクイの標本を採集したことが収穫だった。

## 精緻で壮麗なアラビア芸術

来た道を戻って、ベニ・ウニフからモロッコの国境の町フィギーグへ。ここはサハラ砂漠の北西端とアトラス山脈の南端が接したところで、海抜九〇〇メートルある。大きなオアシスで、人口は一万五〇〇〇人を超え、ほとんどが北アフリカの先住民族ベルベル人だ。ベルベルという名称は、ギリシア語の「バルバロイ（＝ギリシア世界の外に住む文明化されていない人の意）」に由来するが、彼ら自身は、高貴な出の人間、自由人を意味するアマジグと呼んでいる。古くは大旅行家イブン・バットゥータ、現代ではフランスのサッカー選手ジネディーヌ・ジダンがベルベル人である。

町は、銃眼のある壁で囲まれ、ナツメヤシや果物の木々が繁る快適な場所だ。正氏はここで、ハチクイや、全身は赤茶色だが、頭から胸にかけて灰色とまだらな黒点の頭巾を被ったようなイエホオジロなどを採集した。また、地元の産物陳列所を訪ね現地人の民芸品にも関心を示す。幾何学的で精緻な模様と色で飾られたクスクスを入れるボウルの土器にアラビア芸術の精髄を見、女性の耳輪・腕輪・首飾りなどの装身具、ラクダの皮で作った手箱、砂糖の塊を壊すために使うハンマーの装飾に洗練された文化の香りを感じている。

ここからマスカラに戻って西に向かい、ウジュダでモロッコに入った。四〇〇キロを走破してモロッコの最も古い都市フェズに着いたのは、四月二六日午後八時。九世紀初頭に作られたフェズ・エル・バリ（旧市街）は、迷路のような街並みが特徴で、「フェズ旧市街」として一九八一年にモロッコ初の世界遺産に登録された。正氏は、「市街は実に壮観を極め」「少しも欧洲風に染つて居ない」とモロッコの文化を讃えている。興味深いことに泊まったホテルも、「壮麗なモロッコ式建築の好標本で」、「狭いくねくした廊下は、吾々をして物語りに聞く迷路は斯くやあらむと、一種不可思議の感じを起させた」と、ホテルの中も街並みと似たように造られていることを語っている（同前）。

街中ではシロハラアマツバメを多数見かけ、そのなかに一羽ヨーロッパアマツバメが混じっていたという。アマツバメは鳥のなかで最も速く飛び、瞬間最高速度は時速二〇〇キロを超えるといわれる。また、わずかだが、胸から腹にかけて淡褐色で黒い斑点のあるハヤブサの仲間ヒメチョウゲンボウもいた。この鳥は、ヨーロッパと北アフリカの間を移動する渡り鳥でもある。

四月二九日メクネスを経て、中部アトラス山脈の南西スロープに位置するエル・ハジェブへ。ここには、嘴と頬から顎下にかけて赤く、全身が紫がかった緑色のホオアカトキ（現在トルコとモロッコの一部に生息し絶滅危惧種に指定）の小さなコロニーが以前から確認されていたが、今回の調査でその近くにより大きなコロニーを発見した。エル・ハジェブの古い壁には何匹ものコウノトリが巣を作り、壁の穴には、数多くのヒメチョウゲンボウや、全体が青色で、背と翼の一部が栗色のニシブッポウソウが棲んでいた。

メクネスに戻って東に向かい、大西洋に面したラバトに着いたのは、五月三日の夕方だった。ここはフランス領モロッコの行政首府である。翌日は総督を表敬訪問。そのあと、当地の生物学会の人々から歓待を受けた。正氏は、空いた時間に、魚の新種はいないかと魚市場を見て回る。新種らしいものはなかったが、暑い地域なので色彩の美しい魚が多い。日本で見慣れていて、ヨーロッパでは見かけることのなかった甲殻類も発見した。ラバトでは、上面が濃いチョコレート色で胸は薄茶色、下腹が白いツバメチドリや、ヒメハイイロチュウヒ（タカ科）を捕獲。

五月六日マラケシュに南下。一一世紀後半にテンシフト川南岸に建てられたこの都市の旧市街は、一九八五年世界遺産に指定されている。正氏は、この町の魅力をこう記す。

……著るしい特徴を有する建築の優美な事は、未だに欧洲の建築界を風靡して居る。マラケッシに於けるモスク、マラブース、サルタンの住宅等の雅美な事は説くまでもなく、就中外来人の脅威の眼を瞬《みは》るものは、市の中央にある市場である。而して茲には毎日夥だしい産物が売買され、土地の野菜を販売する者、筵の上でアラビヤ麺麭を並べる商人、又は木陰に蹲まって無恰好な剃刀を動かす床屋、其の他例のアラビャンナイトに現はれて来る魔法の絨毯を売るものなどあり、此の絨毯はモロッコ革と同様に当地の名産品である。（同前）

マラケシュに三泊して、近郊やテンシフト川で調査。背が灰褐色で下面が白く、胸に縦じまの模様のあるムナフヒタキや、くすんだ褐色の羽を持つニワムシクイなどの渡り鳥がまだいて、川では何種類かのカワセミを見かけた。

### 目的のホロホロチョウを捕獲

中部アトラス山脈北端を流れる涸れ川、ベスの上流に行くため、再度ラバトに戻って、山に入る。メクネスからラバトは、モロッコのメイン道路で、道は非常に良く整備されているが、この山中に向う道は悪く、危険でさえある。この道のハンドルを握った正氏を、「運転技術が素晴らしく、落ち着いている」（*Novitates Zoologicae*, 1928）とハータート博士は絶賛している。

ここでの目的は、まだ標本が六、七個しか知られていないホロホロチョウの探索だ。この鳥を発見し、命名したのはハータート博士である。ホロホロチョウ（**口絵参照**）はキジ目の鳥で、全長五〇〜六〇センチ。胴が大きく、小さい頭の上に黄色い兜状の突起があるのが特徴。羽の色は黒っぽくて、小さい斑点の模様が全身を覆っている。現在のアルジェリア、モロッコにあたる地域が原産で、学名も北アフリカの古代王国ヌミディアから採られている。

ホロホロチョウは、食用に飼育されているので、広い平原に数百羽が群を成して生活しているのだろうと、正氏は想像していた。ところが、まったく違う。灌木が繁茂している深山幽谷に棲み、早朝に餌を求めて樹木が疎生している山頂付近に現れる。朝、鳴き声は聞こえるのだが、行ってみると見つからず、捕まえることはできなかった。その代わり、赤い嘴と脚を持ち、茶色の襟に白い斑点のあるチャエリイワシャコや夜行性のアカエリヨタカ、蛇を獲物とするチュウヒワシ等を採集。ところが、現地を去るその日に、ホロホロチョウを二羽と数個の卵まで捕獲できたのだ。銃器を渡して川の上流に探索に行かせた現地のベルベル人のお手柄である。

正氏の喜びようは、いかばかりか。「此の標本を有する博物館はロスチャイルド博物館（茲にはタイプ標本を蔵する）、巴里博物館、及びラバットの学会だけで、私の標本は恐らく十番目を下らないであらう」（「モロッコへの旅」）と思わず自慢話となるほど。この剝製は、現在山階鳥類研究所が所蔵している。

五月十八日にラバトに戻り、ここで正氏は一行から別れた。最後に目的の鳥を捕獲したので、未練はなかったろう。ジブラルタルから船に乗り、マルセーユに上陸したのは五月二六日であった。トリング博物館の機関誌に載ったハータート博士のレポートには、「蜂須賀氏はどうしてもヨーロッパに戻らなければならなかったので、タンジール経由で、われわれと別れた。」(*Novitates Zoologicae*, 1928) と書かれている。親からの帰国要請が厳しかったのだろうか。

一方、ハータート博士は、アトラス山脈に入るなど、さらにひと月近く調査を続けた。そして六月十七日にラバトを出て、ジブラルタル経由でイギリスに帰国する。

## 鳥類学者デラクールの「エデンの園」

しかし、蜂須賀正氏は、ヨーロッパに戻ってすぐ日本へ帰国したわけではなかった。アメリカ、カナダ、ハワイを経由して数カ月かけてゆっくり戻ったのである。「どうせ国に帰るのだから、いままで行ったことのないところを通って、鳥類を観察・採集しよう」と考えたようだ。同行者はフランスの鳥類学者ジャン・デラクール。彼とは、二二年にパリで鷹司の紹介で会ってからの仲で、終生の友となる。

デラクールは、一八九〇年パリ生まれだから、正氏とは、一三歳違う。それでも気が合ったのは、鳥好きはもちろんだが、生活環境が似ていたからかもしれない。デラクール家は、フランスの上流階級で、自然が豊かなフランス北部のピカルディー地方を領地としていた。幼少の頃からよくここで過ごし、植物や動物と親しむ。一〇歳の時に、父が大きな鳥小屋を作ってくれ、そこで多種多様の鳥を飼育し始めた。五年後には、フランス屈指の飼い鳥コレクションを有するまでになっていた。鳥の学者となるのが当然のような育ち方だが、多くの鳥類学者が好んで収集する鳥の剥製には興味が無く、野鳥を捕まえて飼育することに関心があったのだ。

ジャンがリール大学で生物学の学位を得てすぐに、第一次世界大戦が勃発する。戦争は、デラクールに大きな打撃を与えた。ピカルディー地方が戦場となり、領地は壊滅的な破壊を受け、ただ一人の弟も殺されてしまう。失意のデラクールは、新しく土地を探し、フランス北西部ノルマンディー地方のシャトー・ド・クレールを購入する。ここに彼の夢である「エデンの園」を建設したのだ。そこでは、動物は放し飼いにされ、鳥が自由に飛び交い、カンガルーやサル、小型のアフリカ・アンテロープ、水鳥などが棲んでいる。ただし、小さな鳥や貴重な鳥は、ケージで飼育されたが。実に五〇〇種類以上、三〇〇〇もの鳥や動物が棲む、世界で最も洗練された私設動物園となったのだ。

**ジャン・デラクール**
(1890-1985)
(*The Auk*, vol.103, July 1986)

少し時代は下るが、鷹司信輔の文章を引いておく。シャトー・ド・クレールは、ジャンヌ・ダルクが火刑にされたルーアン市の近くにあり、「面積は内園だけで三百エーカー〔約三六・七万坪〕、外園も入れれば一〇倍の三千エーカー程も」ある。

……之も小さな丘陵《きゅうりょう》のある其の谷間に、一寸《ちょっと》井《い》ノ頭《かしら》の池を想わせる様な清水をたたえた井ノ頭と同じ位の大きさの池があり、其の岸や丘の上などに鬱《うっ》蒼《そう》たる森があり、森と森との間は青々とした芝原で、見るからに晴々とする景色である。私の行ったころ其処に放されて居た動物は、カンガルー、豆鹿、羚羊、鳥では白化せる亜米利加駝鳥、印度孔雀及び真孔雀、宝冠鳥《ほうかんちょう》、藪七面鳥、色々な雉類、鴨、雁の類、紅鶴、一二の千鳥《ちどり》の類、鵠鳥《はくちょう》、金剛鸚鵡《こんごういんこ》等で、今は貘《ばく》、手長猿等も放飼されて居るという。獣類は何れも温和な性質のもののみで、羚羊の類を多く飼って居るのは、羚羊は鹿と違い木の皮を余り食わず、園の木を枯らす虞《おそ》れがないからだと云う事である。（中略）更に面白く見たのは、豪州に産する藪七面鳥と云う塚造りの一種が、雑木林《ぞうきばやし》の中に美事な塚を造って居た事だった。庭の一部には小禽類を入れた広大な禽舎や、雉類の広々とした禽舎の一団があった。今は又大きな温室禽舎を造り、其の中では熱帯のどっちかと云うと弱い質の鳥を飼育して、其処で八色鳥《やついろちょう》等を巣引きしたとの事である。蜂鳥《はちとり》等も沢山に飼っていると云う。

（『鳥と暮らして』一九四三年）

また、一九五八（昭和三三）年に山階芳麿が訪ねて、こんな感想を漏らしている。

　ここでも私は馬鹿馬鹿しい心配をしてしまった。というのは放してある鳥はいずれも珍しい鳥ばかりで、中には世界に何羽しか現存しないというハワイガンやケルゲレン鴨など絶滅にひんした珍鳥も数種いるほどである。氏はこれを自然に近い状態において蕃殖させ、種の絶滅を防ごうとしているのである。ところがこの何百ヘクタールに及ぶ山あり川あり林ありという庭に、ほとんど完全な塀《へい》がないのであり、入ろうと思えばどこからでも出入りできる。そこへそのような貴重なガン、白鳥、鶴、キジなどの類が自由に野放しになっているのである。それのみならず野放しの鳥がまたよく馴れてわれわれ見知らぬものが近づいても逃げない。そこで東京の動物園から鳥の盗難の話をよく聞かされるわれわれは、つい心配してしまうのである。こんなところでこんな心配をしなければならない人間の住んでいる国は、確かに異常な状態にあるといわなければならないだろう。

（『鳥の減る国ふえる国』）

シャトー・ド・クレールは、日本に生れそうもない「エデンの園」のようだ。

そして、デラクールは、当時、熱帯地方の探検家として有名であった。一九二二年から第二次世界大戦が始まるまで南アメリカ大陸の北部をほぼ毎年のように探検する一方で、二三年から三九年まで七回フランス領インドシナ（現在のヴェトナム、ラオス、カンボジアを合わせた地域）を調査している。

蜂須賀正氏がデラクールと共にマジソン号から横浜港に降り立ったのは、一九二七年九月二十日のことだった。

## 正氏の結婚話

帰国してすぐ、正氏の結婚話が持ち上がる。父の正韶はケンブリッジ留学中に、徳川慶喜の娘を嫁に貰うことが家同士で決められていた。これと同じように、本人と関係なく結婚話が進められていたのだ。十月二七日の『東京朝日新聞』朝刊は、北白川宮成久王の第一王女美年子と正氏の婚約話が進んでいると報道した。「宮内某大官および林権助男、仙石〔政敬〕宗秩寮総裁等が中間に立って宮家への橋渡し」をして、話が熟した。「明春早々表向きの御縁談が交はされるはずである」としている。しかし、この話は流れ、美年子は一九三三年に旧三池藩主・立花種勝と結婚するのである。

この破談について正氏の姉年子は、「正氏にも皇族の王女をとの話があった。／そこへ正氏は帰朝したけれど、かれの生活のかんばしくないことがわかって、父は大そう怒ってしまい、話のあった宮家へは、縁談を辞退して、正氏を廃嫡しようとした」（『大名華族』）と書いている。

「生活のかんばしくないこと」とは、女性問題だと思われるが、正氏の女性関係がどのくらい乱れていたか、よくわからない。ただ、いえるのは、彼はイギリスでマナーを学んだので、イギリス流で女性に対応すると、当時の日本では「かんばしくない」男と見られたかもしれないということだ。

いずれにせよ、蜂須賀正氏は、帰国早々に父から〈スキャンダラスな存在〉とみなされてしまったのである。

# 4 「有尾人」とムクドリを探すフィリピン探検

## フィリピンに「有尾人」を捕えに行く

一九二八（昭和三）年十二月、東京に、ある猟奇的な噂が広まっていた。「蜂須賀侯爵の若様が、フィリピンに有尾人を捕えに行く」と……。

まるで伝奇小説のような話だが、その噂の源は東京帝国大学にあった。正氏の探検の主目的は、フィリピン群島の動物の生態を調べること。だが、フィリピンにはさまざまな原住民が住んでいるので、動物研究のほかに人類学的・土俗学的研究もできるのではないかと考えた。正氏は、これまでのアイルランドやアフリカでの探検旅行で、人類学や民族学にも興味を持っていた。そこで、東京帝国大学を訪ね、人類学者の松村瞭《あきら》博士にアドヴァイスを求めたのだ。

「フィリピンに行く」と話すと、面長で痩せ型の博士は、厳粛な顔をしてこういった。

「フィリピンには尾のある人間がいるので有名です。何しろ島の数だけでも何千とあり、人種も何百とあります。そのうちのどの人種に尾があるのか大学では判りませんが、かつて写真を見たことがあるのです。もしあなたが尾のある人間の研究をされることができたら、世界的に珍しい報告になるでしょう」

と、正氏に一枚の写真を差し出した。それは、裸の原住民をうしろから撮ったもので、よく見ると太く短い尾がついている。

「先生、これは個体的に偶然できたものでしょうか。それとも人種的に？　南洋の野蛮人には非常に人口が少ない種族もいます。一地方に局限された現象なのでしょうか」

と質問した。博士は、正氏の顔をみつめて、

「それこそが、私の知りたいところなのです」

という。博士は、調査に必要だろうと、頭蓋骨を測る機器や皮膚の色の見本がたくさん載った本を貸してくれた。

現在からみると馬鹿げた話だが、八〇年以上前には、人類学者でも「尾のある人間がいるかもしれない」と考えていたのだ。


蜂須賀正氏は前年の九月に、七年にわたるイギリス留学を終えて帰国したばかり。通常の感覚だと、「もうすこし自宅でゆっくりしてから、探検旅行を」ということになるのだが、正氏にはそのような気持はまったくなかったようだ。

帰国時に話を戻そう。

二七年九月二十日にフランスの鳥類学者ジャン・デラクールと共に帰国。鳥学会の人たちから帰朝歓迎会をしてもらうと、二八日からデラクールと朝鮮、満洲、中国北部の鳥類調査に旅立ってしまう。戻ったのは十月下旬であった。

次が、このフィリピン探検だが、帰国から一年以上開いているのは、父親への説得があったからだ。「政治か経済を勉強してこい」と送り出したのに、いきものを採って楽しむという子どもの遊びのような学問で一生を過ごしたいという正氏の希望には、なかなか賛成してもらえなかった。旧弊で頑固なところがあり、貴族院副議長という体面もあったろう。しかし、貴族院議長で、正氏の伯父となる一六代宗家徳川家達《いえさと》が正氏の趣味に理解があったので、とりなしてくれたのだ。

こうして父正韶は、好きなことを禁止して女性関係のスキャンダルを起こすより、やりたいことに熱中させたほうがいいだろうという考えに傾いていった。ちょうどそのころ、新光社（のち誠文堂新光社）から、『世界地理風俗大系』のアフリカの巻に動物に関する執筆を依頼される。このシリーズは、編集委員に人類学者の鳥居龍蔵や教育者新渡戸稲造などを迎え、筆者は日本の名だたる学者ばかり。彼らに混じって二五歳の正氏が指名されたことも、父が息子を許す一因になったようだ。

## 日本生物地理学会を創設

だが、父が許しても許さなくても、正氏は、いきもの＝博物学の研究をしたかったのだ。滞欧中に黒田長禮に手紙を出して日本での生物地理学会の創設を相談している。概要は、次のようなものだった。

「私は、ヨーロッパやアフリカを探検して、いきものの地理的な違いや適応の不思議を実感しています。ついては、今回帰国するにあたり、このことを学問的に研究する生物地理学会を日本に創りたいと思っている。この学会は、まだフランスにしかない。先端的なものだから、狭い研究分野に閉じこもっている生物学者に刺激を与えるものになるだろう。たとえば哺乳類の研究者と鳥の研究者にあまり付き合いはないが、この会で研究の成果を発表し、議論したり話し合ったりすることで、視野が広がり日本の生物学全体のレヴェルを高めることになろう。どなたかしかるべき人を会長に迎え、会を発足したいと思うので、ご尽力いただきたい」

手紙を読んで、黒田の頭に浮かんだのは渡瀬庄三郎だった。渡瀬は、札幌農学校を経て東京帝国大学理科大学動物学科に入学。卒業後アメリカのジョンズ・ホプキンズ大学に留学してPh. D.の学位を受け、クラーク大学、シカゴ大学で比較組織学を講ずる。滞米一三年ののち帰国して東京帝国大学理科大学の教授に就任。発生学・細胞学・生物発光などの研究をおこない、一九二四（大正十三）年三月に六一歳で退官した。

帰国後、渡瀬は大学で細胞学を講義したが、自らの動物学への興味は一変。顕微鏡下の世界から、大型動物の個体に移り、四不像を研究したこともある。それに伴って生態や地理的分布に関心を寄せたから、まさに適任。また、渡瀬が現在まで記憶されているのは、アメリカから大型の食用蛙を輸入したことと、ハブ退治のために沖縄にマングースを輸入したこと。そして、屋久島・種子島と奄美大島との間に東西に引かれた線で、日本列島の哺乳類・爬虫類・両生類・昆虫などに分布の境界が見られると「渡瀬線」を提唱したことであろう。

正氏の生物地理学会の創設計画に渡瀬は即座に賛成し、愛弟子で魚類や爬虫類・両生類を専門とする岡田彌一郎を相談相手に計画を詰めていった。岡田は正氏より一一歳年長だが、この少し前にイギリスに渡り、正氏と一緒に大英博物館に毎日通っていたから、気心は通じていたのだ。そして、正氏が帰国した四カ月後の二八(昭和三)年二月二四日に生物地理学会が発足する。午後六時半から渋谷の高級洋食店二葉亭で発会式を兼ね第一回の講演会が催された。会長は渡瀬で、幹事に正氏、岡田が就任し、事務所は三田の蜂須賀本邸に置いた。

**岡田彌一郎（左）と蜂須賀正氏**
（提供＝中村司氏）

この年に正氏は、岡正雄発行の雑誌『民族』(二八年七月発行)にもエッセイ「鳥と人生」を執筆している。これは、「外国で鷹のような目、というと日本語で鵜の目鷹の目と同じ意味に使われている」といった鳥を形容した言葉や宗教と鳥との関連など、思いつくままに「人間の過去及び現在の生活に」鳥が密接に関わっていることを挙げたものだ。さまざまな例を紹介するだけで内容に深みはないが、正氏の鳥に関する知識の

**昭和 24 年日本生物地理学会年次大会 記念写真**（提供＝中村司氏）
前列左 3 人目から蜂須賀正氏、黒田長禮、山階芳麿、岡田彌一郎、2 列目左 3 人目に高島春雄、後列右側柱の前に黒田長久（左）、中村司（右）

豊富さは充分うかがえる。

この号の執筆者が豪華なので、タイトルと筆者名を記しておきたい。山田孝雄「伊久里考」、シルヴァン・レヴィ「海洋の民族学的研究綱領草案」、清野《きよの》謙次「扶餘の旧都」、鹿野忠雄「ヤミ族の船に就て」、西脇順三郎「民族史と言語史」、水野清一「京大民族談話会」、柳田國男「虎杖と土筆」、南方熊楠「蜀黍に就て」、昇曙夢「南の島々より」など。当時すでに大家だった人もいるが新進気鋭の人もいる。

たとえば、詩人で英文学者の西脇は二年前に英国留学から帰国し、慶應義塾大学の教授になったばかりの三四歳。また、のちに雲岡の石窟などを調査する水野は二三歳、台湾を中心に研究調査を行った鹿野は二二歳と正氏より若かった。

## フィリピン探検は、ロスチャイルドとの約束

フィリピン行きの話に戻ろう。この探検はイギリスを去るときには、すでに決まっていたといっていいだろう。

正氏は帰国に際して、ロンドン郊外のトリングにライオネル・ウォルター・ロスチャイルド男爵を訪ねた。すると、男爵は、

「日本に帰るなら、フィリピンに行く気はありませんか」

といって、小さな剝製を見せてくれた。それは、フィリピンの最高峰、ミンダナオのアポ山に棲む珍しいムクドリだという。体全体は黒いが、尾は雉のように長く、顔の周りはオレンジ色で、頭には薄い毛の冠がある。一見ムクドリらしくない鳥だ。正氏は、これを見て即座にフィリピンに行こうと心に決めたのである。

それまでは、帰国したら、中国に四不像やまだ捕獲されたことのないジャイアント・パンダを生け捕りに行こうと思っていた。ところが、この珍鳥を見て、フィリピン群島の「地図の上に胡椒を撒きちらしたような太平洋の名も知れぬ島々を探検したら、学界未知の動物を発見すると同時に、かのダーウィンまたはウォーレスにも勝るような生物界の真理を発見できるような気がしてならない」(『南の探検』)という野望が芽生えたのだ。それで、ロスチャイルド男爵に、

「インドの動物がマレー半島から島々を下ってボルネオまで来ており、オーストラリアの動物は

ニューギニアを通って北上しています。その両者の混合しているところで、南北の直通路から少し外れた場所がフィリピン群島です。この群島の生物調査を完成すれば、全太平洋はもとより、アジア大陸とオーストラリアを通過して南米に繋がる大きな動物相のドアを押しあけたことになると思います。私はしばらくご無沙汰しますが、かならず珍しいお土産を持ってきてご覧にいれましょう」と約束したのである。

## 静寂の支配する不思議な世界で「竹の精霊」に出遭う

このときフィリピンは、一九〇二年よりアメリカ統治下にあった。蜂須賀探検隊は、一九二八年十二月二十日午前八時四五分、神戸港からプレジデント・ウイルソン号でマニラに向う。正氏に同行するのは二人。一人は農林省の嘱託で鳥獣研究に携わる中村幸雄である。探検には鳥に詳しいアシスタントが必要なので、当時農林省の技官だった鳥学会の内田清之助に相談すると中村を推薦されたのだ。もう一人は、蜂須賀家に勤める伊藤祝三。彼はイギリス生活が長く、語学が堪能で、海外旅行に馴れていて、外国の風俗・習慣も心得ている。旅行の手配や交渉役としてはうってつけだ。

一行の乗ったプレジデント・ウイルソン号が上海、香港を経由して、ルソン島のマニラ港に着岸したのは、二九年元旦、それも日の出の時だった。これ以降の探検の行程は、蜂須賀正氏の『南の探検』から、抄録して紹介していく。この本は二〇〇六年に平凡社ライブラリーの一冊として復刊されているので、より詳しく知りたい方は、同書を参照されたい。

港には、領事館の人たちが迎えに来てくれていた。地元の新聞記者のインタヴューも受けた。翌朝の『マニラ・ブレティン』紙には、「尾のある人間を捕えに日本から来た人」と紹介されている。正氏は、新聞を利用して、尾のある人の情報を求めたのである。

探検に持っていく備品の調達、フィリピンの鳥類を理解するための科学局での標本調査、アポ山の情報収集のほかに、マニラでは儀礼的な訪問やパーティなどもたくさんあった。当初は、一月十四日にマニラからアポ山のあるミンダナオ島に行く予定だったが、乗る予定のフィリピン船が遅くて汚いと評判が良くない。それで、二十日に出発する日本の湖北丸に変更した。

出発までの時間を有効に使おうと、正氏は、この島の山岳調査を行う。自動車を仕立て、島の中央にある標高一五〇〇メートルの高地バギオを目指す。バギオは、マニラから北に約三〇〇キロ。マニラの暑さに耐えかねてアメリカ人が避暑地として開発した町だ。バギオに着くと日本人で土地の有力者の長富麻夫を訪ね、採集の相談をした。正氏は、その土地をよく知っている人の協力を得るのが、調査成功の鍵であることを、今までの探検で習得していたからだ。

ある日長富の運転で「パウアイという二四六

**中村幸雄**（1889-1974）
（提供＝中村司氏）

九メートルの高地」（『南の探検』）に行った。正氏は、バギオから七一キロの場所で、マウンテン州だと書いている。この距離から考えるとベンゲット州との境辺りなので、場所を知ろうと、インターネットの地図をバギオから拡大して北方に進んで行くとバギオ・ボントック街道のナワルとバタンの間にPaoayというところを見つけた。どんなところかと「philippines mountain paoay」と入れて検索してみたが、イロコス・ノルテ州の観光地Paoayしか出てこない。そこでmountainをbenguetに変えるとヒットした。アトク市の一部であるPaoay地区と。人口は二〇一〇年の調査で四一八一人である。山岳地帯にあり、フィリピンの高速道路の最高地点二二五五メートルがPaoay地区にあるという。これ以上詳しいものは、見つからなかった。

山階鳥類研究所の正氏旧蔵の標本に、Paoayで採集したと思われるものが一点ある。それは一九二九年一月十七日に獲ったメボソムシクイで、タグには「Baguio, N. Luzon　二四六九メートル」と記されている。山奥の地区で地名を書いても分かりにくいので、「Baguio, N.」つまりバギオ北部としたようだ。

『南の探検』のバギオからパウアイまでの記述を紹介する。山の中を通る険しい道で、探検に慣れた正氏でもヒヤヒヤものであったという。

……スイスのアルプスには、氷河が方々にあって、その近くに行く自動車道路の中には、ずいぶん、危険なところが多い。しかし、このルソンの山奥の道は、その幅がアルプスの半分以下にも狭く、自動車が擦れ違うことは絶対にできない。私はモロッコのアトラス山の峰を運転して珍しいホロホロ鳥（珠鶏）を探したこともあるが、このベンゲットの山奥の道ほど谷の深いところを自動車で通ったことは一度もなかった。もしこの日の道に前夜雨でも降っていたとしたら、上から落ちてくる岩と、車の滑る危険とで、私は確かに途中から歩いて引き返したであろう。

ハートート博士にモロッコの荒れた山道での運転を褒められた正氏でも、恐怖を覚える道だったのだ。しかし、危険を冒したかいはあった。ここは、大森林に囲まれた平原でなんの音もしない。平地には川が流れ、草原や竹の林がある。竹やぶは静寂が支配し、一種凄みさえ感じるほどだ。枯葉がクッションになって、歩いても、なんの音もしない。正氏は、ふと、竹に花が咲いているのに気づいた。竹は何十年に一回花が咲き、そのあと枯れてしまうという。珍しい機会に出会ったと思っていると、小鳥の声が聞こえてきた。その声の主を探すと、雀くらいの大きさの小鳥が一羽、枯れ枝に止まっているではないか。

……この声の持ち主だけがこの世界で動くもののようであった。死んだような世界の中に命ある小鳥は、まるで竹の精霊とでもいいたいようである。

その体の上部は全部竹の葉と同じく真っ青で、腹はその枯葉と同じ綺麗な薄い栗色をしていた。これほどまでに自然はよくも保護色を生物に授けるものか。その竹の生きた葉と枯れた葉との色彩を背と腹に着けた小さな塊は、生きた鳥とは思えぬくらいで、私はわが眼を疑わざるをえなかった。（中略）私は素早く狙いをきめて引き金を引いた。木霊に響く銃声一発！　竹の白い花がはらはらと散って、世界はまた元の静けさに返った。竹の精霊は見えない。なんとなく薄気味の悪い気が漂い、自分の発砲がいかにも崇高な自然に対する冒瀆のような気がするのであった。

谷底への墜落におびえながら、やっとたどり着いた〈静寂の支配する〉不思議な世界に感応して、正氏は一種神秘的な気分になっているようだ。丹念に探すと、「竹の精霊」に弾は命中していた。手にとって見ると、一種のキンパラ科の鳥で、英語でバンブースパロー（竹雀）と呼ばれる稀少なものであった。

この貴重な体験のあと、また危険な山道を戻り、バギオのホテルにたどり着くと、マニラから電報が届いていた。

「乗船予定の湖北丸は暴風雨のため二六日に遅延。二五日出帆の安芸丸でたたれるほかなし」と。再度の延期である。こんなことは探検につきものなので、予定通り十九日に日本人の経営するマニラの東洋ホテルに戻る。

二一日に科学局の一室を借りて標本の整理。鳥の標本は一五〇点ほどになった。「町の中にいることが多かったにしては、まあまあの成績だ」と自らを納得させる。

**ダバオ高校の教職員たちと、斎藤彬副領事**（前列中央右）**とともに**
（データ提供＝日本生物地理学会・森中定治氏）

**総勢三八人の大部隊**

結局、安芸丸も一日遅れて、出発は一月二六日となる。ルソン島のマニラから南のミンダナオ島ダバオまでは、船で三日。二九日早朝に入港となった。港から、ひときわ高く聳えるアポ連峰が望める。雲のかかる峰を眺めて、正氏は、改めて気持を引き締めたのである。

ここでも領事館員が出迎えてくれた。領事館に行くと斎藤彬副領事が、いろいろな情報を持った人たちを集めてくれている。彼らの話を聞いて、ダバオから西のコタバトまで行く道はないこと、マニラで手に入れた二五万分の一の地図は、まったく役に立たないことを知った。それで正氏は、いままでの探検旅行の経験から、現地の住民の案内に頼ることに決める。蜂須賀探検隊の目的は、あのロスチャイルド男爵から見せられた黒い珍鳥、アポ山麓のバゴボ族が

「ツーカーリン」と呼ぶムクドリの捕獲なのである。

斎藤副領事に伴われてダバオ州知事、農林局、憲兵隊と挨拶回り。どこも好意を示してくれたが、憲兵隊は一人の軍曹と五人の兵卒を正氏の下に配属してくれるという。ありがたい申し出だ。協力者が増えたことだけでなく、兵隊が一緒にいてくれることは心強い。集合地はダバオ、出発は二月一日と決められた。

ダバオ日本人会からは、小池鉤夫が探検隊に参加。小池は、アポ山に登った経験があるので、探検隊のマネージャー役である。現地住民バゴボ族から運搬人を仕立てる役も請け負い、兵士二名を連れて一月三十日に先発する。

正氏一行は、二月一日にマニュエル軍曹を含め兵士四人と共に出発。写真技師として新しく市川澄平が加わった。夕方シブランのバゴボ族の集落に着くと、小池も合流。正氏は高森保太郎の家に厄介になる。高森は、バゴボ族の酋長の娘婿となり、二〇年近く住んでいる人。アポ仙人とも呼ばれている。

翌日は、朝八時に出発。二六人のバゴボ族の運搬人を雇い、アポ仙人、兵隊六人、正氏一行五人の総勢三八人の大部隊で、道なき山を山蛭に悩まされながら上へ上へと進む。朝からの雨で雲が低く垂れ込めている。休憩地で、ふと頭上を見ると二〇羽ほどのアマツバメが飛び交っているではないか。このツバメは、普通のツバメよりはるかに大きく、羽の差し渡しが三〇センチ以上もある。その速力は鳥類のなかでトップクラスだ。一羽が、一行が休んでいる真上をかすめて飛び回っている。正氏は、すばやく銃を取り、引き金を引いた。みごと命中。

アマツバメを手に取ってみると、予想した種類とはまるで違っていた。体全体が紫色に光り、ノドと両翼の下に真っ白い大きな紋がある。そして尾羽の先端には針のように尖った羽が生えている。珍種である。正氏の手に持っているのが、世界で四番目の標本となったのだ。嬉しくて笑いがこみ上げてくる。幸先よい探検のスタートとなった。

午後は、登るにつれて谷が次第にせまくなってきた。大木にサイチョウが一四、五羽いる。ワシほどの大きな鳥で、サイのように頭の上についている赤い角が大空を舞っているときにもよく見える。五、六〇メートルほどもある大木の上に留まっているので、無理だとは思ったが、そっと木の下に行き一発撃った。サイチョウは、「カーオカーオ」と鳴きながら飛んで行ってしまった。ふと、足元を見ると、ゲートルのなかでヒルが血を吸ってパンパンに膨らんでいた。

夕方、標高一〇〇〇メートルほどの地点にあるトヤダと呼ばれる集落に着く。夕食後、正氏と中村幸雄が剝製を作っていると、異様な動物の叫び声が聞こえる。二人の作業を見ていたアポ仙人が、「あれを獲ってきましょう、うまいもんですよ」といって、銃と懐中電灯をもって出かけた。一〇分ほどして戻ってくると、大きなコウモリを二匹提げている。羽を広げると一メートルを超える大きさである。

二月三日、朝食のおかずは、昨日撃ったシカの肉とコウモリの肉だ。初めて食べるコウモリは空きっ腹には美味だった。

泊まった小屋の前に大木があり、毒々しい黄色い花が咲いている。その花の蜜を吸いにキイキイと鳴いて小鳥が群がっている。撃ちとってみると小さなインコだった。全体は緑色で茶色の縞が一面についていて、嘴とその周辺、眼の周りが赤い。このインコは二〇世紀はじめにイギリスの動物探検家グッドフェローがアポに来たとき初めて採集し、生け捕りにしてロンドンに持ち帰り大評判になったものだ。イギリスではジョンストン夫人のインコ（Johnstone's Lorikeet）と呼ばれるが、正氏は和名をアポインコと命名した（山階鳥類研究所の標本データベースでみることができる）。

さらに登り、標高一三〇〇メートルほどのギャログという場所で、数日滞在する。不足した食料の補充とこの先の調査に、それぞれ人を派遣して、ここで戻りを待つことにしたのだ。この地は、小川の傍らに温泉が湧いているので、すこし骨休めができると思ったから。

すぐ近くの林のなかに赤茶色で雀ほどの大きさの鳥が飛び交っている。数日かけて飛び方や巣の作り方、採食する昆虫の種類もじっくり観察したあと、オスとメスを撃ち落す。メジロに似ているが、眼のまわりに白い輪はない。新種のようだ。のちに大英博物館で研究して、メジロ科に近い一亜種のニッケイメジロとして登録した。また、花の蜜を吸う小鳥で、体長一〇センチから二〇センチほどの羽に美しい光沢のあるタイヨウチョウも何種類か捕獲。そのなかに新種が混じっていた。それには、のちに学名にハチスカとつけた。一般にもハチスカタイヨウチョウと呼ばれている。

この探検で、中村幸雄は正氏に心酔するようになる。次のような正氏の心遣いがあったからだ。

正氏と中村は、連日道なき道を歩き身体は綿の如く疲れているが、夜は夜で採集した鳥類の剝製作りと日誌の整理が深更に及ぶ。この重労働に加えて、山を登るにつれて夜間の冷気が厳しくなったせいか、正氏が咳をするようになった。中村は、正氏の健康をあんじて「どうぞ先におやすみなさいますように」と勧めても、「きみのみにご苦労をかけてすまないね」と中村が起きている間は絶対に床に就かないのである。そこで中村は、寝たふりをして、正氏の英語の寝言が聞こえてから、静かに起きだして、再び剝製のメスを手にしたという。

またある日のこと。中村はハトを採集してキャンプに戻ってきた。すると正氏は何かを熱心にやっている。近づいて肩ごしに見てビックリした。中村の靴の泥を落とし、丹念に磨いているのである。「昔だったら阿波の殿様が、私の泥靴を磨いてくださっている!」と、しばし茫然自失。ようやく我にかえり、「お上、もったいないことでございます」と靴を取り返そうとした。だが、「きみは私にできない仕事をしてくれておる。その償いはできないので靴ぐらいはぼくが磨くよ」と返してくれないのだ。中村は、「よし、この探検で、お上のために一身を捧げよう」と、心中固く誓ったという(中村幸雄「蜂須賀博士を偲ぶ」『鳥』六三号)。

## 幻のムクドリをアポオオサマムクドリと命名

二月七日ギャログを出発し、急勾配の谷をよじ登っていく。標高一七〇〇メートルほどの地点の木立に見たこともない黒い鳥が三羽いる。一羽を撃ち落してみると、目指すアポ山特有のムクドリではないか! 目の周りには毛がなくて、オレンジ色の皮膚が露出し、頭に薄いきれいな冠がある。あっけないほどの目的達成であった。自然と笑みがこぼれる。同行している現地の少年に名前を聞くと「ポーロー」だという。いままで、学者が間違えて平地に産する椋鳥の呼称「ツーカーリン」を使っていたのだ。この「ポーロー」は、一九〇三年にグッドフェローによって学界に発表されて以来、二回目の発見である。日本名は、アポオオサマムクドリと名づけられた。

二月八日、苦労して二四八〇メートル（現在の計測では二四三八メートル）の地点にある湖に到着。湖は、一九二七年にアメリカの探検隊によって発見され、「ファガンプ」と命名された。しかし、これは定着せず、現在ヴェナド（スペイン語で鹿）湖と呼ばれている。鹿の大群が水を飲みに来るのだ。

ここをベースキャンプ（現在アポ登山のキャンプ地として多くの登山者が利用している）として、フィリピンの最高峰アポ山（二九五四メートル）を攻略しようというのである。登頂への準備の間に、湖畔で鳥類や珍しい植物をかなり採集することができた。あの「ポーロー」もまた捕獲したし、頭から上部は深い緑色をし、胸が橙色で腹部が黄色いアポタイヨウチョウ、全体は緑色だが頭頂が青く、尾羽の中央が長く伸びて先端がラケットのようになっているズアオウチワインコ、首の下が灰色で羽が濃緑のウロコミカドバト（現在、絶滅危惧Ⅱ類）も撃ち落した。植物類は、のちに大英博物館で調べてもらったのだが、羊歯類に珍しいものが多く、ヒマラヤなどの高地にしか生えないシャクナゲやコケモモも見つかった。

ここからアポ山の頂上までの標高差約五〇〇メートル。小池がおおよその道を知っているので、登頂まで二時間を予定した。二月十一日午前八時半、出発。最初の一時間は、深いジャングルのなか。

次の一時間は、地表があらわれ、大きな石がゴロゴロしているところを手を使って登る。そして、強い風と身を切るような寒さと闘いながら、午前十一時に一行は、頂上に立つことができたのである。正氏、中村、伊藤、小池、写真担当の市川、アポ仙人高森に、二人のバゴボ族の合計八人であった。

記念に石に名前を刻みたかったが、石鑿がない。そこで、原住民の刀ボロで彫りこんだが、「ハチスカ　11　Ⅱ　1929」と刻むまでに数時間を要したという。

湖畔のキャンプに戻って下山の準備をはじめる。正氏の計画は同じ道を通らず、ダバオと反対の西側にあるキダパワンに下りること。つまり「アポ山をダバオ州からコタバト州の両州に跨って跋渉しようと企てた人は一人もない」(『南の探検』)ので、それを試みようというのである。

正氏は、湖畔に到着したとき、コタバト州側の下山路の探索を憲兵隊のマニュエル軍曹に依頼していた。その軍曹が、十二日の午後に突然キャンプに現れたのだ。彼はアポの西側に住むマノボ族の酋長らを連れている。そのなかに、二七年にコタバト側から登頂したアメリカ探検隊を案内した者がいたので、コタバト州側への下山の成功を確信した。バゴボ族とマノボ族は親しくないので一緒に下ると諍いが起こる可能性がある。バゴボ族の運搬人は、大量の標本が入った箱を持たせてダバオ方面に下らせた。

二月十四日、下山開始。一気に二〇〇〇メートル以上下りて、マノボ族の酋長の村に着く。明けて十五日は、正氏の誕生日。二六歳をミンダナオの森林で迎えたのである。この村で数日ゆっくり休み、二月十八日キダパワンに向った。キダパワンは、海抜三〇〇メートルほどの平地にある。開墾が進み、土地はかなり耕作されている。森林を伐採した名残の大木が、あちこちに立っているのが眼を引く。木の上では、サイチョウが、ガァガァと鳴いていた。捕獲した鳥は、全体が紅色のアカサイチョウ、頭頂が黒く羽の色が青緑色のブッポウソウ（現在、絶滅危惧種ⅠB類）、全身白色だが、夏の繁殖期になると頭・胸・背中の羽毛が薄いオレンジ色（亜麻色）になるアマサギなど。

二十日の早朝カバカンへ出発。ここには憲兵隊の兵舎があり、そこでゆっくり休む計画だ。道は大森林を切り開いたもので、ほとんど一直線だから迷う心配はない。しかし、あまり交通がないから、雑草が丈高く一面に生い茂り、ところどころに大きな石や水溜りもある。歩くのも簡単ではない。さらに、低地に戻ってきたので熱帯の暑さが容赦なく襲ってくる。喉がカラカラになり、森のなかに一軒だけあった家に頼んで、水を飲ませてもらった。さいわい月も出て明るいので、夜も歩き続け、二一日の午前二時に、カバカンの兵営に到着。先着していたマニュエル軍曹が出迎えてくれた。

疲労困憊で、ぐっすり眠り込み、目覚めたときには、すでに日は高く昇っている。久し振りにくつろいでいると、この地でゴム園を営むスコットランド人のマックラレン氏が訪ねてきた。彼に誘われて、農園に滞在する。快適な生活を楽しんでいたが、突然マラリアが正氏を襲う。高熱を発し、頭は重く、寒気が止まらない。足の筋肉は攣《っ》れて、歩くたびに痛い。それで、予定を変更した。

はじめは、カバカンで数日休養ののち、コタバト平原を南に下り、レグアサンの大湿地帯を探索。さらに、ミンダナオ一のブルワン湖を抜け、陸路ダバオに帰る計画だった。それを変え、カバカンの傍らを流れる大河リオ・グランデを船で下り、西海岸のコタバトに行く。コタバトに着いたのは二月二六日のことである。州知事からアポ山踏破の祝辞を受け、モロ族の酋長が用いる立派な刀を一振り贈られた。

## バシラン島と山村八重子

少し体調が回復したところで、正氏は船でサンボアンガまで出かける。主な目的は、ここからすぐ近くのバシラン島を訪ねること。この島で東洋汽船所有の椰子園を監督経営する山村家を訪問するのだ。正氏が当初予定していたミンダナオ行きの船が遅れたため、日本に帰る当主の山村楳《うめ》次郎とマニラで知り合ったのである。山村が動物学に造詣が深いのを知り意気投合。「アポ山に登った帰りに、島でしばらく遊んでいってください。息子の一郎も動物が好きでいろいろ集めていますから」と誘われた。

山村の娘八重子もいきものに関心があり、日本人女性として初めて熱帯圏で動物探検を行った人である。一九二五（大正十四）年から一年間、山村は一家をあげてバシラン島で過ごした。八重子は、鳥類、虫類、魚類、貝類などさまざまないきものを採集して島の生活を楽しんだ。二六年九月十一日に、彼女のコレクションのうちこの島にしかいないオウムなど貴重な剥製三点を東宮仮御所、つまりのちの昭和天皇の生物学研究室に献上して、「麗人博物学者」と話題を呼んでいた。この探検の後、正氏は四歳年上の八重子と〈鳥〉を通じた親しい交流を結ぶ。日本橋三越を紹介して、彼女の採集品の展覧会を開かせたこともある。

戦前、彼女は新聞に何回も登場するばかりか、博物学者として著名であった。たとえば、一九三一(昭和六)年発行の『日本婦人録』(第三版)に八重子は生物蒐集家として、次のように紹介されている。

まだうら若き日本の婦人に、生物蒐集家として東西の学界に声名ある一人のあることは、蓋し最も誇りとするに足ることでありませう。ミス・ヤマムラの名はそれほどに余りに有名であられます。

ドクトル山村楳次郎氏は其の父君で、ヒリッピン群島ミンダナオ州バシラン島に、大正六年来五百町歩の椰子園を経営して居られます。動植物の採集は少女時代からの熱心な趣味で、大正十四年一家を挙げて――それは女中から猫までも連れて一ケ年をバシラン島に過ごされた際には、雄々しくも男装して数名の蕃人を指揮しながら、鳥類、虫類、魚類、貝類、其他礁珊瑚など何れも数百点づゝを採集して帰られました。(中略)

あちらでの採集品は、最初鳥類数種を次に貝類数百種を天皇陛下に献上なさいました。また礁珊瑚数十種に就いても、精密に調査を完了なさつた上で第三回目の標本献上手続きをなさると伺ひます。東京帝国大学や、東京博物館や、農事試験場や、御出身学校に対しても、既に各種数百点の有益な標本を御寄贈になつたのであります。

採集なさいますものゝ中には、いまだ何人にも知られないのが沢山あります。殊に鳥や蜘蛛の類には既に学名として『ヤマムラ』の冠されたのも数種類ありますが、それ等は発見者としての名誉と功績とが永久に伝へられるのであります。
明治三十二年一月一日生れ、東京女学館御卒業――。

また、小説家の宮本百合子は、一九三七（昭和十二）年七月号の『婦人公論』に、「現実の道――女も仕事をもて」というエッセイで、八重子についてこう書いている。

……先頃フィリッピンのバシラン島附近で高麗鶯の新種を発見して博物学界に貢献した、博物採集を仕事としている山村八重子さんの自分の仕事に対する愛情は、すべての事情からいわゆる商売気は離れています。彼女には商売気を必要としない生活の好条件があり、普通ならば、遊惰に消されるその好条件を、学問的に活かして社会的なあるねうちを与えているところに、彼女の仕事の価値が輝いているといえます。

蜂須賀正氏に戻る。
三月二日、バシラン島に上陸。楳次郎の長男一郎に歓待され、数日滞在した。サンボアンガの『ミンダナオ・ヘラルド』紙は、正氏のフィリピンでの行動をかなり的確に要約しているので、それを紹介しておく。

現在知られているレコードにある限り蜂須賀氏は人類としてアポの峰を越えた最初の人である。ダバオの平地で数週間周到の用意をした氏はわずか数名の人と共にアポに登り、その峰に囲まれたところで、ほとんど一週間近く滞在をした。けだしアポ始まって以来初めてのできごとである。彼は鳥、哺乳動物及び植物の標本を集め、また人類学の記録をもとった。中に非常に珍しいもののあることは申すまでもない。アポを下ってからマノボ〔原住民マノボ族〕の生息地をしばらく探検し、キダパワンに下り、それからカバカン、(中略)そしてコタバト平原の探検を終わった蜂須賀氏はいまサンボアンガに滞在中である。同地にあっては州知事及びペティ・バラックの軍隊の大歓迎を受けつつあるが、同氏はその大部分の時間を標本の採集及び整理に費やし、この旅行が終わってからロンドンにおいて出版されるべきフィリピンの生物相に関する報告を補足する研究を進めつつある。

## 船の相客は従兄の徳川家正

蜂須賀正氏が、サンボアンガから船でダバオに着いたのは三月七日のことだった。ダバオからマニラまでは、うまい具合に三月十五日出航の日本船安芸丸の船室が空いていた。この船は、日本とオーストラリアの直行便で、途中のフィリピンではマニラとダバオに立ち寄る。ダバオからマニラまでという近距離の乗客がほとんどいないので、乗船することができたのだ。船の出発まで正氏は、マラリア治療のためダバオで休息。その間、中村と小池はダバオ湾のなかにあるサマール島で五日間採集を行った。二人の報告によると、島の海岸に大木があり、そこに大コウモリが鈴なりに下がっていて、夕方になると餌を探してダバオ方面に飛び立っていく。その様子は、大空いっぱいに真っ黒なリボンが風にたなびいているようだったという。現在、サマール島はフィリピン政府の観光政策により、高級リゾートビーチとして開発されている。このコウモリは、いまどうしているのだろう。

安芸丸に乗ってマニラに向った正氏は、キャビンに通され、奇遇に驚く。相客が、従兄の徳川家正であったのだ。彼は、徳川の本家を継ぐ人だが、外務省に勤務。当時シドニー総領事であった。

ところで、この〈従兄〉という表現は、徳川本家の家系の流れを知っている人には、奇異に感じるかもしれない。つまり、一五代慶喜のあとを家正の父、家達が継ぐが、田安家からの養子である。正氏の母は慶喜の娘だから、血の流れからいうと家達と直接関係がない。通常なら従兄とはいわないだろう。だが、「引退した慶喜およびその子女は戸籍上父（家達）の家の家族であった」。のちに慶喜は公爵を授けられ、宗家から離れて別に一家を創立する。しかし、「慶喜が分家する前に嫁にいった女子の場合も、里は私の家になっている。田安家へいった鏡子、一橋家へいった鉄子、蜂須賀家へいった筆子（中略）といったのがそれだ」（徳川家正「維新後の将軍家」『公卿・将軍・大名』）。だから、〈従兄〉といっても戸籍上のことなのだが、養子にあとを継がせることがよくある将軍家や大名家は、この戸籍上（系図上）の繫がりを重視しているのだ。

船のデッキは、正氏の捕獲した動物たちで占領されていたが、その一角の大きな箱に家正の日本へのお土産が飼われていた。それはポッサムというオーストラリア特産の動物。猫ぐらいの大きさの有袋類である。夜行性なので箱は、あまり日が差し込まないように作られていたが、覗いてみると、二匹が横になっていて、寝ているのか死んでいるのかわからない状態であった。ちなみに、「たぬき寝入り」を英語では「play possum」というから、たぬき寝入りをしていたのだろうか。

正氏がマニラに到着したのは、三月十八日。ホテルに落ちついたが、なかなか寝つかれない。「瞼は容易に閉じやらず、艱難辛苦の重畳したアポ探検の思い出がいまさらの如く油然《ゆうぜん》と蘇ってくるのであった。昼なお暗い苔生した処女林内の光景、鏡のように静かなファガンプの湖畔、黒い鹿の大群、牛の唸るのにも似た青鳩の声、谷間に響き渡る銀鈴のような裁縫鳥の歌、月明の晩には必ず頭上から呼びかけた木菟、白い雲がちぎれて飛ぶアポの絶頂でボロをふるっては岩に名前を刻み付けたときの痛快さ、ガードナー大尉の水筒のように貴重な私の汚い冬外套、忠実なサージェント・マニュエル、とぼけたようなアポ仙人、硫黄の香りに咽《む》せ返るマラブル渓谷の沐浴など、次から次へと脳裡に展開し、探検家のみが味わえる満足感が体内に潮の如く湧き上がってくるのを禁じえないのであった」(『南の探検』)。

では、東大の松村博士から依頼された〈尾のある人間〉の探索は、どうなったのだろうか。正氏は、探検を始めたら、次々と捕獲する未知の鳥類に興奮して、忘れてしまったようにみえる。もとより、非科学的な話だから、動物学者・鳥類学者の蜂須賀正氏としては、無意識に排除してしまったのかもしれない。

大量の標本は、フィリピンの科学局に移して毎日整理に忙しかった。ここのコレクションと比較しながら標本を調べられるので効率的に進められた。

## 二度目のフィリピン探検に中村幸雄を派遣

正氏一行が日本に戻ったのは四月十五日。その後も正氏のフィリピンへの興味は続いた。マラリアのため踏破できなかった、ミンダナオ南部の大湖沼地帯の探検を企画する。第二次探検は翌一九三〇年に行われたが、正氏はのちに語る事情でヨーロッパにいたので、自分の代わりとして今回同行した中村幸雄を派遣したのである。この時、中村が採取したミフウズラの一種に Turnix sylvatica masaaki と献名した。これは、鳥学にすすむことを許してくれた父への感謝の気持を表したものだった。

中村について、「野鳥の会」を創設した中西悟堂は、「殆んど野外の実地踏査を以て終始し、双眼鏡を武器として一生を自然の中に暮している『野外鳥類学者』とも言うべき」敬意に値する人のうちの一人だといい、次のように紹介する。

甲州の中村幸雄氏は現在、山梨県庁開発主事の激職にある。この人も亦《また》、自然の申し子である。鳥の話を始めると、まるで打出の小槌《こづち》のように豊かだし、山野での鳥類識別の慥《たし》かさは一寸《ちょっと》比肩する人があるまい。たった一羽の声でも姿でも見逃すことはない。足跡全国にあまねく、フィリッピン群島の踏査の如き、ルソン、ミンダナオ、バシラン、サマルの諸島に渡り、更に単身再び出かけてミンダナオの魔湖ブルアン及び前人未踏のツマドゴップ峰の探検を敢《あえ》てされ、土人の凶《きょう》刃《じん》に斃《たお》れてもという覚悟で、鰐《わに》や毒蛇《どくじゃ》の棲む中を歩いておられる。昭和十年甲州神座山《かぐらやま》に夜な夜な通うこと一カ月、遂に声の仏法僧《ぶっぽうそう》を射落して千余年の疑問を解決したという鳥界の大ヒットを挙げた時のことなど、具《つぶ》さ自身の筆で書かれるようおすすめしているが、何さま非常にお忙しくて、碌に筆執《と》る間《ま》も持たれぬこと残念である。

(『文藝春秋』一九四二年一月号)

ちなみにこの「鳥界の大ヒット」とは、「ブッ・ポウ・ソウ」と鳴く鳥を、中村が撃ち落してみると、コノハズクだったということ。ブッポウソウと呼ばれる鳥(**口絵参照**)がいるが、その鳥がほんとうにこう鳴くのだろうかという「千余年の疑問」を解決したのだった。

正氏は、帰国しても標本の整理やフィリピンの鳥類に関する執筆などで忙しかった。五月十四日には、神田一ツ橋学士会館での鳥学会例会に出席。「フィリピン諸島の鳥類採集談」を三五分話す。次いで、中村幸雄が「フィリピン鳥類採集旅行談」を一時間二〇分講演した。鳥学会の人々に中村を紹介して彼の功績を讃え、探検の苦労をねぎらおうとする正氏の意図が感じられる。

また、七月一日から一週間、日本橋三越で「蜂須賀正氏氏アポ山突破記念展」が催された。

## すでに鳥獣保護の視点を

三越展が終わるとすぐ十一日から、動物学者の岡田彌一郎らと小笠原諸島の採集旅行に出発。現地に七日間滞在した。後年、岡田はこのときの正氏の果敢な調査ぶりに舌を巻いたことを報告している。

隆起サンゴ礁の小さな離島でカツオドリが産卵しているのを知った正氏は、海水パンツ一枚で岡田とカヌーに乗り、荒波のなか島にたどり着く。ところが、細かく分岐して尖ったサンゴ礁なので、「これでは、裸足で歩き回ることはできないでしょう。それに波が荒いので、バランスを崩すと危ないですよ」と岡田は躊躇した。しかし、正氏は、「貴重な資料を撮影するのだから、そんなことは気にしない。死んでも本望だ」と、サンゴ礁を歩き、撮影に成功する。岡田は、「私の忠告を聞かれなかった博士の学究的の態度に心から敬意を払った」とこのエピソードを結んだ（岡田「蜂須賀博士の思い出」『鳥』一三巻六三号）。フィリピン探検もこんな意気込みだったことが、想像される。

（岡田は、この出来事を一九三四年と書いている。しかし、この年は、正氏がスキャンダルでゴタゴタし、五月十七日に渡英してしまうこと。「写真は生物地理学会の小笠原生物相と題する特輯号に永久に残されている」と岡田が書いているが、実際の掲載は、同誌一九三〇年七月五日発行の第一巻三号であること。そして、そこにはカツオドリの美しい写真があることから、岡田の記憶違いと思われる。）

この年、正氏は、貴重な提案を、それもひっそりと行っていた。それは、鳥獣保護という視点である。『静岡県猟友会会報』（一九二九年九月二十日）に「外国猟区及鳥獣保護」という原稿を書いている。彼が欧米で実地観察した鳥獣保護と狩猟の実態を紹介したものだ。

内容は、アメリカの国立公園での鳥獣保護、カナダのロッキー山脈の国立公園は動物の天国であること、パナマ運河一帯の土地は動物の保護区であることを紹介。そのあと、イギリスでは皇室が中心となる保護協会があり、捕獲した鳥の飼育や人工繁殖が盛んで、一時絶滅の危機に瀕したライチョウをスカンジナビアから移入して育て、以前より増えたことを述べる。また、オランダではアムステルダム近くにヘラサギの保護区があり数千羽が生息していること。フランスのピレネー山間にハゲワシの保護区があること。スイスにも大きな国立公園があり鳥獣が保護されていることなどを、具体的に報告している。

日本に〈鳥獣保護〉を紹介した初期の例の一つであろう。正氏は、この考え方をヨーロッパで学び、戦後、熱心に推進していくのである。このことは、のちに語ろう（二八五頁）。

## 世界各地の人々と対応した経験

蜂須賀正氏は、探検に魅せられ、二〇歳のときから北ヨーロッパ、北アフリカ、中国東北部、フィリピンと世界各地を旅して、珍しい鳥類をはじめとする動物を熱心に捜し求めてきた。私がこれまで紹介してきた彼の探検の様子は、ひたすら鳥類を探求する姿がほとんどであった。

しかし、未知の場所を訪ね探検を成功させるためには、現地の人たちの文化を理解し、友好関係を結ぶことが不可欠である。正氏はこれを実践してきた。

たとえばアイスランドでは、五年に一度、夏に国家的な大運動会が各地方の中心的な町に人々が集まって行われる。そこに参加して彼らの質問に答え、日本の紹介もした。現地の伝統的な相撲と日本のそれとの相違の説明もしている。

また、モロッコでは、家畜をたくさん所有する裕福な現地人の家にハータート博士と共に招かれて宴会に出席した。こうした場合に必要なのは、現地の習慣を尊重し、それに従うことだ。ここの流儀では、食事のときナイフやフォークを使わず、右手で丸めて食べる。クスクスやさまざまな珍味を右手で食べたあと、最後に豪華な羊の丸焼きが出た。すると主人が、皆の前で内臓を手で抉り出し、年長の博士の前に恭しく供する。これは、一番旨いと彼らが考えるものを来客に差し出して、歓待の意を表しているのである。外国生活が長いといっても、動物の内臓を食べる習慣がない日本で育った正氏には、グロテスクでとても食べられそうになかった。でも、「これを食べることで関係が良好になり、探検もうまくいくのだ」と頭の中で何度も繰り返して食べたのである。

このように現地の人とつき合っていても、どこかで無意識に彼らの信仰や風習を犯してしまったかもしれない、という危惧を抱いている。だから、こんなことを常に忘れないでいるという。

「吾々は土人と交渉するに当り、随分彼等の信仰とか又は風習には従つた積りではあるが、一寸した彼等の信奉する神に対する不敬、又は極めて些細な意志の疎隔のため、思はぬ奇禍に陥ることもあり、彼等の復讐は主として暗夜に行はれるので、それで吾々は万全の策としては、夜の外出を慎むのである」(「モロッコへの旅」)。

フィリピン探検から帰国した時点で、正氏は、まだ二六歳の若さだ。だが、こうした体験からみても、同世代の青年と比べると、はるかに世慣れているといえるだろう。日本に帰ってきても、探検のときのように気を遣って行動していれば、波風が立たなかったのだが……。

## 女性問題で再度外遊

それは女性問題だった。欧米と比べれば、日本は男と女が付き合うことに対して閉鎖的で、社会の眼も厳しかった。ところが正氏は、ヨーロッパ帰りで、レディ・ファーストが身についている。そして、背はそれほど高くなかったが、痩せ型で、運動神経に優れ、テニス、乗馬、登山、射撃、まだ数の少ない自動車の運転（それも高級車）、のちには飛行機の操縦も行った。これは、現代でもハイブラウな趣味であろう。さらに独身で侯爵の跡継ぎである。若い女性の憧れの的だったようだ。

蜂須賀家には厳格な家令がいて、〈若殿〉を監視していたので、イギリスでの自由な生活に慣れた正氏には、三田綱町の本邸での生活は息苦しい。ときどき、銀座にシネマを見に行ったり、クライスラーで熱海の別荘までドライヴに行ったりして、息抜きをしていた。そんなときの彼の服装は、その頃まだ珍しかったダブル・ブレストのスーツかジャケットというヨーロッパ仕込みのファッション。

一九二九年の初夏のある日、正氏は熱海の別荘にいた。バルコニーでくつろいでいると、見知らぬ美しい女性がコーヒーを運んでくる。

「ばあや、あの娘《こ》は、誰だい？」

長く蜂須賀家に勤めているキヨと呼ばれる女中に訊ねた。

「若様、あの娘は私の遠縁の者で、お邸に見習いにでもと思いまして……」

とキヨ。この女性は、和歌山県の資産家の娘で青山つやという。行儀見習いに東京に出てきたのを、ばあやのキヨが、熱海の蜂須賀家の別荘で働かせていたのである。

つやを気に入った正氏は、彼女と箱根や伊豆をドライヴして日々を過ごすようになる。夏も半ばを過ぎて、正氏が三田の本邸に戻るときに、つやを同行した。だが、家令や父の正韶は、「身分が違う」とつやとの仲を許さない。それでも、正氏の彼女への愛は、変わることがなかった。まだ古い観念の残る三田本邸の人たちは、しだいに正氏の行為に批判的な目を向けるようになっていく。

ところが、この正氏の前に、もう一人若い女性が登場する。ある音楽会で知人から紹介された青山に住む華族の未亡人である。すぐに二人はいい遊び友達となり、東京の夜の遊びやシネマ、カフェなどで正氏に寄り添う彼女の姿がよく見られるようになった。田舎出で実直なつやよりは、社交性のある都会の若い未亡人のほうが、一緒に遊び歩くには、楽しかったのだろう。

いつの間にか、正氏の日常には、自邸ではつやが、外出には若い未亡人が連れ添うようになっていた。この種の噂は、羽が生えて勝手に飛び回るものだ。秋から冬にかけて、華族の間で「蜂須賀の若様は、愛人を二人抱えて、お盛んですな」と、ひそかに囁かれ、広まっていく。これが、父や家令の耳にも入ってしまう。

「若い頃にはありがちなことだが、これ以上噂が広がっては、正氏の結婚にも将来にもキズがつく。女たちとキッパリ手を切らせて、悪い噂をなくすより途がない」

と父正韶は決意した。

そこで考え出されたのが、再度外遊させること。いくら「身分が違うから別れろ」といっても、「華族の未亡人との仲がスキャンダルになる」といっても、正氏には通じない。彼は、自分の意見をしっかり主張するヨーロッパの思考になじんでいたことに加え、祖父の行状が頭のスミに残っていたのではないか。「オジイサマは、妻と愛人をかかえ、三田と白金の家を往復していたではないか。それとこれとどう違うのか?」と。

また、イギリス史上最もプリンス・オブ・ウエールズ（皇太子）の期間が長かったアルバート・エドワード、のちのエドワード七世（在位一九〇一—一〇）のことも。この皇太子は、数多くの女性と浮名を流したが、国民からは〈バーティ〉と親しまれていたのだ。バーティはケンブリッジに在籍したので、正氏もいろいろな噂を耳にしていたことだろう。「彼は、あれこれ言われても国王になると業績をあげ、『ピースメーカー』と讃えられたではないか」という考えが頭をよぎったろう。

そこで、困った正韶は、「ヨーロッパで二、三年遊んでこい」と、目の前にニンジンをぶら下げたのだ。ヨーロッパで友人たちと探検旅行をするのと、旧弊な日本で好きな女性と付き合うのとを天秤にかけたら、探検旅行の方がエキサイティングで重かったようだ。蜂須賀正氏は、ヨーロッパ行きを承諾したのである。

しかし、正氏はフィリピン探検の成果をまとめてからでないと出発できない、と言い張った。その結果、『比律賓産鳥類』の前編が一九二九年十二月二八日に、後編が三〇年二月十六日に、日本鳥学会より刊行された。そして、この後編発行の日に正氏は、東京駅を出発したのだ。ヨーロッパ旅行の目的は、六月にアムステルダムで開催される第七回万国鳥学会（国際鳥類学会議）に日本代表として出席のためと、第四回万国鳥類保護委員会への鳥の会代表と発表されている。

皇太子（昭和天皇）にフィリピンの鳥の剝製を献上して〈麗人博物学者〉と呼ばれた山村楳次郎の娘・八重子は、正氏を東京駅に見送りに行った。『産経新聞』に連載した「世界の辺境探検・侯爵鳥類学者　蜂須賀正氏」（『日本人の足跡』）に徳光一輝記者が、八重子のこの日の日記を紹介しているので、それを引いておこう。

「二月十六日　はれ　夜九時二十分東京駅発にて、蜂須賀様出立せられる故（中略）、父上と三人にて行き《ママ》。若い貴公子の事故《ことゆえ》、御嬢様方の見送り多く、いとも華やかなるものなりき。百人近くにておどろく」。

二一世紀の現在からみると、若い貴公子の長期海外旅行への出発に、彼を慕う若い女性が多数見送りに来たという、よくある風景だが、当時は、これが異様であり、旧弊な人たちには理解できなかったのだ。夫婦で歩いても女性は男性より数歩さがって歩いていた時代であったのだから。

二〇世紀前半のこの頃は、まだ、江戸時代の女性観に支配されていたといっていい。つまり、女性はなにより跡継ぎを産むための存在だという考えである。「徳川氏の制規では、将軍には三十人、大名は十人、旗本は五人のめかけをおいていいことになっていた」（『大名華族』）。ちなみに最後の阿波徳島藩主である正氏の祖父茂韶《もちあき》は、正室のほかに一一人の側室を持っていた。その後、故あって正室と別れ、継室として水戸徳川家から随子《よりこ》を迎えたとき、「十一人のお女中にはひまを出してもらいたい。その代り（?）自分の身がわりをつとめる美女を一人つれておよめ入りする」（同前）という条件で結婚した。そして、茂韶は、側室のいる白金の別邸に火木土日の週四日いて、月水金の三日は正室のいる三田本邸という生活を続けたのだ。

また、徳川慶喜は将軍を辞して、静岡で生活しているあいだ、側室はわずかに二人だった。それぞれ六人の子を生んだが、正氏の母筆子も側室中根幸の子である。もう一人の新村信は、慶喜の公爵家を継ぐ慶久を生んだ。しかし、二人とも「身分は依然として女中にすぎないのである。そしておのれの子供はご主人の血つづきなのである。自分には主すじということになるので、わが子の居間の外で、かしこまつて、ごきげんをうかがうのである。子の方でもそれを心得ていて、母あつかいにはしない。情は親子でも家中の『おきて』では、主人と家来の関係なのである」(同前)。

こうした主従関係は、江戸時代よりは希薄になっていたかもしれないが、旧将軍や大名だけでなく、政財界人をはじめ資産家に側室がいるのは当然のことと考えられていた時代であったのだ。つまり、正妻以外に側室をおくことは問題ない。しかし、正妻になるのは、家柄のつりあった未婚の女性だとする社会通念である。こんな状況を正氏は日常的に見てきたから、体面を重視する日本の男女関係の世界を批判的に見ていただろう。正氏は女性の扱いをヨーロッパ流で押し通し、顰蹙をかったのだと、私は考えている。

## 5　ベルギー政府のアフリカ探検隊

**『大阪毎日新聞』がベルギー探検に記者派遣**

蜂須賀正氏が日本を発ってから約一〇カ月後の一九三一（昭和六）年の元旦、『大阪毎日新聞』朝刊の一面に「神秘の境／アフリカ処女地帯探検／ベルギー政府の一行に加はり／本社員を特派」という六段抜きの社告が載った。『大阪毎日新聞』の三好武二記者が、ベルギー政府派遣の探検隊に加わり、その行動を連載報告するというものだ。

そもそもはベルギー政府が、植民地のコンゴに国立公園を設立するため探検隊の派遣を計画。この隊に蜂須賀正氏も同行することを許されたことに始まる。正氏は、このことを当時のベルギー大使永井松三（永井荷風の従兄）に伝え、「コンゴで採集した動物の剥製を日本の公共機関に寄付したいが、剥製代と運搬の費用を払って受け入れるところがあるだろうか」と聞いてきた。永井は、一九三〇年十月十日に幣原喜重郎外務大臣に報告。外務省が関係官庁に問い合わせる。この事情を知った『大阪毎日新聞』が、「未知のアフリカを紹介する好機」と、記者を探検隊に同行させたようだ。社告では正氏をこう紹介している。

「ケンブリッヂ大学卒業後大英博物館にあつて動植物の探検採取で広く令名をはせてゐる蜂須賀侯令嗣正氏氏はこの一隊に参加、主として動植物の学術的方面を受持つのである」。目的地はキヴ湖を中心にアルバート湖、エドワード湖の地方で、期間は三カ月。「苦熱と疾風と、毒蛇とマラリヤ、睡眠病と闘ひ、キャンプ生活に猛獣狩に登山に男性的スポーツの最尖端を行つて珍品をあさり廻るのであるが、金毛もぐら、ゴリラ殊にオカッピといふキリンの原型で茄子色の毛の生えた学界問題の動物捕獲は興味の中心ではあらう、まことに全世界の視線は自ら蜂須賀氏に注がれなければならぬ」と。

探検家蜂須賀正氏の華々しい再デビューである。

### 寄り道しヨーロッパに着く

一九三〇（昭和五）年二月十七日に神戸港からフランス郵船アンドレ・ルボン号に乗ってヨーロッパに旅立った蜂須賀正氏の、これまでの行動を紹介しておこう。

彼は、神戸からヨーロッパに直行せず、サイゴンで下船。インドシナの奥地を探検するフランス隊に参加した。親友のデラクールが、一九二三年から三九年まで、ほとんど毎年のようにフランス領インドシナ探検を行っていたから、それに加わったのだろう。

その後、四月にはヨルダンに立ち寄る。当時ヨルダンは、イギリスの委任統治領でトランス・ヨルダン首長国と呼ばれていた。正氏が動物採集のために首都アンマンにやってくると、どこで聞きつけたか、首長国を統治するアブド・アッラーフ・ブン・フサイン（一九四六年独立してアブドッラー一世）に招かれたのである。しかし、採集旅行だから礼服を持っていない。そこで、黒っぽい背広を着て、ボタンホールに勲章の略章をつけて参内することにした。謁見の通訳は、イギリスのサンドハースト王立陸軍士官学校に留学していたタラール皇太子（のちタラール一世）がしてくれた。国王は、ヨルダンの現状を説明したあと、こう質問した。「東郷元帥は元気にしておられますか」と。かつてオスマン帝国に含まれていたヨルダンは、武勇をたっとび、ロシア帝国を破った東郷元帥を英雄視していたからである。ちなみに、東郷平八郎は、これから四年後の一九三四年五月三十日に死去。葬儀は国葬で行われた。

このようにゆっくりと寄り道をしながらヨーロッパに到着した正氏は、今回のヨーロッパ旅行の目的とされた第七回万国鳥学会（国際鳥類学会議）出席のためオランダのアムステルダムに向かう。会期は六月一日から七日間である。参加は日、英、米、仏、独、伊、インド、アルゼンチンなど一四カ国で、三〇〇人以上が出席した。ただ一人の日本代表である正氏は、六月六日に行われる部会の座長に選ばれている。世界の鳥類学者たちは、二七歳とまだ若い正氏の実力を認めてくれていたのだ。

鳥学会のあと、ロンドンで大英博物館に一室を貰いフィリピンでの採集品の整理を行っていた。その一方で、「アフリカのような広い地域での探検には飛行機が有効だ」とイギリスでAクラスの飛行士免許も取得する。ちょうどそのころ、ベルギーによるアフリカ探検の情報が入った。正氏の探検への思いに火がついたことだろう。しかし、鳥学会では一目置かれるようになっていた彼も、動物学の分野でどれだけ知られていたのか不明である。大英博物館を通して参加を希望し、「当方の費用はこちらでもつから、ぜひ探検に加えてほしい」とでもいったのだろうか。とにかくベルギー政府のアフリカ探検のメンバーに選ばれたのである。

## モンバサから西へ、ヴィクトリア湖まで

話をアフリカ探検に戻すと、『大阪毎日新聞』の三好記者は、三〇年十二月二八日、大阪商船の南米航路（大阪商船はインド洋を通りアフリカを経由して南米に向かう）めきしこ丸で神戸を出発し、一月三一日に東アフリカのモンバサ港に到着した。港には六日前に着いた正氏と探検の企画者デルシャイド博士が迎えにきていた。一行の顔触れを三好の記事から引こう。

デルシヤイド博士はアントワープ拓殖大学の教授ではあり、コンゴに国立公園建設の主唱者、かつ最も熱心な実行家だけに、コンゴ探検はこれで三度目、卅一の若さにも似ず胆大細心、十分団長の采配を振るに足る、根は動物学者、しかし狂的な自然愛好者で国立公園の完成に命を投げ出してゐるのだ、土木技師ホイアー大佐は、四十五年のその生涯中廿年をコンゴで過ごした人、のんきな父さん然としてゐるが、われらの生字引だ、二人とも、アフリカの「フランス語」といはれるほど調法なスワヒリ語に通じてゐて土人との応対交渉はお手のもの、変な通訳者百人を同

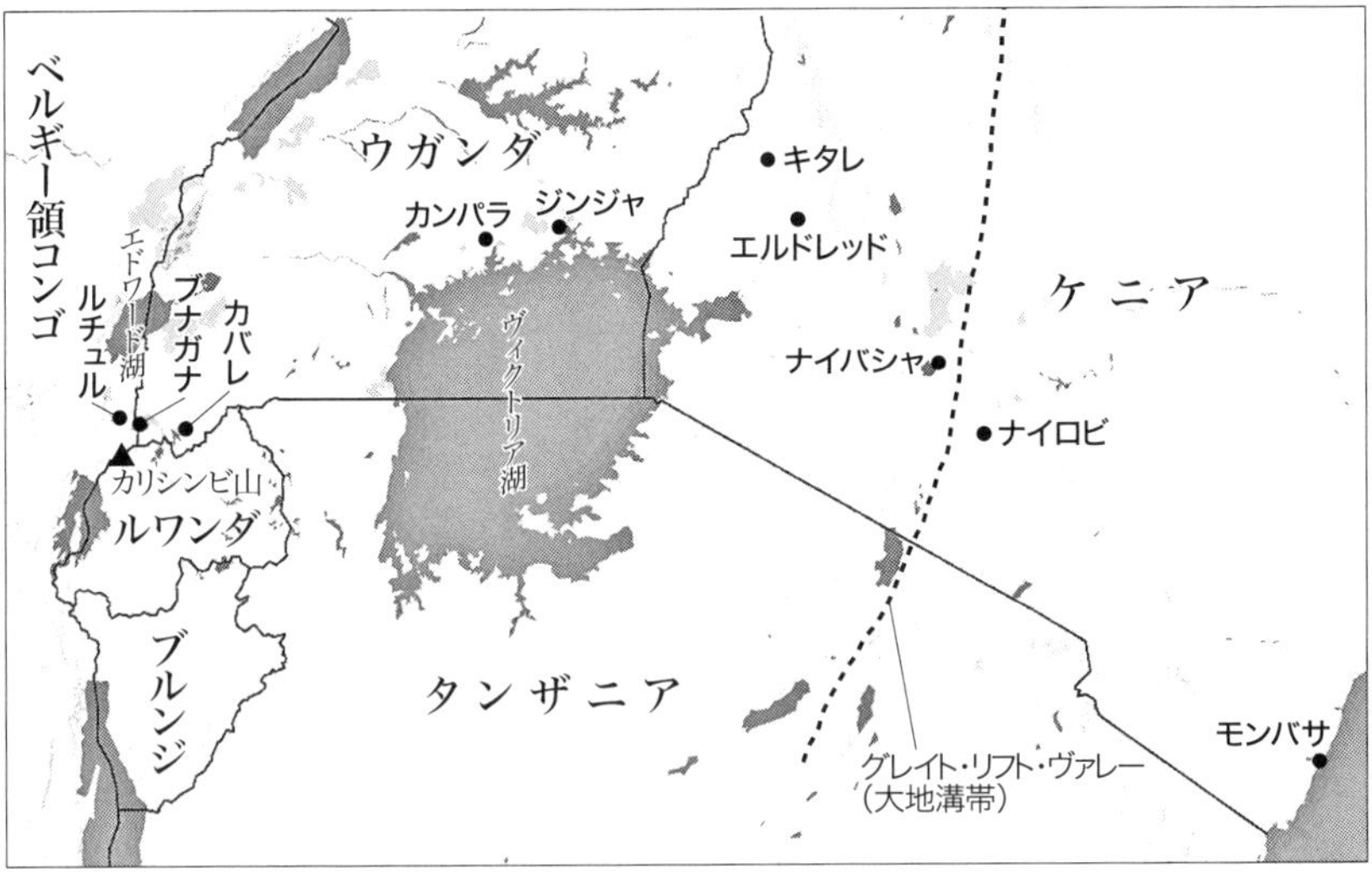


コンゴ探検のルート

行するより力強い。／×／一行七名のうち初めて乗り込むのは、蜂須賀氏、デルシャイド夫人、クネヒト嬢、若い土木技師ヴァース君と私の五名、しかしながら、蜂須賀氏は北アフリカの砂漠で五回、ヒリッピンで一回、アイスランド一回と、寒熱両帯の探検旅行をやつてゐるので、これまた玄人である、

（『大阪毎日新聞』一九三二年四月十六日朝刊）

三好の到着後すぐに探検旅行に出る予定だったが、ちょうど回教徒の断食の時期で、正氏がオカピと名付けたシボレーの大型トラックに付ける装備が間に合わなかった。二月五日午後五時半、モンバサを出発し、ケニアの首都ナイロビへ向かう。約五三〇〇キロの行程だ。ベルギーから持参したツーシートのクライスラーには、デルシャイド夫妻。そのデッキシートに現地雇いの人夫二人。残

りはシボレーのトラックに乗り、正氏がハンドルを握った。アフリカ特有の砂煙が吹くなか、でこぼこ道をハンドルを取られないよう運転するのはかなりの体力を要する。

一行は、ナイロビの手前二七キロのアテナ河畔にキャンプを張り、六泊した。標高一六〇〇メートルの高地なので熱暑から解放され、一息つく。食料品の補給や風呂に入ったり、レストランで食事をしたりと探検の初めから静養ムードだが、六泊もしたのは、暑さと悪路でくたくたに疲れたこともあるが、車の足回りの整備に時間がかかったからである。その間、正氏は、イギリス人の友人と狩猟に出かけ、クロサイを一頭しとめた。二月十日は、三好と共にナイロビの飛行場から三〇分の空中遊覧を試みる。上空から三頭のライオンを発見。三好は「草むらに秘む三個の黄色い影！　二匹の雌も一匹の雄もつゝ立つて心もち空を見上げてゐたらしいが悠々迫らず、まさに百獣の王たる貫禄、何を小癪な人間奴といつた態度が手にとれる（中略）われ〳〵は興奮した、アフリカに足を踏み入れてから十一日目で初めてライオンに見参したのである」（同前、六月一日朝刊）とレポートした。

ナイロビから、雄大なグレイト・リフト・ヴァレーを眺めながら、ナイバシャ、エルドレッドを経て、二月十五日キタレに至る。ここは、ケニア第二の高峰エルゴン山（四三二一メートル）の山麓の町。正氏やデルシャイド博士と旧知のハワード・ド・ウォルデン卿が住んでいる。卿の所有する広大な農園のなかにキリンが生息しているという。その見物のため一泊する。この日は、正氏二八歳の誕生日。夜、皆がシャンペンを開けて祝ってくれた。

翌日は、キタレからケニア・ウガンダ国境を越え、アフリカ第一の湖ヴィクトリア湖に面したジンジャまでのドライヴ。ここは、一八六二年にイギリス人の探検家ジョン・スピークが、ナイル川の源流をヴィクトリア湖と主張した場所である。現在、彼の記念公園がある。ホテルに一泊して、カンパラに向かった。

カンパラでは一通の電報が正氏を待っていた。それは駐ベルギー日本大使館からのもので、東京上野公園内に新しく作る科学博物館が、正氏の獲った動物の剝製の展示を希望しているとの連絡である。「日本の博物館に展示してもらえるなら」と正氏の採集活動にも力が入る。この地ではヴィクトリア湖畔にキャンプを張る。正氏は、珍しい水鳥を含め一〇種類以上の鳥を射止めたので、デルシャイド博士夫妻も手伝って、毎夜星を戴いての仮剝製作りに精を出す。

## 異様な臭気のイナゴの雨

ベルギー領コンゴに向う途中、一行は異様な体験をした。それは、ルウェンゾリの山地を走っているときだった。行く手のはるか彼方の空を真っ黒に雨雲が覆っている。アフリカの乾燥した場所では、土がレンガのように固くなって車は運転しやすい。ところが、雨期になると泥濘が深く、タイヤが泥にとられて運転できなくなる。「まだ雨期になっていないが、大雨になれば、道はどうなるのか?」と正氏に不安がよぎる。

黒雲が近づいてくると、なんとイナゴの大群であった。群れが接近するにつれて、太陽はかげり辺りは夕方のように薄暗くなる。そして、弱り切ったイナゴが、雨のように降り注いできた。フロントガラスには、潰れたイナゴの体液が付着して運転しにくいこと甚だしい。そのうえ、道路は一〇センチ以上もイナゴが降り積もっているので、ブレーキをかけると車が横滑りをする。「まるで、深い雪道を走っているような感覚だな」とハンドルを握っている正氏は思った。

しばらくすると車体の下の方からくさい臭いが立ち上ってくる。ちょうどゴムの焼けるような、あるいは悪い油がくすぶるような臭いだ。タイヤのゴムは走っていて熱を持つ。熱いタイヤに潰されたイナゴの体液が加熱され、この臭いとなっているのだ。

この〈イナゴの雨〉は、二時間ほど続いただろうか。小降りになったときキャンプにたどり着いたのだった。みな車から飛び出して、深呼吸したのは言うまでもない。

三月一日、カバレ、国境の町ブナガナを経て、ベルギー領コンゴへ。ベースキャンプに予定しているルチュルに到着した。ここはルチュル川の広い谷間を隔ててカリシンビ山〔四五〇七メートル〕をはじめとするヴィルンガ火山群の山々が望める眺望のよい場所。三好は、「富士の沼津、ユングフラウのインターラーケン、ヒマラヤのダーヂリン、そしてムフンビロ〔ヴィルンガ山脈〕のルトシュル〔ルチュル〕」(『大阪毎日新聞』一九三一年七月三日朝刊)と紹介した。人口は、四〇〇〜五〇〇人ほど。白人は一八人いて、大部分がベルギー人だが、フランス人の教師やイタリア人の医者もいる。小さな教会と学校に雑貨屋が一軒。バター製造と煉瓦焼が唯一の近代的産業だ。三好記者は、世界中を取材した経験を整理して三七年に『世界の処女地を行く』を出版した。そこからルチュルを紹介する。

ルトシュルは赤道から心もち南に位し、立派に熱帯圏内に横つてゐるが、海抜四千呎の小高い丘なので、熱帯的苦熱から見事解放されてゐる。日中の気温七、八十度〔二二℃〜二六℃〕、夜は毛布に包まれねばならない。一週一度位は雹に襲はれる。丘の下をルトシュル河が流れ、この水がバナヽの葉つぱを腰に巻いた土人に汲み取られ、白人の咽喉が湿される。雨上りでは泥々に濁つた水だ。

しかしながら、全村木綿樹――南洋のいはゆるカポックの並木で飾られ、緑の冴々した芝生、龍舌蘭、ばらは美しく咲き乱れてゐる。マンゴーとパパイヤとバナヽ、野菜もできれば、苺すら時々の食卓を賑はす。この地のパパイヤは頗る美味で、村の自慢の一つ。かつまたこヽのコーヒーはブラジル以上、バタはスウィス以上と折紙づけられた優秀品である。牧畜とコーヒー栽培は前途大いに有望とされる。

（『ゴリラの楽土』探検記）

ルチュルの特色はもう一つ、アフリカで最初の国立公園の事務所があることだ。登山家でもあるベルギー国王アルベール一世は、ニューヨーク自然史博物館のカール・アケレイの勧めによって、一九二五年に永久保護区を設立した。それがこのアルベール国立公園（現・ヴィルンガ国立公園。一九七九年に世界遺産に登録）なのである。

正氏と三好に与えられた部屋は、小さな窓が一つあるだけの国立公園事務所の倉庫。殺風景なので日章旗を壁に張り、エレファントグラスを編んで棚を吊った。現地の子供たちがカメレオンを生捕ってプレゼントしてくれたので、部屋がアフリカの雰囲気になる。

ちなみに、この平和だった村は、二一世紀に入って、コンゴ政府軍と反政府軍の抗争で大量の難民のキャンプと化すのである。

## 危機一髪、ライオンとの遭遇

蜂須賀正氏にとって、これからが本格的な標本採集だ。だが、手当たり次第に猛獣を撃てばいいわけではない。標本である以上その種類を代表するようなものか、特異なものということになる。その他に体格や毛並みなど細かいところまで注意を払って対象を観察し、これと見定めたら、その一頭だけを集団から離して撃つ。実に根気のいる仕事なのだ。

もう一つは、時間との勝負だということ——獲物を倒したあと、大きなものはキャンプに持ち帰れないので、その場で解剖しなければならない。その作業に最低二時間は要るが、午後四時にはどんなことがあっても帰路につく必要がある。午後六時には真っ暗になってしまうからだ。夜道は物騒なうえ、血腥いものを担いでいるのだから、猛獣に襲撃してくれというサインを出しているようなもの。そうならないために逆算すると午後二時までに獲物をしとめる必要がある。その前に獲物を追い、集団から離す作業があるのだから、時間がかかる。標本採集は実に面倒なのである。

そんなわけで、モンバサ以来標本は三〇余種に達したが、ライオン、ゾウ、カバ、バッファロー、レイヨウの類は一頭も獲れていない。そこで、正氏は三月十六日に、ルチュル北方に位置するエドワード湖周辺で猛獣が棲むという場所にホイアー大佐と出かけた。

正氏は、ここで待望のライオンを発見したが、その出会いは実にスリリングであった。

現地人の従者と二人で平原を歩いていると、突然草の陰から大きなオスのライオンが現れたのだ。従者は「ウアッ！」といって、荷物を放り出して逃げてしまう。ライオンとの距離約五〇メートル。逃げるにしてはあまりに距離が近すぎる。とっさにライフルを構えた。万一撃ち損じたら、命はないと思うとなかなか引き金を引けない。正氏は背後に大きなアリ塚があるのに気づく。それに身を隠せば、一発失敗しても、二発目ではしとめる自信がある。ライオンから目を離さず、じりじりと後ずさりをしていく。ライオンはゆっくりと迫ってくる。とうとう間隔は二〇メートルを切ってしまった。正氏が、もう少しでアリ塚に身体が触るかと思った瞬間、ライオンにサッと緊張した様子が見え、背を低くして前足を揃え、ウォッと唸り声をあげて跳びかかってきた。正氏は、「アッ！」と声をあげて飛びずさる。手に持っているライフルを使う余裕などまったくない。夢中でアリ塚に身を避けた。次に来る恐ろしい瞬間を、眼をつぶって待つしかなかったのである。

ところが、ここで不思議なことが起こった。眼を開けると正氏は無傷で、ライオンは右側一〇メートルほどのところにいる。ライオンは、跳びかかるとみせて身をかわすように、正氏を避けて着地したようなのだ。そのあとライオンは彼のことを忘れたかのように無視して、草むらのなかにゆっくりと姿を消していった。正氏は、呆然としてただアリ塚の横に立ち尽しているばかりである。ようやく危険が去ったという実感が湧いたとき、正氏には、「よく生きていられたな！」という感慨と「ライオンにからかわれたのではないか」という気持が交錯していた。

三月二二日、猟場を引揚げる日だ。だが、トラックの収容力の関係で誰か二人は残らねばならない。チャンスとばかり正氏と三好が志願し、迎えが来るまでキャンプ地に残る。

その夜、メンバーが減って灯が少くなったせいか、テントはライオンの群に取り囲まれたらしい。従者の「シンバ（ライオン）！　シンバ!!」という声に起こされて、正氏はライフルを構える。従者が懐中電灯で照らした闇の中に、琥珀色の眼を二つ確認したが、光が弱く、ライオンの位置が判らない。やがて、眼は闇に消えていった。朝起きて見ると正氏が作りかけていたトピ（大型のレイヨウ）の頭蓋骨の剝製が消えている。そのあたりには、梅の花の形をした足跡が点々と印されていた。

その日の夕刻、今夜こそはライオンを捕まえようと、午前に射ったコブ（レイヨウの一種）の股肉に殺虫剤やネズミの駆除剤に使う亜砒酸をたくさん塗った。懐中電灯を手に見張るが、いつまでたっても皿に盛られた肉はそのままだ。十二時にあきらめて床に就く。ところが、翌朝見ると、肉がきれいさっぱり消え失せているではないか。亜砒酸が効いただろうと死んだライオンを探し求めてあちこち歩いたが、とうとう見つけることができなかった。

三月二五日、ホイアー大佐が迎えに来たので、ライオンを諦めて引揚げることに。完全なレイヨウ類の仮標本が一六もできたことで、満足することにした。

## 初めてゴリラと出会った日本人

ところで、今回の探検の目的地であるアルベール国立公園の成立は、カール・アケレイがマウンテンゴリラとヴィルンガ火山群の美しさに心をうたれてアルベール一世に進言したことによる。ここは、マウンテンゴリラの数少ない生息地として知られていたのである。

一九二一年にこの地を踏んだアケレイは、五頭のゴリラを射止めた。だが、彼はゴリラの保護と野外観察の重要性を説いて、ニューヨーク自然史博物館にゴリラの生息地を忠実に再現した生態展示を完成させている。しかし、これほどまでゴリラを保護しようとしたアケレイでさえ、ゴリラを危険な動物と考えていた。今日知られているように、ゴリラは繊細で優しく、人間との触れ合いを楽しむことができる森の巨人であることが分かったのは、一九六七年にヴィルンガに単身乗り込んだダイアン・フォッシーというアメリカ人の女性の登場まで待たねばならなかったのである。

蜂須賀正氏も例外ではなかった。ゴリラを「狂暴な狂人同然の怪物、しかもその腕力たるや人間の頭なぞは卵を砕く様に押しつぶしかねない底の知れないもの」(「アフリカ猛獣狩奇談」『相談』一九三四年二月号)と考えていた。しかし、彼はゴリラを見てみたかった。ゴリラの捕獲はベルギー政府から禁止されていたので、大英博物館は正氏に「ゴリラの巣を持ち帰る」という注文をだしていたのだ。

正氏の案は、ルチュルを基点にゴリラの棲むカリシンビ山に登って巣を探すこと。ルチュルで従者を募集したが、行き先がカリシンビと分かるとみな尻込みしてしまう。ゴリラが怖いのだ。そこで、彼らが珍重する塩をココナッツの殻に一杯半という大盤振る舞いの提案をし、やっと集めることができたのである。

四月四日午後四時ルチュル出発。一行は、正氏と三好、ホイアー大佐の三人に現地の従者一〇〇人ほど。竹に覆われた林の中を、ゾウが切り開いた道をたどって登る。調査基地となるミケノ峰とカリシンビ峰の間にあるルエル小屋は、標高三〇〇〇メートルの高地だ。摂氏六度まで冷え込む。先発していたデルシャイド博士は、マラリアに罹り、合流してすぐ大佐が連れて帰ることになる。かくして、〈ゴリラ探検〉は日本人二人となった。

カリシンビの密林は、原始そのままの深い森で、一歩一歩手探りで踏み込んでゆく。しかも、いつどこでゴリラと出会うか分からないので、用心してできるだけ音を立てないように進む。デルシャイド博士が、山の一木一草、一獣一鳥をそらんじていると評価している従者が、「ガキ（ゴリラ）、ガキ」と小声で囁く。彼の指の先にその顔があった。森のなかの木立のない空間でゴリラの家族が日光浴をしている。背から腰にかけて白い毛に覆われたオスのゴリラが、正氏一行を認めるとメスや子供を逃がし、睨んでいる。睨みあいは二、三分だったろうか。ゴリラは退却していった。正氏と三好は初めてゴリラと出会った日本人となったのである。

ちなみに、日本が世界に誇るサル学を創始した今西錦司と伊谷純一郎は、一九五八年、正氏たちと同じルートでウガンダに入り、ゴリラを観察した。このときの様子が『ゴリラ』（今西錦司）に描かれているが、正氏たちの調査については、触れられていない。今西と正氏は同年代だが、なぜ触れていないのか。伊谷の弟子でゴリラ学者の山極寿一によると、二人は正氏たちのゴリラ調査をまったく知らなかったのだそうだ（青木澄夫『日本人のアフリカ「発見」』）。

さて、正氏一行は、ゴリラがそう簡単に人を襲わないと判り、少し安心したのだろうか、翌日は巣の収集に向った。驚いたことにテントから三〇〇メートルと離れていないところにゴリラの巣があったのだ。正氏の説明を聞いてみよう。「巣と云ふのは六畳乃至八畳前後の大きさで大木と大木の中間に太い枝をたくみに組み合せて、丁度小鳥の巣を大きくしたのと同じ様に段々上層になるにしたがって細い枝をつみ重ね、一番上には草や木の葉が敷きつめてある。なまじ知恵のある奴の仕事だけにその組み合せ方は実に巧妙なものだ。一本の枝を折り曲げるにしても、恐ろしい力でやる事だから、たゞもうあきれる外はない。巌丈な事はこの上もない、けれど何しろ大きさと云ひその目方と云ひ、並はづれてゐるので、見つけ出したのはよいがそれを山から持ち出すについては、これまた大変な騒動だ、巣を大木から取りはづしておいて持ち出すための道をつくらねばならない」（「アフリカ猛獣狩奇談」）。こうして正氏は、ゴリラの巣を三つ持ち出して大英博物館の要望に応えたのであった。

## 帰路は空からナイル下り

この後、正氏と三好は、十月まで滞在するベルギー隊を残して帰国の途につく。帰路は、エドワード湖、アルベール湖を経て、空からナイルを下り、カイロまでのコース。デルシャイド博士夫妻はオカピ号でエドワード湖まで送ってくれた。三好は、「五千キロの大ナイル河を空の旅で下った最初の日本人」（「ナイル河論」『世界の処女地を行く』）と自慢する。

ちょうどその頃、ロンドン・ケープタウン間の航空路が開設され、「南亜聯邦が僅か十一日間の距離に短縮された」。アルベール湖からの航空路線が、ロンドン・ケープタウン間の幹線と接続されたことを知り、乗ることにする。しかし、一週間に一度しか飛ばないので、「さゝやかなホテルに数日間滞在した」。

愈々出発の日である。空のナイル下りといふだけに心は無性に躍つた。湖岸の着水場に行つて見ると、粗末な木造小屋にイギリス人の事務員がたつた一人ゐるのみで、心細いこと甚しい。これでは世界的に有名な英帝国航空路会社《インペリアル・エア・ウェーズ》にも敬意が払へ兼ねたのである。

私等はカイロまでの切符を買つた。予定は四日の旅で、途中のホテル代、昼食代、その他何もかも含めて一人は六百円と一寸、一応は高く感ぜられもしたが、考へると実に安い。といふのは、アルベール湖からカイロまで、探険式な徒歩と汽船と汽車で大ナイルの五千キロを下るには、約一ケ月半の日数と二人で最低五千円は消し飛んで終ふ。

定刻から大分後れて飛行機がやつて来た。土人の艀で乗り込む。ブリストル・ジュピターの発動機を三ケ取りつけたデ・ハヴイランドの水上機で、搭載量二千八百キロ、十四人乗である。が、相客は南亜の鉱山師と、商人と、コロンビヤ大学の教授夫妻とお嬢さんなど数人だつた。郵便物は満載である。異境から故国へ急ぐ手紙が客室まではみ出てゐた。

（同前）

ここで当時の航空機の状況を簡単に紹介しておきたい。

一九〇三年にライト兄弟が有人飛行機を成功させてから、まだ三〇年経たない。だが飛行機は飛躍的な進歩を遂げている。二七年にリンドバーグが大西洋無着陸横断飛行をしたが、旅客を載せての長距離飛行は、なかなか難しかった。三〇年代の旅客機のスピードは、時速二〇〇キロ台でしかなかったし、大型化すれば燃料を消費し、航続距離があまり出ない。それだからこそ、イギリスと南アフリカの間が「僅か十一日間」でつながることは快挙だったのである。

一九三〇年代の長距離旅客機は、飛行艇が使用された。これには、三つの理由がある。
一、大洋を横断するので、万一のトラブルの際は、着水すれば最悪の事態を避けられると考えたこと。
二、大型で重量があっても、水上という無限に近い滑走距離を走れば離水できたこと。
三、当時はまだ大型飛行機の着陸の衝撃に耐えられるだけの装置が製造できず、機体の下部全体に荷重を分散させる飛行艇のみが大型化が可能であったこと、である。
デ・ハヴィランドとは、一九二〇年に設立されたイギリスの飛行機メーカー。イギリス空軍の注文で軽爆撃機を制作したあと、二五年にエンジンと機体をワンセットで開発したシーラス・モスを発売する。複葉二人乗りで、直列四気筒六〇馬力であった。小型で値段もそこそこで、軍隊のほか個人の需要も多い。この後、モス・シリーズを次々に発売し好評を博す。ジプシー・モス、ジャイアント・モス、ホーク・モス、タイガー・モス、プス・モス、レパード・モス、ホーネット・モスなど。一九三四年には、同社の双発機コメットが、イギリスからオーストラリアへの長距離飛行レースで優勝している。また、五二年には世界初のターボジェット旅客機DH106コメットを就航させた。

では、航空運賃の「六百円と一寸」は、現在だといくらぐらいになるのだろうか。いろいろな比較があるが、一九三二(昭和七)年の東京の銭湯料金をみてみる。当時は七銭で、現在は四六〇円だから、約六五〇〇倍。これを乗じると四〇〇万円ぐらいになろうか。飛行機は、まだまだ金持の乗物であったのだ。

説明はここまでにして、三好の新聞記事と『世界の処女地を行く』から二人のあとを追ってみる。

水を切って飛行機が飛び上がると、眼下のアルベール湖は、午後の陽を受けて銀色に光っていた。ここから流れ出るナイル川はまだ細い。銀の糸のように緑のまばらな原野をうねりながら流れている。気流は穏やかで、自動車より乗り心地がいい。椅子のクッションも上等なので、今までの疲れが出て眠気を誘われる。

パイロットはがっちりした身体つきの日焼けした退役軍人。気難しそうに口を結んで前方を見つめているが、乗客サービスも忘れてはいない。野生動物の生息地を飛ぶときは、高度を低くして眼下の動物を見せてくれる。レイヨウ、シマウマ、キリンなどは、飛行機の爆音に驚いて走り去るが、ライオンは百獣の王らしくじっと空を睨んでいるのが印象的だ。ナイルの水が櫛の歯のように分流しているところを通った。パピルスの草が密集しているのでこのようになるという。夕方ジュバという小さな村に着き、ホテルに泊まる。ここは白ナイル川に臨む古来からの交易の地。一八九九年からエジプトとイギリスが共同統治するスーダン領だが、一九五六年にスーダン共和国として独立。二〇一一年には南スーダン共和国が分離独立してその首都となる。

その夜、強風が吹き荒れ、水上機のフロートをもぎ取ってしまった。これでは飛べないので、代わりの飛行機が到着するまで五日待つ。代替機は、小型の陸上機だ。時間を空費したので、空が白むと共に出発。三〇〇〇メートルの上空で荘厳な朝日を拝する。眼下は、ナイル川沿いに緑が少し見えるだけで、荒涼たる裸の大地である。土の色は、赤い地肌から黄灰色に変わっていく。給油のため午前十一時ごろ着陸。太陽の直射と地上の反射で猛烈に暑い。たまらず、飛行機の翼の下に逃げ込んで昼食を摂る。この日は、二〇〇〇キロ近くを飛んで、夕方ハルツームに着く。

ここは、眼下を流れていた白ナイルとエチオピアに源を発する青ナイルとが合流するところだ。一八二〇年エジプトのムハンマド・アリーによって建設され、ナイル航路の港として、象牙・奴隷貿易の中継地としてにぎわった。

「カー《ママ》ツームはスダンの首都である。街も建物もホテルも、本格的の欧風で、私等は数ケ月目に電灯の光を浴びた。水もまた同様、冷蔵庫で冷やした西瓜とアイス・ウオーターが咽喉を通ったとき、文明といふものゝ恩恵がつく〴〵有難かつた」（『世界の処女地を行く』）。

蜂須賀正氏は、その夜高熱を発して寝込んでしまう。マラリアである。さいわい、いい医者がいて、熱を下げる氷にもこと欠かないので大事に至らなかった。乗ってきた飛行機は臨時のものなので、次の定期便の出発まで三日滞在する。この間、三好は、白ナイルをはさんでハルツームの対岸にある町オムドゥルマンを訪ねた。一八八五年にイギリスのスーダン植民地化政策に反対するマフディ軍が都として建設したところで、スーダンの伝統や文化が残る地域だ。この「アラビヤ人の町は、汚いには汚いが、訪問の値打ちは十二分にある。土でかためた平ったい屋根の家、ごみ〲した市場、覆面の女、駱駝、奇怪な音楽と怪しげな踊」の満ちた町というのが三好の感想だ。

次の宿泊地はエジプトに入ってアスワン。前に正氏が旅行した時と違って、エジプトは反英となり、ホテルのボーイのチップから自動車の料金に至るまでイギリスの金が使えない。三好はエジプト文明にすっかり魅せられ、次の中継地ルクソールから飛行機を捨てて、エジプト見物をしながら列車でカイロまで行くことにした。正氏は、病身なので飛行機でカイロに向かう。

蜂須賀正氏は五月三十日にカイロに到着。病軀をいたわりながらゆっくりとヨーロッパに戻り、六月下旬にベルギーに着いたのだった。

三好武二記者のアフリカ探検レポートは、『大阪毎日新聞』に四月半ばから八月末にかけて五八回連載された。私はマイクロリーダーを繰りながら読んでいたが、八月あたりから一面に軍の記事が多くなる。そして、九月十八日に奉天郊外柳条湖付近で南満洲鉄道が爆破されたのを口実に、関東軍が軍事行動を開始。このあと新聞は、軍部の記事が主要なテーマになっていく。泥沼の一五年戦争の始まりである。

## 動物の剝製は欲しいが金がない科学博物館

蜂須賀正氏から動物の剝製の受け入れを希望した科学博物館は、予算の関係で費用が二〇〇〇円以内に納まるのなら、という要望だった。二〇〇〇円は現在のいくらかというと、前出の銭湯料金七銭換算で一三〇〇万円ほどになる。

この予算で、ゴリラやオカピの剝製も欲しいという。しかし、ゴリラもオカピも禁猟で捕獲できなかったのだ（オカピは一九〇一年にイギリスの探検家ジョンストンが発見した珍獣。首も足も短い馬のようなキリンである。日本には一九九九年、横浜ズーラシアの開園で初登場した）。

正氏が捕獲した動物の剝製は、彼が世界一と認めるロンドンの専門業者ローランド・ウォードによって完成された。科学博物館用は、全身の剝製がオリックス（ウシ科、二本の角が長く伸びる）、ヤマネコ、チンパンジー、コロブス（尾長ザルの仲間）、トムソンガゼルなど七種類。頭部が、エランド、ウォーターバックなど一四種類であった。正氏は、「みな東アフリカの代表的な動物」と自信をもっていた。これに要した費用が二六〇ポンド九シリング九ペンス。この金額が、予算の範囲内であったのか、超えたのか分からないが、二〇〇〇円はロンドンの正金銀行宛に送られた。ところが、このあとひと悶着起こる。輸送を担当する日本郵船が、送料で約五〇ポンドかかるといってきたのだ。科学博物館は、もう予算が超過しているから払えないという。すったもんだの末、三カ月後に、「蜂須賀氏の好意と採集と運送に関係した関係諸官庁のせっかくの尽力を無にするのもしのびないから、運賃程度の経費は負担するので発送してほしい」という電報が科学博物館からベルギーの澤田代理大使の許に送られ一件落着となる。一九三二（昭和七）年四月二五日のことであった（外務省資料）。

外務省に残された剥製の納品書に記された「コンゴからロンドンまでの送料」の内訳が興味深い。三〇人のポーターで五日。トラック、汽車での保管と梱包――ナイロビまで。汽車でモンバサまで。モンバサから船で大英博物館まで。以上締めて七九ポンド九シリング九ペンス。

このほかにロンドンのドックまでの梱包と発送料が三〇ポンド計上されている。費用の三分の一以上が送料と梱包料だったのだ。

一方、蜂須賀正氏は、科学博物館の〈混乱〉をよそに、新しい冒険に熱中していた。三二年の八月にベルリン郊外スターケン飛行場を出発地とする欧洲一周飛行競技に参加しようというのである。この計画は、アフリカ探検旅行中からあった。三一（昭和六）年三月一日の『東京朝日新聞』夕刊は、正氏が友人への手紙に「帰英と同時に欧州一周飛行に出場用の軽飛行機を買い入れる予定」と書いたのを報道している。正氏はすでに「英国のAクラスの飛行士免状を所持して」いるのであった。

蜂須賀正氏は、この後まだしばらくヨーロッパに滞在することになる。

## 6　ブルガリア国王ボリス三世

### 息子のボリスを訪ねてほしい

一九三一（昭和六）年五月、蜂須賀正氏は、ブルガリアにいた（ここは『世界の涯』の正氏の記述に従う。詳しいことはのちに述べる）。国王のボリス三世に謁見するためである。ブルガリアは第一次世界大戦をドイツ側で戦ったので、敗戦国となり、国王フェルディナンド一世は、その責任をとって一九一八年に退位、二四歳のボリス皇太子に王位を譲った。前国王はドイツに隠棲したが、博物学に造詣が深く、ミュラ伯爵として鳥類や動物の国際会議に必ず出席していた。ミュラ伯爵と称しているのは、元国王のフェルディナンド一世では、特別の警護をつけなければならないが、〈伯爵〉として行動すれば、入国した国が余計な配慮をしなくてすむからである。

初めて正氏が〈ミュラ伯爵〉と会ったのは、一九二六年五月にコペンハーゲンで開かれた第六回万国鳥学会（国際鳥類学会議）。このときの会長は、あのハータート博士だった。イギリスに長く滞在し

ブルガリアの切手。下段左はボリス三世の肖像が使われている。

ボリス三世（1894-1943）

ている正氏は、こうした国際会議に日本代表として出席する機会が多く、いつしか親しく話すようになっていたのだ。フェルディナンド一世は、

「ブルガリアにいく機会があったら、息子を訪ねてやってほしい。ボリスもいきものが好きだから、きっと喜ぶにちがいない」と、よくいっていたのだった。その約束を果たそうと、謁見の許可を得て、正氏はパリからオリエント急行に乗ってソフィアに向かう。列車が着いたのは昼過ぎだったので、ホテルに荷物を置き、軽く食事を摂ると、すぐ博物館を訪ねた。国王に謁見する前に博物館を見て、この国の博物学のレヴェルを知っておこうと思ったのだ。館長のブーレッシュ博士に来意を告げると、出迎えてくれ、館内を案内してくれるという。人気のないギャラリーで珍しい標本の説明を聞いていると、ドアが開く音がした。その方向を見ると、紺の背広を着た中年の立派な紳士が歩いてくる。その男に気づいた博士は、急に筋肉が硬直したように不動の姿勢をとった。これを見て、正氏は、直感的にこの紳士こそブルガリア国王ボリス三世だと判った。はたして、郵便

切手やホテルのレストランに掲げられた写真の人物である。博物館は御所の敷地のなかにあるので、すぐ来られたのだろう。

館長が正氏と初対面の挨拶を交わしたあと、しばらく隣の部屋に行っていたのは、「自分の来館を国王に連絡するためだったのか」と思った。旅行の格好のままなので、「こんな略式な服装で国王とお会いするのは、礼を失している」と恥じる気持があった。しかし、国王は気軽に手を差し出し、正氏と握手を交わす。不思議なことに趣味が同じと判ると、初対面でも親近感が湧くものだ。

## キジの命名者も今日の訪問者も同じ名前

国王は自ら案内し、熱心に標本の説明を始めた。爬虫類、哺乳類と進み、鳥類のギャラリーに入る。ブルガリア産の野鳥を説明したあと、新種のキジの前に来た。羽毛がスミレ色に光るキジを指して、「このキジは二、三年前にイギリスから取り寄せたものだが、イギリスでもごく珍しい種類です。それに他のキジ類と比べると、繁殖率が非常によく、飛び方が速いから、猟鳥として理想的である。それに肉の味もいいので、イギリスの猟場では大人気の種類だ」

と説明したあと、「学名は……」といって、詰まってしまった。博士も思い浮かばないらしい。そこで、正氏が、恐る恐る口を挟んだ。

「そのキジは、テネブローサスと申します」

「ああ、そうであった。このキジは、誰の発見だったろうか」

と国王は正氏に訊いた。

「このキジを発見して、命名したのは私でございます」

「なるほど、考えてみればキジの命名者の名前も、今日の訪問者の名前もハチスカでしたね」

といって笑った。その後、鳥類に関する質問は正氏にするようになったのだった。

このキジは、和名をスミレキジ **(口絵参照)** という。一九二六年の春、正氏はイギリスのノーフォーク州で羽毛がチョコレート色のキジのメスを手に入れた。それはスコットランドにいるライチョウに似ているので、あまり人々の注意をひかなかったのだ。詳しく調べると雛が黒いタイプのキジで、解剖で完全なメスの成鳥であることが判った。これらの事実を四月の学会で紹介すると、この鳥を知っているという話を幾つか知らされた。動物園で飼われ産卵繁殖した例もあるという。ロスチャイルド卿は、純粋の黒頸種のキジがノーフォークに放たれたものから生じたのだと推測している。ある地方では、この鳥の習性がほかのキジと異なり、雛の色は黒と黄色であるという。こうした材料から、正氏は、同年十一月に迷うことなく、「このキジは突然変異から生れたもの」と主張し、テネブローサス・ハチスカと名づけたのであった。

## 高松宮が贈った松の盆栽

博物館を辞するとき、明日の朝十時に参内するようにという指示を受ける。

翌朝、モーニング姿で待っていると館長が迎えにきた。宮殿の大広間での国王との謁見のあと、二階の書斎に招かれる。クラシックな内装で、壁には大きな油絵が幾つも掛かり、大机の中央には五葉の松の盆栽が置かれ、その周りにたくさんの書類がうず高く積み上げられている。ここで政務をとるようだ。盆栽は、三一年の一月に高松宮殿下夫妻が、ブルガリア王室を訪問した土産の一つであった。国王は、この机の側に座り、正氏を招いて近くに腰掛けるようにいった。そして、盆栽を指さしながら、

「緑が鮮やかで枝ぶりが優雅なのをとても気に入っています。手入れはどのようにしたらいいでしょう」

と訊ねた。そのあと、くつろいだ調子でブルガリアの歴史や即位してから今日までの施政について詳しく話してくれたのである。

ここまで、私は、『世界の涯』(一九五〇年)をもとにして、蜂須賀正氏の行動を紹介してきたが、ここで躓いてしまった。この盆栽が、高松宮から贈られたものというところに引っかかったのだ。

正氏より二歳年下の高松宮宣仁《のぶひと》親王は、徳川慶喜の孫で正氏の姪にあたる喜久子姫と一九三〇(昭和五)年二月八日に結婚し、四月二一日ハネムーンの世界旅行に旅立った。イギリスとスペインへは公式訪問を行う、一四カ月、二四カ国を廻る世界一周の大旅行である。高松宮夫妻がソフィアに入ったのは、イギリスとスペインの公式訪問を終え、イタリア、ギリシア、トルコを廻ったあとの三一年一月二十日のことだった。

高松宮夫妻がヴィラナ離宮にボリス三世を訪ねたとき、二〇年前日本から贈られたという国王愛蔵

の柏の盆栽を見せられた。枝ぶりはみごとだが、長年手入れをされていないので茶褐色の枯葉となった姿が傷ましい。それを記憶にとどめていた宮は、帰国後、香川県物産展に盆栽が出品されていることを知る。出品者が海外送付の経験があったので、柏二鉢、松一鉢を購入して、皇帝に贈ることにした。トルコ駐在の日本大使館員が盆栽を届けたのは、二年後の三三年一月二三日であった（『高松宮同妃両殿下御外遊日誌』）。

だが、正氏は、はっきり「初めてソフィヤに着いたのは、気候のよい五月の或る日」と記す。そして、そのあとに、「私が初めてボリス三世に拝謁した年に、高松宮殿下がブルガリヤ皇室を訪問された」と書いているのである。この二つを合わせると三一年五月になるわけだが、この時期は、先にみたコンゴ探検の最中なのだ。

「五月」を生かして、松の盆栽が届いた三三年五月の訪問も考えてみたが、そのときは、父が死んで、正氏は日本に戻ってきているのである。日本に帰る前にもブルガリアを訪問しているので、松の盆栽の話は、この時と混同していると考えないと辻褄が合わない。

こうした経緯で、私は、正氏の初めてのブルガリア訪問は、マラリアも癒えた三一年七月以降だろうと推測しているのだが……。

### あの大きな鼻で私と判るだろう

話を戻そう。

国王は、ひとしきり話が終わったあと、「奥の部屋に行きましょう」と立ち上がった。もう一つ奥にも居間があるようだ。この部屋と書斎の間は二重ドアになっているが、ドアとドアとの間が広く、一旦廊下に出るような感じだ。二重扉は、音が外に漏れないためと、冬が寒いので防寒のためでもあった。

入ってみると書斎とがらりと変わり、中央の大テーブルには本や写真が所狭しと置かれ、大きなガラス戸棚のなかには、長さ一・五メートルほどの機関車の模型が三台飾られている。プライヴェート・ルームのようだ。これを見て、正氏は、国王は鉄道列車が好きで、自分で新型の機関車を走らせて楽しんでいるという噂を思い出した。

正氏が珍しそうに眺めているものを国王が次々に説明してくれる。一番興味を引いたのは、直径三〇センチほどの丸い銀の板だった。そこには大きくボリス三世の横顔が浮き彫りされている。

「これが私だということは、あの大きな鼻で判るだろう」といって笑いながら、「これはいま流通している銀貨の原型なんですよ」という。原型から凹型を作り、縮小してコインにするのだ。

それから、近くに座るようにいい、正氏の滞在日程を細かく聞いて、行くべきところなどを詳しく教えてくれた。

「案内には館長をつけるから、遠慮なく彼に相談するように」という配慮を受けたので、午後は、博士と共に差し回しの自動車で動物園を見物することにする。というのは、この日、晩餐に招待されているので、動物好きの国王との話題をいろいろ収集しておこうと思ったからだ。動物園で正氏が興味を引かれた一つは、トラやライオンといった熱帯産の大動物の檻に暖房装置が施されていること。ブルガリアは大陸性気候で冬の寒さは厳しく、何カ月も雪が積もるのである。

この動物園で正氏が以前から注目していたことは、ヒゲワシの飼育技術の高さであった。毎年卵を産み、ヒナを孵している。高い岩山の限られた場所にしか生息せず、広大なテリトリーを必要とするヒゲワシを狭い檻のなかで飼い、繁殖させている飼育者の腕前はどれだけ卓越していることか。ロンドンやベルリンといった大動物園でも繁殖に成功していないのだ。日本では、現在静岡市の日本平動物園でだけ飼育されている。

ヒゲワシ（口絵参照）は、チベット・インド・アフリカ・南ヨーロッパの高山に生息する巨大なワシで、翼を広げると三メートル近くにも達するものがある。嘴の近くに髭のような黒い羽毛が生えていることから名づけられた。頭と胸、腹は白く、黒く大きな翼に白くて細い線が無数に入っている。骨の髄を好み、高いところから落として骨を割って食べることでも知られている。

ソフィア動物園のヒゲワシの檻はそれほど大きくなく、六、七羽がおとなしく止まっていた。野生のヒゲワシの棲む地域の水は鉄分が多く、この水でゆあみをするので、胸や腹は赤褐色に染まっているものが多い。ここは、きれいな砂が敷き詰められ水道の水を使用しているので、胸や腹のあたりは自然に生息するものには見られないほど白くて美しかった。

## 「王朝はつながっている。Dynasty is saved.」

その日の夜、蜂須賀正氏は燕尾服を着て参内した。晩餐会の主賓は正氏一人で、出席者は国王一家と侍従武官や女官長などで、身内の人だけといっていい。国王は一人一人紹介してくれた。

食事のとき大テーブルの片端に国王が座り、その斜め右横が主賓の正氏。正氏の正面に美しい青草色のドレスを着た初々しい二三歳のジョヴァンナ王妃、その隣が国王の弟キリル殿下である。正氏の右隣には国王の妹エウドキア王女と、まさに一家総出での歓待。

ボリス三世は、三〇年の十月にイタリア国王ヴィットリーオ・エマヌエーレ三世の三女と結婚したばかり。正氏は、王妃がイタリア王女であることを思い出し、「ドレスの色は、あのイタリアの由緒ある聖マウリッツィオ・ラザロ勲章のリボン色と同じにして、イタリアとヴィットリーオ・エマヌエーレ家をそれとなく暗示したのか」と納得した。

くつろいだ雰囲気のなか食事が進み、正氏がヒゲワシの話をすると、国王は自慢げに話し始めた。

「ヒゲワシは、必ず卵を二つずつ産むが、成長するのはそのうち一つしかないのが原則らしい。北アフリカなどで雛が飛べるようになったとき観察してみると、人のとても登れない高い岩角に作った巣から親と一緒に飛び立つ黒色の雛は必ず一羽で、二羽の若鳥が飛び立つことは、まだ例がないということである。それでは二個の卵が一個しか孵化しないかというとそうではなく、二個とも必ず孵る。ところが親鳥は、発育の良いほうに余計に餌をやるので、もう一つの方は育たなくなってしまう。時によるとヒゲワシの子どもは、自分の妹か弟を、食糧として与えられることもある」

「陛下、これらはヒゲワシを孵化させている動物園だから得られた貴重な観察ですね」

「そうだね、動物園の係の者は、ずいぶん研究して頑張ってくれている」

「陛下、そんな優れた飼育者がいるなら、御猟場に何か珍しい鳥か動物を放し飼いになさってはいかがですか」と王妃が提案した。

「実は中国の宮廷には四不像という不思議な動物が飼われていました。それが絶滅に瀕し、イギリスのベドフォード公爵が領地で飼育して、いま少しずつ増え始めています」と四不像の由来と飼育の経緯を正氏が話すと、興味深く聞いていた国王は、ひと言、

「王朝はつながっている。Dynasty is saved.」

と考え深げにいわれた。

ボリス三世は一九一八年に即位したが、第二次バルカン戦争、第一次世界大戦で国土は疲弊し、ブルガリアは、農民同盟と共産党の勢力下にあった。これを一九二三年のクーデターで打倒し、反対勢力を粛清して国王独裁化を目指したが、国情は安定せず、二五年に暗殺未遂に遭ったこともある。やっと国が落ち着き始めたので、「王朝はつながっている。Dynasty is saved.」といったのは、国王がふともらした感慨であったのだろう。

翌年、正氏は、このボリス三世の歓待を感謝して、彼がフィリピンで発見した新しい鳥類の属名をボリシアとつけて、永久《とわ》の記念としたのだった。

# 7　空飛ぶ侯爵の帰国

## 在日英国大使から外務大臣宛至急便

ことのはじまりは、在日英国大使館から、外務大臣伯爵内田康哉宛の至急便であった。

英国大使サー・フランシス・リンドリーが、日本人ミスター・ハチスカのロンドンから東京までの飛行計画を伝えてきたのだ。内容は、十月二日にロンドンを出発し、十月十五日に山東半島の威海衛に到着。ソウル、ウルサン、大阪を経て十七日に東京に着陸したいので、日本国内の飛行許可が欲しいというもの。搭乗員は蜂須賀ともう一人（未定）。飛行機はデ・ハヴィランド・プス・モス機、一〇五馬力。「帝国政府は、できるだけ早くミスター・ハチスカに着陸許可を与え、着陸予定地を知らせてもらえると有難い」と結んでいる。一九三二（昭和七）年八月十五日のことであった。

これは、異例のことではなかろうか。日本人が自国に飛行機を操縦して帰るのに、その許可を英国政府が求めたのである。蜂須賀正氏が、それだけ深くイギリスの上層部と親交を持っていたことの証

蜂須賀正氏が所有していた飛行機と同型のデ・ハヴィランド　プス・モス機

であろう。

驚いた外務省は、松島欧米局長の名前で八月十九日に、父の蜂須賀正《まさ》韶《あき》宛の手紙を起草する。内容は、「令息が十月に英国から本邦への飛行計画を立てているという申し出が英国大使館からあったので、本省から逓信省へ連絡しておいた。このことはご存知と思うけれど、とりあえずご連絡します」というもの。英国大使館からの手紙も添えた。

これは「あなたの息子が、このようなことを計画しているが、知っているか」とほのめかした文章と私には読める。

ところが、外務省が蜂須賀正韶にすぐ手紙を出さず、各方面と調整していたのか、手間取っている間に、新聞に漏れてしまった。『東京朝日新聞』は、八月二一日の朝刊に「英国↓東京　蜂須賀侯令息の帰朝飛行を許可　十月初旬愈々飛来」という見出しの三段抜きの記事を出す。書き出しはこうだ。

目下イギリスに滞在中の蜂須賀正韶侯嗣子正氏氏は来る廿一日ベルリン郊外スターケン飛行場を出発点として挙行される国際欧洲一周飛行競技に唯一の邦人飛行家として参加することになつたが同氏は

この飛行とは全然別個にプス・モス小型飛行機によつてイギリスから東京へ母国訪問飛行を敢行することゝなり二十日逓信省に申出て来た　逓信省では折返し直に飛行許可を与ふる旨を発することになつたが同氏飛行計画の要領は左の如くである

として、前記の計画が書かれている。さらに正氏の冒険家としての経歴を載せ、「この母国訪問飛行については芝区三田綱町の同侯爵邸にはいまだ何等の入電はない」と結ぶ。

この報道に細かい誤りがあるので訂正しておこう。外務省は十九日に逓信省に話を通したのだが、飛行許可が出たのは九月七日である。

外務省は、この記事の出た翌日の八月二一日に、あの手紙を蜂須賀家に送った。後手に回ってしまったわけだ。

なぜ、外務省は手紙をすぐに送付しなかったのだろうか。私が想像したのは、蜂須賀家への遠慮である。蜂須賀正韶は二年前まで貴族院副議長の要職にあった。草稿の文面にいやみを含んだ〈ほのめかし〉があるので、躊躇していたのだろう。逓信省に話を通し、ある程度決まったところで、連絡すれば、貸しも作れると思ったのではなかろうか。ところが、新聞にリークされてしまったので二一日に送ったのだろう。

手紙を受け取った正韶は、二三日付で「倅正氏英国ヨリ本邦ニ至ル飛行ノ計画ニ関シ種々御手数相煩シ候段御礼申上候　尚今后本件ニ関シ情報御入手ノ節御通知被下候ハヾ幸甚ノ至リニ奉存候」と松島宛に困惑した手紙を送った。そして、蜂須賀家家扶の本吉俊夫は、実務を行う欧米局第二課長の岡本季正に、正氏の情報が入ったら連絡してほしいと書状を出している。

## 国際欧洲一周飛行競技に参加？

蜂須賀正氏は、こうした騒ぎを知らずに、飛行機の操縦に夢中になっていた。5章の最後に少し触れた国際欧洲一周飛行競技に参加を申し込んでいたのだ。『読売新聞』八月二二日の夕刊によると、競技は、八月二二日午前七時にベルリンのテムペルホフ飛行場をスタートする。参加飛行機は、独・仏・伊・ポーランド・チェコと日本からの四〇余機。日程は、八月二一日から二七日までの七日間、全行程は七五〇〇キロメートルであった。

コースは、第一段階がベルリンからローマまでだが、ワルシャワ、クラクフ、プラハを経由するという大回りの航路。第二段階が、ローマからパリまで。これも、フィレンツェ、ヴェローナ、チューリッヒ、リヨン、シュトゥットガルトとジグザグのコース。パリで一日休んで、最後はパリからベルリンまで。ロッテルダム、ドルトムント、コペンハーゲン、ハンブルグを回る。

新聞はこの競技の結果を報道していないし、正氏も書き残していない。どうなったのだろうと気になって調べてみると、意外なことが判った。蜂須賀正氏はこの飛行競技に参加を申し込んだが、八月十一日の時点で飛行機の重量オーヴァーにより失格になっていたのだ。『東京朝日新聞』も『読売新聞』も〈誤報〉を流したことになる。

話はこれで終りにしてもいいのだが、競技内容と結果をみると当時の飛行機の性能がよく分かる。かんたんに紹介しておきたい。

参加条件は、総重量四〇〇キログラム以下の軽飛行機であること。ただし、二〇パーセントの許容範囲をもたせた。というのは一九三〇年開催の前回大会よりも重量規制を厳しくしたため、通常の仕様で五〇〇キログラムを超えるイギリス製の軽飛行機が参加できない、と苦情がでた。そこで、重い飛行機を改造して四八〇キログラムまでにおさめるなら参加可能としたのである。正氏のイギリス製プス・モス機も、機体の装備を軽量化し、重量審査に臨んだ。だが、失格になってしまう。レースを取材したエドウィン・ハインズによると「機体を計量し、およそ二〇〇ポンド〔約九〇キログラム〕ほど重かったと知らされて、彼〔蜂須賀〕はとても驚いていた」(*FLIGHT*, August 19, 1932)という。正氏は、四八〇キログラム以内に仕上げたと思っていたら、計量では約四九〇キログラムだった。わずか一〇キログラムのオーヴァーで不参加となったのだ。参加申し込みは六七機で、重量計測をパスしたのは四三機であった。

競技の日程は、八月十二日から二八日まで。内容はテクニカル・トライアルとヨーロッパ一周飛行(＋スピードレース)に大別される。まず始めにベルリンのスターケン飛行場でテクニカル・トライアルが開催された。

最初に行われたのが、機体チェック。飛行の機器の安全性、パイロットの視認性、快適さなど一五以上のチェック項目があり、満点なら一〇七ポイントだが、最高は八六点だった。これ以外は、パイ

ロットの技倆を試されるものが多い。幾つかを挙げると、

「最低スピード」競技——時速六三キロメートル以下で飛行すると満点の五〇ポイント。スピードが一キロ増えるごとに二ポイント減点。トップはポーランドの選手の時速五七・六キロメートルであった。

「離陸」競技——一〇〇メートル以下の走行距離で離陸し、八メートルの高さのロープを越えたら満点の四〇ポイント。走行距離が五メートル増えるごとに一ポイント減点される。最短距離は、ドイツの選手が九一・六メートルを出した。

「短距離着陸」競技——着陸して一〇〇メートル以下の距離で停止できたら満点の四〇ポイント。停止距離が五メートル増えるごとに一ポイント減点となる。最高の着陸をしたのはイギリスの女性選手で、九二・四メートルである。

ベルリンのテムペルホフ飛行場から飛び立つ国際欧洲一周飛行競技は、ほぼ新聞が報道した通り。もう少し詳しくいうと、各段階は二日の日程で、途中経由地点がもっと多く、必ずそこに着陸しなければならないルール。一番大きな採点基準は、平均スピード。時速一三〇キロメートル以上から時速一キロメートル増えるごとに加点される。このポイントも細かく分かれていて、時速一三〇から一八〇キロメートルでは三ポイント、時速一八一から一九〇キロメートルは二ポイント、時速一九一から二〇〇キロメートルは、一ポイントとなっている。あまりスピードを出し過ぎると危険なので、時速二〇〇キロメートルを超えてもポイントは増えず、一八〇ポイントが上限。トップの平均時速は二一

三キロメートルであった。

最終の二八日には午後からスピードレースが催された。三角形のコースで、ベルリンのスターケン飛行場から六二マイル（約九九キロメートル）東のフランクフルト＝オデール。そして六五マイル（約一〇四キロメートル）南西の小さな町ドーブリルク（現・ドーベルルーク＝キルヒハイン）を経て、五八マイル（約九三キロメートル）北東のスターケン飛行場に戻る。この間の平均スピードの速さを競うが、経由地を通過した証拠として小さなバッグを落としてゆく。前回優勝のドイツ人モルジクが最高時速二四一・三キロメートルを記録した。

しかし、総合優勝の栄冠に輝いたのは、彼ではなく合計四六一ポイントを獲得したポーランド人のズィルコであった。モルジクはドイツ人の同僚ポスと三ポイント差の二位に甘んじたのである。

この飛行競技は、ヨーロッパではいまも人々に語り継がれているようだ。というのは、スイスの時計メーカー、オリス社が、優勝したズィルコを讃えて、フランス語の競技名であるLe Challenge International de Tourisme 1932という時計を発売しているのだから。

## ロンドンから東京への帰朝飛行

蜂須賀正氏について新聞の関心は、国際欧洲一周飛行競技より英国からの飛来にあった。九月九日、『東京朝日新聞』朝刊は、八日付で逓信省から飛行コース等の指示と許可が出たことを報道。翌十日には「若様の冒険家　父侯爵のお許しに勇む蜂須賀氏　鳥の研究から飛行機へ　突破するロンドン東京間」という見出しの四段抜きの記事で正氏を紹介した。

鳥研究の権威で、また探検家として知られた蜂須賀侯の御曹子正氏氏はロンドンに滞在中更に飛行機へと志し、先には欧洲一周飛行競争にも参加したが冒険心抑へがたく、来る十月初旬を期していよ〳〵ロンドンより東京へ向け飛行帰朝の壮挙に上るとの知らせが来て知人達を驚かしてゐる、これまで華族のお坊ちやまへ向けられた世間のまう評を見事に打破つて、聞くも雄雄しいこの華ちう界の誇る尖端児正氏氏について、お姉様の松平年子夫人（子爵松平康春氏夫人）にお聞きして見ました

と書き出して、正氏の人となりを描いている。年子の話で興味深いのは、父が飛行機の購入を許可するくだり。飛行機を習いたいといってきたときは、父が心配するので黙っていた。ところが操縦できるようになり、飛行機が欲しくなって、父に資金を乞うと許してくれた。先日、父正韶は羽田から飛行機に乗り一七分ほど隅田川上空を飛んで「飛行機に対して非常に自信をつけた」という。

「自信をつけた」というのが、意味不明だが、父のこの言葉を聞いた正氏が、「自分は一番幸福な親孝行者になつた」といっているので、〈正韶は飛行機をいたく気に入った〉ということのようだ。

新聞が正氏を持ち上げているとき、外務省は飛行機の経由先の国への交渉に入っていた。九月十五日、内田外務大臣の名前でシャム公使、上海総領事、香港総領事など正氏が経由する各地の公使、総

領事、領事に宛てて現地の着陸許可を得るよう指示していたのである。同二二日には、帝国飛行協会の会長、男爵阪谷芳郎が有田外務次官に、飛行協会もこの〈壮図〉を援助するから、各領事はしっかり許可を取ってほしいと要望している。

こうして官民ともに、正氏の帰国飛行で盛り上がっていた九月二三日、「蜂須賀侯の令嗣　北アフリカで重傷　空の帰朝を前にして　飛行機、不時著破損」という記事が、『東京日日新聞』（現・『毎日新聞』）にでた。ロンドン発の至急報である。しかし、内容をよく読むと、「トリポリ付近で飛行機に故障を起して不時著しその際重傷」というのと、正氏の所属する英国の飛行場への電報には、軽傷という連絡があった、というのが併記されている。いったいどちらなのか。

二九日、同紙は続報を載せた。「軽傷と」正氏がトリポリから伝えてきた。――トリポリからチュニスに向って離陸した時、イタリアの軍用機が飛んできたので、避けようとして大地に激突。機体は大破したが、本人にたいした怪我はなく、一週間ほど静養したのち、英国に帰る。飛行機が使えないので、帰朝飛行は一時延期だという。

外務省の各地への交渉は、まだ続いていた。しかし、九月三十日のアモイ領事から内田大臣への連絡は、悲観的なものだった。正氏の飛行機が英国籍なので、イギリスも着陸交渉をしていたのだが、支那（中国）政府は正式に拒絶してきたと英国のアモイ領事が語ったという。十月三日には上海総領事石射《いしい》猪太郎《いたろう》から、七日には福州の守屋総領事からも拒否されたという電信が入る。こうして正氏のロンドン・東京間の飛行計画は、実現にいたらなかったのである。ちなみに、東亜同文書院を卒業し、満鉄に勤めたあと、外交官試験に合格した異色の外交官、石射猪太郎の『外交官の一生』と『石射猪太郎日記』が公刊されているが、正氏のことは載っていない。

大日本帝国は、前年の九月十八日に満洲事変を起こした。この年に入り、一月二八日に上海事変、三月一日に満洲国建国と中国を侵略していたのだから、英国籍とはいえ、日本人の操縦する飛行機の着陸を中国国民党政府が拒否するのは当然のことだったのだ。

## 日本唯一のオーナー・パイロット

一九三二（昭和七）年の大晦日、蜂須賀正韶が脳溢血で亡くなった。享年六一。十月二六日に喘息の発作を起こし、自宅で静養中でのことだった。ただちにロンドンの正氏に電報が打たれたが、一月六日の青山斎場での葬儀には間に合わない。彼が帰国したのは、二月三日のことである。

この時代、日本とヨーロッパの距離は遠かった。船で四〇日以上かかり、シベリア鉄道を利用しても一五、六日はかかるので、わずか六日後の葬儀に参加できないのは理解できる。しかし、帰国が父の死去から約一カ月後というのは、いささか中途半端ではないか。船より早く鉄道より遅いのだから……。『東京朝日新聞』によると、一月十六日にロンドンを発ちシベリア鉄道経由で奉天に。二日に奉天から飛行機に乗って羽田に到着したという。

十六日に出発したというのは、ロンドンを引き払い日本に戻るので、鳥や動物の剝製など他人に任せられない荷物の送り出しや処分などに時間がかかったということなのだろうか。

羽田に着いた蜂須賀正氏を出迎えたのは、姉の年子、笛子、徳川家達《いえさと》公爵代理、徳川圀順《くにゆき》公爵代理らの親族と安芸晋陸軍中将など旧家臣に、鳥学会の黒田と鷹司。一行はそのまま、自動車を連ねて正韶の墓のある浅草の海禅寺に向かう。この寺は、臨済宗系の単立寺院で、一六二四（寛永元）年神田明神北妻恋に創建。振袖火事の後、浅草に移転した。蜂須賀家から手厚い庇護を受け、「阿波様寺」とも称されたという。

正氏は、二月十五日に侯爵を継ぎ、貴族院議員となる。華族のなかでも公爵と侯爵は、三〇歳以上になると自動的に貴族院議員となったのだ。

ところで、正氏が旅客機とはいえ飛行機で帰国したのは、飛行機好きをアピールしたかったからのように、私には思える。帰国のとき『東京朝日新聞』のインタヴューで、飛行機に乗る理由を「スポーツといふ事以外にアフリカ辺りの探検は、どうしても飛行機による外ないからです　こちらへ来ても航空方面で許される限り活躍して見る積りです」と答えている。このあと新聞は、「日本唯一のオーナー・パイロット」「空の侯爵」として持てはやすのである。

まず、二月十九日に、正氏の帰国飛行を後押しした帝国飛行協会の飛行館（芝区田村町、現・港区西新橋一丁目）で、最近のヨーロッパの航空事情を講演している。

三月二五日には立川飛行場に赴く。午後一時から東京朝日新聞社所有のプス・モス機を操縦しようというのだ。正氏の飛行経験は三七〇余時間。「プスモスの操縦だけでも百五十時間に余るので娯楽飛行専門とはいへ腕前は玄人」と翌日の『東京朝日新聞』は書く。そぼふる雨のなかを白のベレー帽

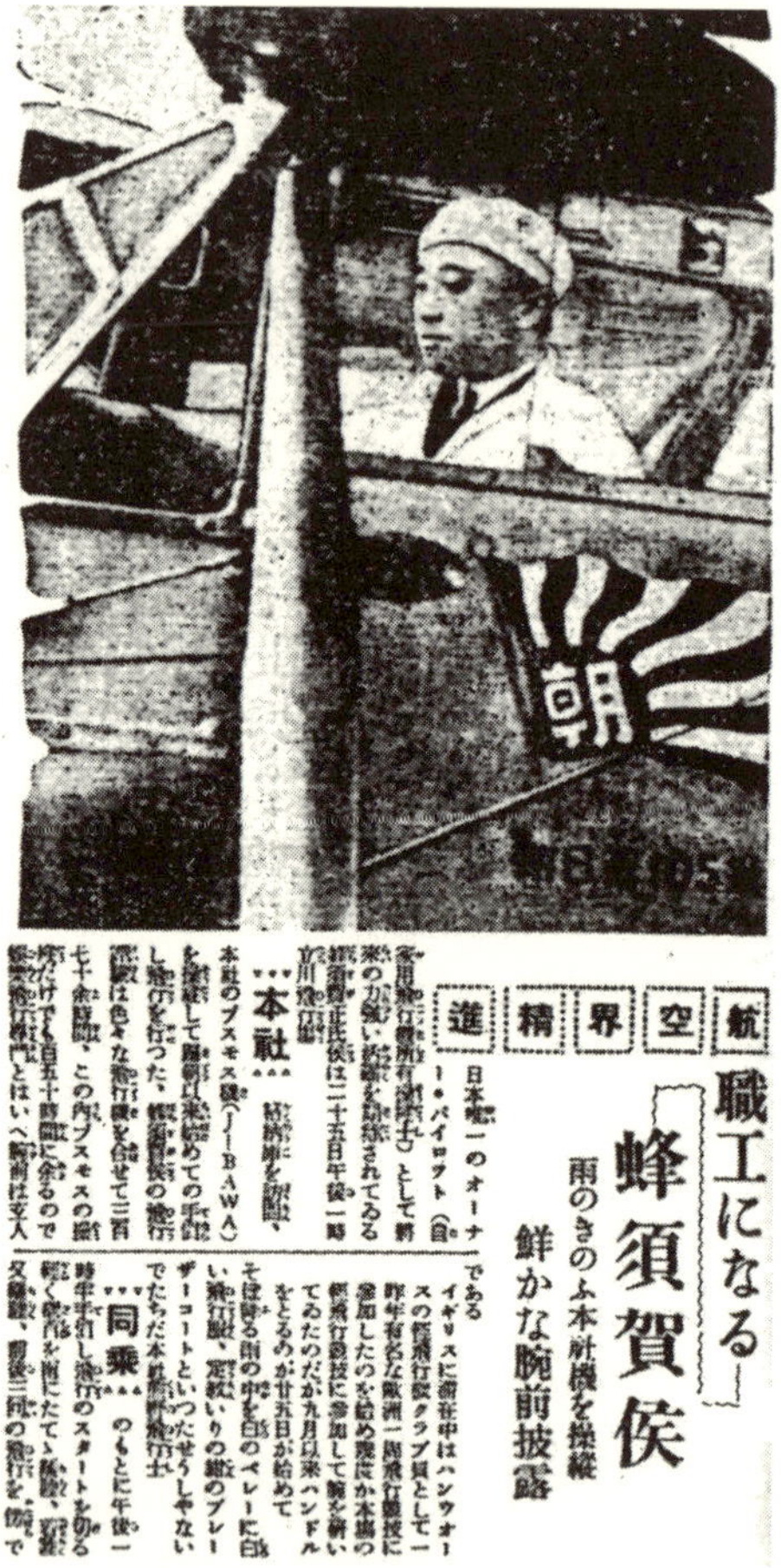


『東京朝日新聞』1933年3月26日

を被り、白い飛行服姿、その上に定紋入りの紺のブレザーコートを羽織って登場し、ダンディぶりをアピール。新聞社の飛行士が同乗して手慣らし飛行を始め、三回トライした。次第に慣れてきて、「三回目は満点の操縦でした」と同乗の飛行士は絶賛する。中野上空から駒沢を経て、箱根付近まで四七分飛んで腕慣らしを終えた。

二六日の『東京朝日新聞』は、「日本唯一のオーナー・パイロット」である蜂須賀正氏が飛行機を操縦している写真を載せて当日の様子を紹介したあと、正氏所有の飛行機について触れる。トリポリ

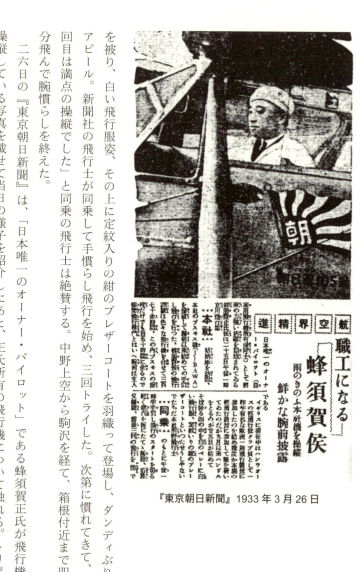

で壊れた飛行機は、保険に入っていたので四月上旬に新機がイギリスから送り出される予定だ。これが届くまで、ときどき練習飛行をしたり、工場で職工として働いて飛行機の機械を修繕する技量を磨いて準備を怠らないようにしたい、と。

七月四日に新機が到着する予定との連絡が入ると、正氏は、次の探検をぶちあげる。翌年（一九三四年）四月にはアマゾン流域の探検飛行をしたいと。「目的は目下同地方で開拓に従事してゐる同胞の慰問を兼ねて将来植民の重要地域として嘱目されてゐるアマゾン一帯の学術調査を行はうといふもの」（『東京朝日新聞』一九三三年五月三十日夕刊）。そのための腕試しに、夏に日本一周、秋にチベット旅行を計画しているという。正氏がアマゾンを選んだのは、〈秘境〉ということが第一のポイントだったろうが、父正韶が日伯中央協会の初代会長であったことも影響していよう。

七月四日、予定通り横浜港に愛機が到着。立川飛行場で組み立てられ、二四日に試験飛行を行う。その後、腕馴らしに東京周辺を飛んでいたが、九月に東京と福岡の太刀洗飛行場の日帰り往復飛行を試み、軽飛行機の新記録を作ろうと計画する。九月十日、自信満々で早朝の羽田を出発。正氏は、三時間後に大阪木津川尻の飛行場に着陸した。二〇分休憩して太刀洗に向ったが、途中でコンパスが故障し、大阪に戻る。記録が樹立できなくなり、大阪に一泊して羽田に帰航したのであった。

遅くなったが、蜂須賀正氏の愛機デ・ハヴィランド・プス・モスを簡単に説明しておこう。先に紹介したイギリス、デ・ハヴィランド社のモス（蛾）・シリーズの一機。プス（puss）は、子猫のほかにイギリスでは野兎の意味がある。三人乗りの単葉機で一九二九年に発売。燃料効率が非常によく、幾

航空　蜂須賀正氏侯

蜂須賀侯は油にまみれた作業服のまゝ、二三の人々と地圖を開いて、打合せの最中だつた。刺を通じると

「いやどうも、遠いところへわざ〳〵……」

と云ひ乍ら、

「サア、どんなところを寫して頂きませうか……」

先へたつてあれこれとポーズの選擇、全くこちらにとつては骨の折れないお客樣だ。愛機プス・モスに納つた侯爵を見ると、誰があのアフリカ探險の猛者を連想することが出來よう。ちんまりと全く可愛らしいと云ひ樣な坊ちやんである。

「この間二等飛行士の免狀を貰ひましたが、あちらでは軍用以外の免狀は全部二等になつてゐますので、便宜上二等を貰つたまでゝす。飛行機にはかれこれ五百時間程の記録をもつてゐますが、まだまだ問題ぢやありません。來年あたりアマゾンの探險に行きたいと思つてゐますが、このプス・モスではとても間に合ひませんので、五六人乘れるドラゴンを買ふまでの手ならしに、プス・モスを持つて歸りましたので乘つて困ります。一度アフリカでこわしましたから、これが二代目です。今日はこれから大島邊まで行つて來やうかと思つて居ります」

と云ふが早いか、愛くるしいプス・モスは素晴しい勢ひで滑走を始めた

『アサヒグラフ』1933 年 10 月 4 日号に趣味の飛行機操縦を紹介された正氏

つもの長距離飛行記録が作られた。それまでの飛行機は、コックピットがむき出しのため厚着で運転していたが、キャビンを作り快適に操縦できるようにした。また、翼が折り畳みできるので、道路を車で引っ張り、自宅のガレージに収納できるという特色を持つ。

正氏の購入は、三二年六月二一日。登録名はG－ABXJで、駐機場はロンドン郊外のハンワース空港。それまでは、三一年七月から同じ会社のジプシー・モス機に乗っていたが、三二年三月に手離して買い換えた。ドイツでの飛行競技を意識したのだろう。日本では、三三年七月二四日の試験飛行のあと二六日にJ－BEAFとして登録。羽田を基地とした。

## 山階侯爵邸の標本館完成

「日本唯一のオーナー・パイロット」として、もてはやされた蜂須賀正氏だが、本来の鳥類研究はどうなっていたのだろうか。

帰国して三カ月後の三三年五月三日に鳥学会例会が、蜂須賀評議委員帰朝歓迎会を兼ねて上根岸の有楽荘で開かれた。参加者は鷹司、黒田、山階芳麿など二〇人。正氏には未知の顔もあったが、午後五時から九時まで和気藹々に話が弾んだ。

それから、一〇日ほど経った五月十四日、渋谷区（三二年十月一日から区となる）南平台町の山階侯爵邸の標本館が完成し、午後四時から山階芳麿の案内で正氏と鷹司、黒田の三人が参観した。これは、山階邸のなかに造られた鉄筋コンクリート二階建ての建物で、のべ一二五坪。一階が研究室と助手室、

**渋谷南平台にあった山階家鳥類標本館**（提供＝財団法人山階鳥類研究所）

準備室で、残りは図書室とアルコール漬標本室にあてられ、二階は全部標本室で、ほかに仮剥製、巣、卵を収納する戸棚が天井まで高く積み重ねられている。標本室は外気温の影響を受けないように天井を二層にした。建物は前年の八月に完工したが、湿気を抜いて、春に標本類を運び込み、開所式を行ったばかりだった。コレクションは、鳥類一万六〇〇〇点に、鳥卵、哺乳類、蝶類の標本が一万八〇〇〇点。この「山階家鳥類標本館」が、のちに山階鳥類研究所となるのである。

見学を終えた一同は、晩餐の饗応を受け、午後十時頃帰宅した。立派な「標本館」を見たあとだから、食事中は、これからの鳥類研究への話題でさぞ盛り上がったことだろう。正氏の標本類を山階の標本館で預かってもらうことは、この時、話が出たのかもしれない。正氏はよく外遊するため、留守宅に鳥の標本を置いておくと、研究者の資料として利用できないし、管理の上でも具合が悪いと考えていたので、標本館に保存する話が成立したのである。二つのコレクションは、テーマが異なるため、合流することで新しい研究材料を多数提供することになったのだ。

蜂須賀正氏は、この統合の成果をこう述べている。

> 私の採集品は主として外国産のものが多く、侯爵のコレクションに無い地方のものが多々あるので、先に述べた標本の合流は好結果を齎した。ミクロネシアとフィリッピンにはマミジロクヒナの居ることは分つて居るが、山階侯のミクロネシヤ《ママ》の採集品と私のフィリッピンの採集品とを較べて見ると亜種的に異なることを発見した。また、私の印度や馬来の金鳩と、山階侯爵の南琉球のものを較べると異つて居ることが分り、侯爵の御許しを得て琉球のものを*yamashinai*と命名したことがある。
>
> （「山階侯爵」『野鳥』一九四三年一月号）

**山階芳麿**（1900-89）
（提供＝財団法人山階鳥類研究所）

山階芳麿は山階宮菊麿王の次男として一九〇〇（明治三三）年七月五日、東京市麴町区に生れた。蜂須賀正氏より三歳年長だが、鳥の研究に入るのは遅かった。子どもの時から動物が好きで、誕生日のプレゼントに鳥の標本をねだるほどだったが、陸軍中央幼年学校、陸軍士官学校を経て軍人になった。というのは、当時の皇族身位令によると、満一八歳に達した「親王」と「王」は、軍人になることが定められていたからだ。陸軍に入るか、海軍に入るかは、天皇の「ご沙汰」として幼少の時に決定された。芳麿は九歳の時に、明治天皇によって陸軍に入るように命じられている。しかし、病気がちで、体力的な問題もあり、いつしか退役を望むようになっていった。やっと予備役編入となったのは一九二九年二月二八日、二八歳の時である。その年の四月から山階は東京帝国大学理学部動物学科選科に入学し、本格的に鳥類学者としての道を歩むことになる。

これより先、二〇歳になった芳麿は山階侯爵となった。当時の皇室典範では、成年に達した宮家の次男以下は臣籍降下して別家をたてることになっていたのだ。麴町の家から出て、豊多摩郡中渋谷五二五番地（のち地番変更で南平台町に）、約三三〇〇坪を購入し、本邸を建てる。本館（二階一二二坪、二階六九坪、三階三二坪）のほかに、家職の住い三軒、小使い室（一〇坪）、馬小屋（一九坪）、車庫（一二坪）を備え、小鳥小屋も設置した。

三一年に大学を卒業した芳麿が、自分の家で鳥の研究に取り組もうと、庭に建てたのがこの標本館であった。

三日後の十七日に、今度は正氏が招待する。ちょうど来日していたドイツのハーゲンベック・サーカスの団長ローレンツ・ハーゲンベックを主賓として茶会を開き、鷹司、黒田、山階なども列席したのだ。茶席のあと、邸内で飼っている鳥類を披露した。

シロクジャク、ハグロクジャク、ハッカン（白鷴、Silver Pheasant、キジの仲間）などが庭内に放し飼いにされ、禽舎にはスミレキジ、スミレキジとキンケイ（キジの仲間）の雑種、クロクビキンケイ（メス、キジの仲間）、ギンケイ（銀鶏、Lady Amherst's Pheasant、キジの仲間）、オオワシ（五年飼養、朝鮮産）などの珍しい鳥類がいる。飼っている鳥にキジ類が多いので、私は「まだ一〇代からの思いが続いているのだ！」と納得した。というのは、正氏がイギリスに留学するとき、黒田長禮に「イギリスでキジ類の人工繁殖について研究したい」と語っていたからだ。

正氏にとって絶滅鳥ドードーの研究が、残された骨や絵、資料などから失われた姿を明らかにする探求作業だとすれば、キジの飼育は、大きくて美しい鳥を自ら育てたり、創り出す（交配や雑種交配）作業であったのだろう。この二つが、彼の終生のテーマであったようだ。

ところで、キジ類は一般に、オスが大きく美しく、メスは小さくて地味なものが多い。名前だけでは色が想像できないハッカンとギンケイについて、オスの色合いを紹介しておく。

ハッカン**（口絵参照）**は、中国南部・インドシナ半島・ミャンマーにかけて分布し、オスは体長一二〇センチほど。頭部に黒色の冠羽があり、顔と足は赤い。のどから下腹にかけては青みを帯びた光沢ある黒色で、背面は白いが黒く細い横線がある。白と黒のコントラストが鮮やかだ。

ギンケイは、中国南西部からチベット・ミャンマーにかけて分布。英名は、一八二八年に初めて生きた二羽のオスをイギリスに持ち帰ったサラ・アマースト夫人（一七六二―一八三五）を顕彰して命名された。彼女は冒険好きな植物学者であり、熱心な鳥類学者でもあった。夫は、イギリスの外交官として中国に滞在したあと、一八二三年から五年間インド総督を務めたアマースト伯爵。オスの体長は一三〇センチから一七〇センチ。背は光沢のある緑色で、胸から腹は白色。長い筒のようなシッポには白黒の縞模様があり、赤い冠羽と襟首のうろこ状の白と黒の飾り羽が特徴。

また、蜂須賀邸にはサハラ砂漠で生け捕ったという耳の長いフェネックというキツネが三匹いる。ウサギくらいの大きさで、大きな耳は放熱の役目をする（この狐は、一九三四（昭和九）年一月十七日の『東京朝日新聞』の朝刊に「わが家のペット」として登場している。この時には二匹）。これらは、イギリスで飼っていたものを搬送してきたのだろうか。鳥類の輸送を日本に来るハーゲンベック・サーカス団に依頼して、そのお礼の茶会とも考えられるが……。それとも、日本を離れていた時も三田の本邸で飼育されていたものなのだろうか。

九月七日には、フランス領アフリカでの多年にわたる生物学研究によって、フランス政府よりオフィシェ・ド・ランストリュクシオン・ピュブリック徽章を贈られる。

十一月二一日に丸ノ内保険協会内の東洋軒で開かれた鳥学会例会で、アフリカ旅行談を講演した。蜂須賀正氏は、自分が鳥のように空を飛んで楽しんでいただけではなく、鳥仲間と交際し、次の調査研究を模索していたのである。

## 蜂須賀家の家宝をオークションに

「空の侯爵」として、新聞に採り上げられ人気者になっていた正氏だが、飛行機の操縦と維持には多額の費用がかかる。蜂須賀家は、大大名で多額の資産を有していた。だが、一番の資金源だった北海道の雨竜牧場では、小作料の値上げ反対などで一九二〇（大正九）年から争議が続いていた。一八九三（明治二六）年に政府から農地九五〇万坪、山林九〇〇万坪の貸下げを受けたこの牧場は、一九一七（大正六）年までに約八〇〇〇町歩の水田を開拓して、一万石の米が穫れるようになっていたのだ。昭和に入り、凶作などで争議が激化。小作人たちは農民組合を結成し、小作料減免を要求した。ついに、正韶は、土地解放を決意するに至り、小作側は小作料七〇％減、小作地の有償分譲などを勝ち取る。蜂須賀家の経済的打撃は甚大であった。

こうした経済状態のなか正韶が死に、一〇〇万円の負債が残され、相続税も払えない状態になっていた。しかし、正氏には、この状況が伝えられておらず、飛行機や探検の道楽で散財していたのだ。蜂須賀家の旧臣の松岡均平男爵（法学博士、東大教授、貴族院議員）、永田秀次郎（東京市長、鉄道大臣などを歴任）、平野勇海軍中将、安芸晋陸軍中将たちは、涙を浮かべながら浪費を諫めたのだが、正氏は、なかなか聞き入れない。

一九三三（昭和八）年十月二三日、親戚、旧臣、弁護士たちは、負債整理のために「栄華物語絵巻」、「古土佐西行記巻物」、周文「山水」の国宝を含む蜂須賀家の書画骨董二〇五点を競売にかけた。この結果、「栄華物語絵巻」一二三万九〇〇〇円、「古土佐西行記巻物」一三万九五〇〇円、周文「山水」二万三九八〇円など、総額一一五万円余の収益を得る。ほかに、高額のものをあげると――紀貫之「高野切」四万九五〇〇円、円山応挙「中福禄寿」三万四九三〇円、酒井抱一「中東下り」二万六三九〇円、岩佐又兵衛「極彩色豊国祭絵六枚折屏風」三万六九〇〇円、尾形光琳「金地着色槙紅葉絵枚折屏風」三万三九八〇円という具合だ。

　この売立ての収益で、相続税六〇万円を支払うことができた。先代の借金一〇〇万円は、三井銀行常務池田成彬《しげあき》の斡旋で整理され、残った財産は三井信託銀行に預けて正氏には月々八〇〇〇円が渡されたという。これは、決して安い金額ではない。当時の東京府知事、内閣総理大臣の年俸がそれぞれ四五〇〇円と九六〇〇円なのだから。正氏は年額にすると首相の一〇倍の金額を貰っていたのだ。

　この売立ての裏事情が、当時宗秩寮総裁だった木戸幸一の日記に残されている。蜂須賀家が、「栄華物語絵巻」をオークションにかけることを知った高松宮が八万円で買い上げたいといってきたのだ。蜂須賀家は困惑した。というのは、この値段では安すぎるからだ。しかし、宮家の要望を無視するわけにはいかない。とりあえず、売立ての結果で判断しようとしたようだ。十月二十日の木戸の日記に「栄華物語を高松宮家にて御買上の件につき相談す」と記されただけ。オークション後の三十日まで記載はない。三十日午前十一時に正氏が、木戸のもとに相談に訪れる。木戸は、競売で宮家の値段の三倍近くの金額で落札されたのだから、宮家との交渉を打ち切るのは当然だ。ただ、高松宮がどう思うかわからないので、宮家の別当と話し合うように、とアドヴァイスしている。翌日の朝九時に正氏から木戸に電話があるが、同じ意見を述べる。十時半に池田成彬が木戸を訪ね、「栄華物語」の処理を相談している。池田は、蜂須賀正韶の友人。蜂須賀家の財政問題の顧問のような位置にいたのだ。この結果、「高松宮への献納は蜂須賀家より御辞退し、尚当分は如何なる高値にて買い手あるも、売却せざる方針にて進むことに一致す」と宮家の顔を立てることで決着した。

## 正氏の女性問題スキャンダル

蜂須賀家の財政が逼迫していることを説き聞かされた正氏は、金食い虫の飛行機の操縦を控えるようになったようだ。新聞から彼の記事は消える。しかし、蜂須賀家の旧臣たちには、頭の痛い問題があった。正氏の〈派手な社交〉である。独身で時代の最先端である飛行機を乗り回す侯爵に、女性は黙っていなかった。この当時のゴシップを引用しよう。

正氏氏のニユースが頻々と各新聞に報じられる毎に、ますます増へてゆくのは、つどいよる女性の数であつた。

令嬢、未亡人、有閑華族、等々、近づいて来るものは数知れぬ女性であつた。

正氏氏はいつの間にか、(中略)新しい愛人を連れてはドライヴし、時たまには、愛機を置いた羽田飛行場に現はれ、クリーム色の見るからに美しい形体をしたライト・プレーン・プスモスに飛び乗つては、晴れた空を二廻り三廻りして、女性が身辺に居ない時は機上の時だけでその日その日の変りゆく女性の胸を飛び移つた。

それにしても若き美貌の侯爵の前には、女性は砂の山よりも脆く、侯爵の英国流な社交振りには、身も魂も奪はれた。上流婦人は華族仲間の、古代の日本の道徳を平気で破る程打ち込んでゐた。

(福岡久作「蜂須賀侯爵行状顚末記」『話』一九三四年九月号)

じつに、ゴシップ記事の典型のような文章だが、「侯爵の英国流な社交振り」に女性が惹かれることは確かだろう。〈レディ・ファースト〉を実践している男性は、日本ではほんのわずかだろうから。この雑誌の出版元は文藝春秋社である。

木戸の日記にも正氏のスキャンダル関連が登場する。それは、オークションの処理から一カ月半後の十二月十三日。全文を引いておこう。

黒田〔長敬〕侍従より、蜂須賀侯家親戚よりの依頼なりとて、侯爵家の乱脈は困ったものなるが、何れ徳川公爵海外より帰られたる暁には、親族会を開き、整理する予定なる故、それ迄は処置を取られざる様願度しとのことなりき。

蜂須賀家の旧弊な旧臣たちは、日本古来の道徳を無視するような不行跡に「涙の諫言」をした。だが、正氏は、ヨーロッパのことを知らない者が何を言うかと取り合わなかった。業を煮やした安芸晋陸軍中将は、七月十九日に蜂須賀家の理事を辞任してしまう。十二月に入って松岡均平は、貴族院控え室で正氏を面罵するほどに諫めたが、聞き入れられない。こうしたことは、宗秩寮の耳にも入っているだろうが、一門の総帥徳川家達が帰国したら、親族会を開いて処理するから、ご内聞に願いたいという要望である。

年が改まった一九三四（昭和九）年二月十五日には親戚の徳川圀順公爵、藤堂高紹《とうどうたかつぐ》伯爵まで乗り出して、親族会議を開く。この結果、正氏は、悪友や上流社会の女性たちと一切交際を絶つために外遊する。万一外遊せず、行跡を改めない場合は隠居させるので、隠居届けを藤堂伯爵のもとに預けておく、といった誓約がなされた。

二月二十日、木戸は、藤堂から報告のあった蜂須賀家の親族会議の決定と自分の意見を内大臣の牧野伸顕に伝えた。その日の牧野日記は、

又蜂須賀〔正氏〕侯に関し親戚関係の藤堂〔高紹〕伯入来にて内情種々陳述の末、同侯を訓戒す〔る〕様依頼あり〔し〕ところ、木戸侯は之に対し一応断はり置けりとの事なり。其要点は、家政紊乱、不品行等の事なり。家職及旧臣等持て余まし、蜂須〔賀〕家を持直す為め隠居せしむる主張もありと。

つまり、藤堂が木戸を訪ねて蜂須賀家の内情を縷々述べ、宗秩寮総裁として正氏を訓戒してほしいと依頼されたが、ひとまず断った。正氏は、家政紊乱、不品行などで家職の者や旧家臣が持て余しているので、蜂須賀家維持のためには隠居させるという方法も考えている、と牧野に報告したのだった。

木戸は、正氏のことが気になっていたようで、二月二七日の日記に、「酒井伯より蜂須賀侯家の内情を聴く。所謂御家騒動にならなければよいがと思ふ」と記している。木戸の危惧は当たっていた。

正氏は、誓約書を差し出しても一向に生活を改めず、外遊する気配もない。家達が帰国して親族会議が開かれたが、行状は変らない。思案に迷った藤堂伯爵と一門の蜂須賀喜信陸軍少将は、四月二日華族会館で木戸と面談し、詳細な報告をする。木戸は外遊するのがベストだと勧めた。

ところが正氏は、四月二八日に永田秀次郎顧問、弁護士の青木磐雄理事ら全員に解任する文書を送る。さらに、五月四日には先代以来の秘書宮原武夫と支配人格で一切の仕事を取り仕切っていた大伯父蜂須賀豊隆をも解任する。これで、徳川圀順公爵、藤堂高紹伯爵もあきれて手を引くにいたった。

こうした内紛が新聞に漏れる。『東京朝日新聞』は、五月八日の朝刊で六段抜きの記事を掲載した。見出しは「華族界に又問題　若き侯爵の乱行で浮沈の蜂須賀家　宗秩寮の眼光る　依然改らぬ素行親族旧臣さじを投ぐ」というセンセーショナルなもの。内容は、前記と同様。ただ、この記事には、新しい情報があった。「来る十七日浅間丸で万国議員会議出席再び外遊することに内定した」と書かれている。正氏は、観念して外遊を決めたようなのだ。

この報道への弁明のためか、五月九日、正氏は、弁護士の青木磐雄を伴い木戸を訪ねた。「蜂須賀家の問題につき種々話あり。余は将来の侯爵の生活につき注意を与へ、反省を求む」と木戸は記している。

五月十七日、蜂須賀正氏は、横浜から浅間丸でアメリカを経由しイギリスに向った。この日、木戸は「原田邸を訪ひ、同男と同行、自働車にて横浜に行き浅間丸に至り（中略）、三時に近衛公の渡米を見送り、夕方帰宅」（「日記」）した。親友の近衛文麿の見送りが主だったろうが、正氏の出発も確認したかったのだろう。その二日後の十九日には、乗らなくなった愛機プス・モス機が立川飛行場で陸軍に献納され、「愛国」と命名された。

ところで、正氏の行動は、〈乱行〉だったのだろうか。千田稔さんは『明治・大正・昭和　華族事件録』で、正氏の行動は、「世間体を気にしない自由の気風が、『乱行』と映っただけではないのか。正氏は、英国の自由な雰囲気に触れた、世間知らずの坊ちゃん学者であり、旧臣らが頑《かたく》なに維持しようとする華族制度の旧弊に抗《あらが》うといったところが色濃いのである」と述べている。

蜂須賀正氏は、こうした〈世間の圧力〉にめげることなく、ゴーイング・マイ・ウエイを貫くことになる。

# 8　日本野鳥の会の出発

## 鳥と散歩する人――中西悟堂

蜂須賀正氏が日本を去るのと前後して鳥好きの世界に新しい動きが生まれた。一九三四（昭和九）年の五月に中西悟堂の編集で「日本野鳥の会」の雑誌『野鳥』が創刊されたのである。

「日本野鳥の会」の創設者として知られる中西だが、鳥と深く関わるようになったのは三五歳ごろから。それまでに多彩で特異な経歴を経ていた。

中西悟堂は、一八九五（明治二八）年石川県金沢市に生まれ、富嗣と名づけられた。幼くして父母と死別。伯父元治郎の養子となる。義父が僧侶（悟玄）となったため、上野寛永寺を構成する子院の一つ、東漸院に移り住む。虚弱体質を治すため一〇歳のとき、秩父山中の寺に預けられ、一五〇日間の荒行を行う。これでみごと健康児に変貌した。野外での修行中、肩やひざにとまりにきた小鳥と親しんだことが、後年、鳥の放し飼いを行う原体験となる。一五歳のとき神代村（現・調布市）の深大寺で得度。天台宗の僧籍に入り悟堂と改名した。
その一方で、文学に目覚め、短歌や詩を作り、雑誌に投稿。斎藤茂吉、若山牧水、高村光太郎、北原白秋、木村荘八など多くの文学者や画家たちと交流するようになる。同時にマルクシズム、アナーキズムの世界観に関心を示す。
三〇歳のとき、作家への道を志すが、当時の日本の社会思想家たちの対立抗争に強い疑念を抱き、北多摩郡千歳村（現在の世田谷区烏山付近）で、一切の欲望を断った孤独な生活に入る。

**中西悟堂**（1895-1984）
（1935年頃。提供＝金沢ふるさと偉人館）

米食を絶ち、火食を絶って、水で丸めただけのソバ粉を主食とし、あとは農家の子を教える謝礼としてもらった大根の根も生で食べるほかは、木の芽や大根の葉や野草を塩で揉んで食べるだけで、茶碗も箸もなく、入浴の代わりに野川にひたり、あちこちの雑木林にゴザを敷いて即席の書斎とし、虻《あぶ》や蚊の中で古賢の書に読みふける日常であった。少年時代の山中の荒行（座行、滝行、断食行）の体験がこの生活の支えとなった。

（中西悟堂『野鳥開眼』）

中西の友は、鳥であり木であり虫であり小川であり、そして太陽と空気であった。仏教でいう「無一物中無尽蔵」を実践していたのである。

一九二九（昭和四）年十一月、三年半に及ぶ千歳村での生活を切り上げ、杉並区井荻（善福寺風致地区内）に移る。これには二つの理由があった。一つは、思想上の悩みがインドの古代から現代に及ぶ思想史をたどることによって次第に解消されたこと。もう一つは、いま送っている生活が幸福の原点だとしても、現代の社会環境では、どこにも実現できそうにないものなので、独りよがりで、社会からの逃避としか評価されないことに気づいたからであった。

しかし、東京に戻っても、生活の方針が定まっていないので、千歳村で親しんでいた鳥の観察を続けることにした。ここで悟堂は、誰もが試みていないことを始める。鳥の習性を徹底的に知るために、鳥を放し飼いにしたのである。

私の言う「鳥の放飼《はなしがい》」とは、文字通り鳥を放したまま飼うということで、籠に入れて飼うのではない。「鳥の放飼」という言葉にしても私の造語であって、こんな言葉も、こんな飼い方もあったわけではない。私の書斎は二十畳敷の洋室で、床はキルク張りの上にリノリウムを塗ってあり、天井から床までの大ガラス扉に囲まれていた。私はその西側の扉に接して金網で囲った大禽舎《きんしゃ》を作り、そこに木を植え、草も生やし、木の枝のそこここにスリ餌《え》を入れた猪口《ちょく》を輪金で架け、金網の外側には隙間なく蔦を這《は》わせて、猫や犬が外から禽舎の中の鳥を見られぬようにする一方、禽舎と書斎の境のガラス扉を開いたままで、鳥が禽舎と書斎を自由に往復できるようにした。

これが設備のすべてで、小鳥屋から仕入れた鳥たちをまずこの禽舎に入れる。いわば大禽舎と二十畳の部屋とを含めた広々とした鳥の住居なのだ。鳥がここをすみかと思うころには、日毎に禽舎にスリ餌を運ぶ私にもよく馴れて、執筆中の書卓にも、ワンセットの来客用の椅子へも平気でくるようになる。やがては書斎の扉を全開して庭へも自由に出す。中にはそのまま野外へ去る鳥はあっても、それでよいことにしていたが、よくしたもので部屋の方へ戻る鳥が六割もあるのだ。（同前）

鳥を放し飼いにして気づいたのは、鳥が飼い主の心を反映することだった。心が穏やかで爽やかな気持のとき、鳥のいる部屋に入っていくと、鳥たちは一斉に歓喜のさえずりをあげる。ところが、怒っていたり、イライラしている時には、「鳥は歌うかわりに、私の心と同じ不機嫌さを示す。これでは、まるで心の鏡を一ぱい部屋に置いてあるようなもので、しかもこういうことが五度六度とたび重なると、その間に素直な鳥が意地わるな鳥になり、彼らの心がいつしか私からもしだいに離れて、扱いにくい鳥に変わってゆくのだ。であるから、鳥のいる部屋に入ってゆくときに、もしも私の心に濁りがあると自覚している場合は、部屋のドアを押す前に、室外で一応心をおちつけ、ふだんの平静を取り戻してから、ハンドルを握るということも度々であったのである」（中西悟堂『野鳥と共に』）。

室内での放し飼いと並行して、悟堂は、自宅の屋根に巣を作っている雀を馴らし始めた。親鳥は二ンゲンを避けるので、雛に「スリ餌」を運んで食べさせることにした。餌を運んでゆくと、親鳥は逃げてチーエ、チーエと小鳥屋が嫌鳴きと称する声をあげ、悟堂のまわりを飛び回る。これに構わず、毎日朝から夕方まで三、四〇分ごとに小さいヘラの先につけた「スリ餌」を見せる。しかし、雛は巣の奥に逃げ込んでしまう。毎日これを続けていると四日目ぐらいから、一羽か二羽がヘラにつけた餌の方に出てきて、ついばみだした。やがて、あとの雛もこれに習って食べ始める。こうなると、巣立ちしても「スリ餌」の鉢を手にしてチュッ、チュッと舌打ちをすると、雛たちは悟堂の方に飛んでくるのだ。室内に入ってくるだろうかと、書斎のドアを開けて例の合図をしてみる。果たしてやってきた。「こんどは飯粒を私の口中で軟かくして、それを与える。呼ぶとくるだけでなく、雛たちはよほど飯粒が好きとみえて、何羽もが私の肩や着物の襟《えり》へまできて飯粒をせがむ。さらに、いつとなく、私はじかに口移しで飯粒を与えることになる。さすがに親雀はけっして来ないが、雛は馴れ易いのか、こういう楽しい日々がつづくので、私はこの初めての試みに夢中になった」（中西悟堂『愛鳥自伝』）。

中西悟堂は、コンラート・ローレンツのいう「刷り込み」を行っていたのである。

やがて、子雀たちを肩にとめて散歩をはじめた。散歩道は、東京女子大横の静かな通りだが、猫や犬もいて、近づいてくることがある。すると子雀は、身を固くして肩から離れようとしない。なかには、慌てて悟堂のふところに逃げ込んだものもいた。

子雀との散歩中、興味を持った通りがかりの人が、「何の鳥ですか」と話しかけてくる。

「ごらんのとおり、頬っぺたに小さいホクロがありましょう。ただの雀ですよ」

というと、とても驚いて、

「あなたは雀の学校の先生ですか」

という人もいた。

こうして一緒に散歩する鳥が、雀から始まって、放し飼いの鳥になり、カラス、ヨシゴイ（薄茶色のハト大のサギ）、ウ、オナガ、ムクドリなど数十種類に及んだ。

## 鳥と友だちになる方法

この噂を聞いて、詩人で英文学者の竹友藻風が訪ねてきた。彼は、親しい詩人仲間の一人。東京高等師範の教授であったが、悟堂の家に隣接している東京女子大学にも教えに来ていたので、昼休みにやってきたのだ。ちょうど昼飯の最中だったので、思いついて窓を開けてチュッ、チュッと合図をした。すると、三羽の雀が飛びこんできて悟堂の肩にとまり、肩から腕づたいに手先に移り、手にした飯碗のへりを取り巻いて、悟堂と共に飯をついばみはじめたのである。これをみて、藻風は驚嘆の叫びをあげた（『野鳥開眼』）。

竹友の驚きは、さらに続く。悟堂が庭に出て、芝の上を歩いているカラスの頭をなでると、カラスはぺたりと座って媚びた鳴き声をあげる。また、オナガとムクドリが悟堂の両肩にとまって餌をねだり、両方から交互に口移しのビスケットを食べはじめた。

「まるでアッシジの聖フランチェスコそのままだ！」

と感嘆の声をあげた。

「この飼い方の秘密をぜひ教えてください」

と藻風は真剣な顔で訊ねる。

「いや、秘密などありませんよ。ただ、鳥の位置まで人間が下がって友だちとなることです。あとは、母親のような愛情でつねに接することだけ。これで鳥が馴れるのでしょう。ご覧なさい。この部屋のリノリウムの床は鳥のフンだらけです。これを見て汚いと思う人には鳥は馴れません。このフンの状態を即座に見分けて、崩れた軟便なら腸の具合が悪いのだから餌の適否を考えて与える。これだけの神経を使う人でしたら鳥は馴れます。フンはすぐ乾きますから、あとで箒で掃けばいいのです。

それと、鳥の言葉を悟ることが重要です。言葉とはちょっと大げさですが、合図とか癖と言った方がいいかもしれません。飼われている鳥は、いろいろなことを言います。日が当たりすぎて暑いとか、水がほしいとか、水浴がしたいとか、餌がなくなったとか。それを鳴き声や動作で知り、応えてやるのです」

「具体的には、どういうことですか」

「私の家のツグミは、餌がなくなると餌入れをトントン、トントンと激しく嘴で突いてから、『キ、キ』と鳴きます。そうしたら、すぐ餌を足してやります。カケスが、翼をハタハタさせれば、水浴びがしたいのです。野の鳥なら自分の意志でするでしょうが、狭い場所に飼われているので、いろいろなことを飼い主に頼む。それをはやく悟って、できるだけ親切にしてやるのです。これが鳥と友だちになるということです」

これ以降、竹友はよく遊びに来るようになり、ある日、「野外の鳥を教えてほしい」といってきた。悟堂の住む善福寺風致地区は六〇ヘクタールの広さで、武蔵野でも特殊な水源地帯である。崖から水が湧き出て、池と小川と水田と湿地になり、杉の森と葦原とこれを囲む雑木林の丘がある。年間八〇種類もの鳥が訪れ、このうち二三種類の鳥が巣を作っている天然のサンクチュアリーであったので、野鳥の生態を学ぶ材料は手近にあった。

善福寺川のカワセミや葦原のオオヨシキリから始めて、いろいろ憶えてくると、三宝寺池や井の頭公園まで足を伸ばして、違う鳥の観察も行う。悟堂は、木の枝の鳥や空飛ぶ鳥だけでなく、鳴き声だけで姿の見えない鳥の名前までいちいち教える。藻風は畏敬の念を持ったようで、それまで「中西君」と呼んでいたのが、いつしか「中西さん」に変わっていった。

竹友藻風のエッセイ集『鶺鴒《せきれい》』に悟堂との野鳥観察が載っている。少し長いが、観察の様子と当時の善福寺付近の状況が分かるので引いておきたい。藻風もだいぶ野鳥が判るようになった一九三四(昭和九)年のときの話だ。

二月六日。午後四時。西荻窪井荻村の付近を逍遥する。この日も鳥の動静を探るのが目的であつた。同行六人。

大分時刻が遅かつたので不成績を予想してゐたのであるが、東京女子大学の裏から善福寺の池へ出る路の孟宗藪の中に鵯《ひよどり》が二羽けたたましい声をあげ、見事な弧を画きながら、遠い杉むらの枝まで行つて棲るところを見た。善福寺境内を潜りぬけ、広広とした武蔵野の一隅を長閑《のどか》に歩いて行くと、到る処に頬白の地鳴きの声が聞え、枝から枝へ飛び廻る可憐な姿が見える。櫟《くぬぎ》林の中、枯れ薄の奥、茶畑、人家の垣――頬白の声のしないところはないと言つてもよい位である。欅《けやき》がひろく枝をさし伸ばしてゐる農家の側を行く時、三四羽盛にしやべり合ふ鳥の声を聞いたので、一同歩をとめて上を見上げると、高い梢の上に一羽、柄長か四十雀かと思はれるものが凝然として日の沈む方を眺めてゐる。

『多分、真鶸《まひわ》でせう。』

と、友は双眼鏡を上に向けたままで答へた。首を羽がひの下へ押し込んで寝ようとしては又ぶるぶるつと身を動かして遠い地平線の方を見つめる。それから又、寝支度にかかる。

『あすこであのまま寝て了ふのでせうか。』

『さうです。呑気なものですね。』

尤も、このやうなことを考へたり、言ひ合つたりしてゐる人間の方も極めて呑気なものであるに相違ない。

善福寺から少し東へ寄つた路を南の方へ下りるとその辺一帯にニーザランドとも言ひたい低地で、丘あり、森あり、林あり、真に楽園のおもかげを偲ばしめるものがある。

"Sweet Auburn! loveliest village of the plain."

と、口吟むともなく、心の中に呟いてゐる時、掘り返された黒土の中から。さつと風を切つて私どもの前をかすめ、空中に急角度を作つて三町ほどむかふの杉の木むらの中へ飛び込んだものがある。

『鶫《つぐみ》です。鶫は今地面に下りてゐますから。』

と、友は直ちに説明した。

善福寺の池でやかましく音を立ててゐるものがある。若しかすると水禽であるかも知れないといふので、駈けつけて行つて見ると鵙《もず》が二羽ばかり、杉林から裏の家の植込みの中を抜けて飛んで行つた。

（「早春の鳥」）

竹友藻風は、善福寺の周辺を英文学者らしくイギリスの詩人・小説家のオリヴァー・ゴールドスミスの詩"The Deserted Village"の一節を思い浮かべて描写する。後年、善福寺周辺は、開発されて〈楽園〉は失われていくのだが……。

## 「野鳥」という言葉をつくる

ところで、この野鳥観察の時、中西悟堂は、すでに鳥の雑誌を創ることを決めていた。鳥の知識の豊富さにすっかり惚れ込んでいた藻風が、「あなたほど鳥に詳しい人が、一人だけで鳥と親しんでいるのは、もったいない。鳥の魅力を伝える雑誌を創りましょう。私もお手伝いします」と悟堂を口説き、戸川秋骨（随筆家、英文学者）、平田禿木（随筆家、英文学者）、柳田國男に協力してくれるという話をもらっていたのである。さらに藻風は、出版社まで決めてきた。外堀を埋め、悟堂の家を訪れるたびごとに、「雑誌を出しましょう」と迫る。

しかし、自分が道楽で出す雑誌ならまだしも、柳田國男ら大家が後押しするとなると、きちんとしたものにしなければならない。悟堂がふと思い出したのは、当時鳥学会の大御所といわれた内田清之助であった。中西は、一九三二（昭和七）年に「虫の博士」として知られた横山桐郎の葬儀委員長をして、会葬に訪れた内田と知り合っていたのだった。

そこで渋谷にある内田の家を訪ねて相談すると、すぐに賛同してくれて、こう付け加えた。

「私も鳥の保護の雑誌をほしいと思っていました。世間に広く鳥の保護を訴えたいのですが、学者の書くものは固い。文化人が集まった雑誌を作って、そうした人たちのお力をお借りしたい。柳田さんたちがご賛成なら、たいへん結構です。鳥学会のお歴々にも賛助を求めてみましょう」

鳥の権威たちの尽力を得られるとなると、引っ込みがつかなくなってきた。悟堂は、もう一人協力を仰ぎたい人がいた。花鳥画の大家・荒木十畝《じっぽ》画伯である。鳥の雑誌だから、鳥の画家の賛同もほしかったのだ。荒木も大賛成で、「君がやるなら画家の仲間にも加勢させる」とまでいう。

これで悟堂の心は決まった。「しかし、何のために鳥の雑誌を出すのか。自分が納得する理由がなければ、意味がないし、長続きしまい」。こう考えて、何日か沈思黙考し、次のような結論に達した。

「山川草木国土悉有仏性」の東洋倫理を基本に据え、

（1）、日本古来の「飼鳥《かいどり》」の悪習を根こそぎ追放する使命を雑誌に持たせたい。
（2）、自然の山野の鳥からそのまま精神的慰藉を受けるだけの風習を作り上げたい。
（3）、山野の鳥をそのまま楽しみかつ尊重することは、そのすみかである山川草木を尊重することにつながる。すなわち自然尊重の気風の作興ともなる。
（4）、鳥を媒体として、誌上で芸術と科学を協調させたい。いま芸術と科学は他人同士のバラバラな状況だが、これでは片よった文化しか産まない。どちらも人間の富ではあるが、知性と感性が現在は汽車を乗せぬ二条の平行線となっていると言ってもよい。この空虚な平行線に機関車を乗せてこそ、正しい文明への意思もはたらき、文化国という終着駅に辿りついて真善美の花も咲こう。文明は即文化ではない。いい文化が内にあってこその文明でなくては、外づらは豪華でも、心は痩せて貧しい砂上の楼閣に過ぎまい。
（5）、こうあってこそ人生は浄化され、人間は豊かになる。それにはその芯《しん》となるべき高い宗教性を深奥のともしびとしたい。

（『愛鳥自伝』）

これで、雑誌のテーマは決まった。あとはタイトルである。「鳥の研究」「鳥の世界」「小鳥の友」などいろいろ出たが、しっくりしない。「鳥」もあったが、これは鳥学会の機関誌の名なので使えない。毎日のように雑誌の名前を考えるが、一カ月たっても、これという案は浮かばなかった。だが、雑誌の発行は動き出している。藻風は、賛助者の名前を連ねた雑誌の予告を新聞に出し、内田は鳥学者と文化人の座談会を催して、その速記を第一号から連載しよう提案。内田が鳥学者たちに、藻風が文化人たちに連絡して開催が決まったのである。

一九三四（昭和九）年二月九日の夜になっても、タイトルはまだ決まらない。考えに疲れて、息抜きに回転椅子をくるりと回すと、うしろの書棚の翻訳書の背文字が目に飛び込んできた。「野鳥の……」とある。「これだ！」と心に閃く。

「野鳥！　これはいい。Wild又はFieldの意味も示す簡明な単語だ。これに限る」（中西悟堂『鳥を語る』）と思った。

こうして「野鳥」という名前が決まると、「日本野鳥の会」という会名もすんなりと出て、編集実務が動き出す。

三四年三月十一日、内田清之助が提案した鳥学者と文化人の座談会が丸の内の陶々亭で行われた。鳥学者は、内田に鷹司信輔、黒田長禮、山階芳麿の四人。海外の事情に詳しい正氏の参加もあれば良かったが、自分の身辺問題に火がついて、その余裕はなかったろう。文化人は柳田國男、竹友藻風、杉村楚人冠（ジャーナリスト、随筆家）、戸川秋骨、勝田蕉琴（日本画家）、山口蓬春（日本画家）など。これが「日本野鳥の会」の結成式でもあった。座談会前日の三月十日、『東京朝日新聞』朝刊に「『日本野鳥の会』生る」という小さな記事が載った。この当時、柳田國男と杉村楚人冠が、それぞれ『東京朝日新聞』の客員と相談役だったのでどちらか、あるいは両者が記事を書くよう勧めたのだろう。

座談会の当日、竹友藻風は、出席者の席順に悩んでいた。鷹司は公爵で、出席者の爵位からいうと一番の上席となり、山階はその下の侯爵。だが元皇族である。どのように席を割り振るべきなのか。それに、内田は司会だから中央の席に置かねばならない。さらに、柳田國男など大先生もいる。各人をどのように座らせたらいいのか迷い、席札を立てられなかったのだ。

悟堂は「私に任せなさい」といって、五十音順に名札を立てた。内田は、アイウのウで、その前がいなかったので、うまく床の間を背にした司会者の席に収まった。元皇族の山階は、アカサタナハマヤラワのヤだから一番下の席で、柳田國男がその前になる。「これでいいのだろうか」と藻風には、一抹の不安が残った。

皆が揃うと名札の席についてもらい、悟堂が挨拶する。

「野鳥の会は趣味の会ですので、肩書きにこだわらないほうがいいと思います。それで、失礼ながら席は五十音順にいたしました。よろしいでしょうか」

というと、皆が賛成したので、藻風は胸をなでおろす。

「それともう一つ。今日はお偉い方ばかりですが、公爵様、先生といった敬称を抜きにして、お互いに『何々さん』としたほうがくつろいでいいと思います。今日ばかりでなく、野鳥の会は今後もそうさせて頂きたいのですが、いかがでしょうか」

と意見を聞くと、これもまた賛同を得たのである。

かくして、鳥学者と文化人・画家などが集まり、中西悟堂が編集する雑誌『野鳥』が、三四年五月に創刊された。ところが、編集を手伝う予定だった竹友藻風は、関西学院大学に招かれ、三月末に東京を去ってしまったので、編集作業から企画の立案まで悟堂一人で行うこととなったのだ。

## 富士須走での探鳥会

「日本野鳥の会」は、雑誌の発行と共に、フィールドワークも企画する。その初めが、三四年六月二日と三日に日本一の鳥の生息地、富士須走での大探鳥会だ。当時、探鳥という言葉はなく、のちに悟堂が創ったもので、この時は「鳥巣見学会」と称していた。

この企画は、自然のなかに棲む鳥の生活を、文筆家や画家が見たらどう感じるだろうか、と考えたことから生まれた。その背景には、「籠で飼うことが、鳥に親しむこと」という古来からの考えへの反発があったのだ。内田に相談すると、「賛成です。みなに自然な鳥の姿を知ってほしいですね。自分も参加します」との返事。ただ、一般の人は、野鳥を山林で見るといっても、どういうことか見当がつかないので、

「日本一の鳥の大繁殖地で一日の清遊を皆さんと共に楽しみましょう。たくさんの鳥が見られるはずですから、一つ一つ何という鳥かを説明します。また、小鳥たちは種類ごとに鳴き声も鳴き方も違いますので、鳴き声ごとに何という鳥か申し上げますし、それらの鳥の巣もご覧に入れます」

と勧誘状を五〇人ほどに出したのである。参加者は、内田清之助と息子の清一郎、柳田國男と娘たち、荒木十畝、杉村楚人冠、金田一京助と息子の春彦、窪田空穂、若山喜志子（牧水夫人）、北原白秋、作

家中村星湖、戸川秋骨、日本で初めて戸隠山からの鳥声現地放送を敢行した前長野放送局長猪川城《せい》、『野鳥』の出版元・梓書房の岡茂雄と同社の松室重行ら四〇余名であった（『野鳥開眼』）。

一行は、六月二日午後一時過ぎ東京駅に集合し、一時四〇分の列車で御殿場へ。駅には、富士に滞在していた清棲《きよす》幸保伯爵（鳥学会員で野鳥の会にも参加）と農林省鳥獣調査室の松山資郎（同前）が出迎えにきた。須走村に、調査室の試験地があり、彼らはそこで鳥の生態を調査していたのだ。

清棲は、のちに鳥の生態研究・生態写真の第一人者となるので、簡単に紹介しておこう。一九〇一年に信州松代藩一一代真田幸民・楫子の三男として生まれる。学習院初等科の頃から昆虫や鳥の生態に関心を持ち、学習院高等科から東京帝国大学理学部動物学科に進む。山階芳麿とは初等科で同級生だった。伏見宮家の分家である清棲伯爵家の養子に迎えられ、養父の死去に伴い一九二三年伯爵となる。大学卒業後、徳川生物学研究所を経て、この時は農林省畜産局鳥獣調査室に農林省嘱託として勤め、鳥類の渡りや繁殖、食性などの研究に取り組んでいた。戦後は宇都宮大学教授となる。著書に『日本鳥類大図鑑』（全三巻）がある。

一同は何台もの自動車に乗り、でこぼこ道を八瀬尾の苔雲荘農場に行く。農場主が設けてくれたテントに集まって茶菓子を振る舞われたあと、子を庇う狸の様子を見て、農場の人から狸や狐の話を聞いた。

そのあと再び自動車を連ねて、宿泊する須走の米山館へ。着くとすぐ一行は、猪川が今朝迦葉山《かしょうざん》で録音したというブッポウソウのレコードを聴く。夕食が済むと、須走在住の鳥呼びの名人高田昂、兵太郎兄弟から鳥の話、鳥声模写があった。

翌朝三日は、浅間神社に集合。人数が多いので二班に分かれて野鳥を聴き、巣を探して廻った。「どなたも初経験で、降り注ぐ鳥声の中で、白秋はジュウイチの巣に托されたコルリの卵の空色の美しさに感涙し、若山女史はメジロの巣の工芸品のような精巧さに『まあ』と絶句」（同前）した。

　このときの感動を、北原白秋は雑誌『改造』七月号に「きよろろ鶯」（すでにその声が闌《た》けて夏に入った鶯の意）と題して寄稿した。鳥の巣を探る様子は、こう描かれている。

　鳥の声を聴き、鳥の巣を探らうといふのであつた。六月三日の朝、雨のやゝ小止みになつた風と曇。富士山麓といつても既に五合目には近いであらう。その須走の人家の前には清冽な水が流れ、溝の緑《ママ》にはまたたびの新緑が萌え、紅むらさきの敦盛草が咲き、富士はたざをの白い群花が幽かにゆらいでゐた。
　風に煽られる若葉も既に青葉まじりに見えた。晴天であればもつと聴かれる筈だといふ小鳥の声も、私には寧ろ夥し過ぎるくらゐに驚かされた。何といふ声の翔りであつたらう。
　あ、三光鳥だ、
　あ、センダイムシクヒ、
　あ、ホトトギス、
　郭公、

小ルリ、黒ツグミ、
鈴《レイ》フリ、――何とそのチリチリチリ。
ジユイチキ、その強い三刻みの声、その慈悲心鳥。
浅間神社の社殿の横で、色々と雨具の準備や十六ミリを向けかへてゐる間にも、私達は始終耳を傾け傾けした。雨に梢を仰いでも聴いた。一々に教へられ、一々に心を留めてもみた。それにしても何と幽かな、また張りのある、何と閑かで、また筒抜けの声々であつたらう。朗らかな、また、籠つた、高く低く遠く近く翔けて、また潜って。(中略)
所謂きよろろ鶯のほけ音に春が闌け、孟夏の郭公が飛ぶ季節の移り目である。れんげつつじの紅が燃え、箱根うつぎが叢を成し、一人静がさびしい白拍子すがたを雨にうたれてゐた。(中略)
清興とはあゝしたものであらうか。野鳥の声は聴けば聴くほど透明で、野鳥の巣は観れば観るほど愛と精緻とを尽してゐた。少くとも霊峰富士は、人間よりも清浄な野鳥の巣をその雲の下に、その裾野に鏤めてゐる。

そして、コルリの卵は、こう讃えられる。

この美しさは、この清楚な青磁色の五つの卵は。
私は思はず、膝を地について眺め入つた。

つい、林中の、人影も通らぬでもないらしい落葉じめりのその径の、崩れかゝつた根方の縁に、透かせば小さな横穴形の窪みの中に、端然と理想的に円い幽かな巣が明つて、その中に、その美しい青磁色の五つの卵である。陰は光りよりも悲しい。その沈静な空気と陰との中に、その青磁色の五つの卵はぽつとりとつまつて、ただ閑かに何事もない忝なさに匂つてゐた。

かうした香ひの魂のやうな美しさが、またと此の世にあるであらうか。恍惚と眺めてゐると、あたりでは雨の雫も音ひとつこぼさず、山椒や羊歯の葉のやうな香ひや、ある土の湿やぎ、苔や茸類のえならぬ香ひまでが、何かと薬の気を嗅ぐやうに、私の息づきを美しくした。

これこそ私たちが常に求めてやまぬ尊いある物ではなかつたか。礼拝するやうな気持で、私はまた眺めてゐた。

小瑠璃よ、その小瑠璃は何処に行つたか。

また、若山喜志子が「絶句」したメジロの巣は、苔類が主体で、外側はクモの糸が絡み、内側はカヤの穂の軸が薄く敷いてある精巧なものであった。

この試みは成功し、後年、「この探鳥会こそが過去八百年来の陋習《ろうしゅう》である飼鳥界への反逆の第一声であり、鳥籠をまず踏みつぶして山野の鳥を楽しめ、との宣言であった。そしてこれを野鳥の会の大方針とした」(『野鳥開眼』)と悟堂が自慢するまでになるのである。

蜂須賀正氏が、この会に参加していたらどう思っただろう。絶滅鳥を研究していて、いきものの生活する環境の大切さが身に沁みているので、「こういう機会をもっと作って鳥のすばらしさをみんなに知ってもらいたい」といったのではないか。やがて、帰国した正氏は悟堂と親しくなり、『野鳥』に数多く寄稿することになる。

# 9　大回りの帰国

## ロンドンからブルガリアへ飛ぶ

一九三五年二月、蜂須賀正氏はロンドンから南に向う飛行機の操縦桿を握っていた。ロンドン郊外のクロイドン空港を飛び立った愛機は高度を上げていく。ドーバー海峡は霧が深くどんよりとしていたが、上空三〇〇〇メートルに達すると太陽がキラキラと輝いている。冬のイギリスでは、ほとんど太陽にお目にかかれないので、正氏はガラス窓越しにあたる日の光を暖かく心休まるものに感じていた。

やがて、エッフェル塔が見えてきたが、パリも霧の中だ。空港に着陸して旅券に判を押してもらい、しばらく休憩したあと、また舞い上がり東へ針路をとる。

私は、正氏の『世界の涯』をベースにこれを書いているが、彼はパリの空港名を記していない。細かいことだが、気になった。というのは、パリには二つ空港があるからだ。通常は、一九一九年に開港し、リンドバーグが大西洋単独無着陸飛行で到着したル・ブルジェを使うのだが、三二年にオルリーが完成していた。どちらに着陸したのだろうか。オルリーならル・ブルジェよりパリに近いのですぐ友人たちと会うことができるから、長距離飛行のいい息抜きになったのではないか、などとあれこれ考えてしまうのだ。一方、ロンドンの場合は、五九年にヒースローに替わるまでクロイドンが大英帝国の空の入口であった。

蜂須賀正氏は、一九三四年五月十七日に横浜港を出発し、アメリカ経由でイギリスに着くと、大英博物館に通って鳥の研究をしながら、ヨーロッパ各地の鳥類学者と交友していた。今回の正氏の行き先は、パリから一七〇〇キロ以上離れたブルガリアのソフィアである。国王のボリス三世に帰国の挨拶をするために向っているのだ。三一年に謁見して以来、親しくなって、ヨーロッパに滞在しているときは、何度も招待を受けていた。手紙で、ソフィアへの到着日を告げ、謁見が可能かどうかを問合せたが、返事がなかった。しかし、着いて、侍従長に連絡すれば短時間なら拝謁できるのではないかと考えて、出発することにしたのである。

パリから飛び立った正氏の飛行機は、ドイツの内陸深くを航行している。海の影響がないので、霧がなくいい天気だ。南にはアルプスの連山が、何十キロも見渡せる。コバルトブルーの空と白い山なみのコントラストが美しい。だが、外気の寒さが厳しくなっているようで、キャビンの暖房を全開にしても、寒気が厚い外套のなかにまで入り込んでくる。

やがて、眼下にドナウ川がみえるようになった。川は氷が張り詰め、両側の畑も凍っていて同じ色をしている。外は何度になっているのだろう。ウィーンの空港に着陸するとき、車輪に硬い感じが伝わってきた。降りて見ると、飛行場は一面氷に覆われてカチカチになっている。これで正氏は、さらに飛び続けることを断念した。雪の上に降りるための橇を飛行機が装備していなかったからだ。

そこで、ウィーンからトルコ行きの急行に飛び乗った。オリエント・エクスプレスは、ユーゴスラビアのベオグラードを通る。それなら、ユーゴの皇室にも暇乞いをしようと、途中下車。皇帝だけのつもりが、現地の社交界が歓送会を開いてくれたりして、日にちが過ぎていった。ようやく、ソフィアに着いたのは、正氏がボリス三世に都合を問合せた日の翌日である。

ホテルに旅装を解き、御所に連絡を入れると、博物館の館長であるブーレッシュ博士があわただしく正氏の部屋に飛び込んできた。

「侯爵、あなたは昨日おいでではなかったのですか」

慇懃な口調だが、憮然とした面持ちだ。

「ええ、飛行機で来るつもりが、ウィーンから先、空港が凍っていて飛べないので、列車にしました。途中、ベオグラードの宮廷にお伺いしたら、断れない歓迎会が続き、今日になってしまいました」

「そうですか。実は、陛下のご命令で、昨日私は侯爵をお出迎えに、国境のドラゴマンという駅にお召し列車を用意してお待ちしていたのです。侯爵をお連れしてエフクシノグラドの離宮でご静養中の陛下のところに参る命令を受けておったのでございます。ところが、ベオグラードからの列車には閣下のお姿が見えませんでした。今朝まで待って、ソフィアに引き返してきたばかりなのでございます」

「エッ！　陛下は、私ごとき者のために、そんなお心づくしをしてくださったのですか。誠に……誠に申し訳ありません。私の手紙にご返事がなかったものですから、お忙しいのだろうと思っておりました。……陛下に何とお詫びを申し上げてよいか、言葉が見つかりません」

正氏は、あまりに自分が不注意だったことを責めずにはいられなかった。もし、飛行機で来ても、お召し列車の配慮を無視したことになったろう。きちんと旅程を連絡すべきだったのだ。彼は、拝謁のときのお詫びの言葉ばかり考えていた。

## ボリス三世の厚意に恐縮

数日後、両陛下が離宮から戻ったので直ちにくるようにという通知がきた。恐る恐る参内すると、国王は、正氏の顔をみて、口元に微笑を漂わせながら、

「お国に帰る前に、わざわざバルカンまで暇乞いに来る人は少ない。侯爵の礼儀を嬉しく思います」

という。この寛大な言葉に、正氏は国王の慈悲の心を汲み取り感激したのだった。

このあと国王は、ブルガリアの一流画家たちの展覧会に触れ、「自動車を用意しますから、ぜひ見てください」といい、こう付け加えた。

「侯爵、展覧会場の美術館は、何世紀も前に建てられた教会です。暖房の設備がないので充分に暖かくしていってください」と。

ソフィアは大陸性の気候で、二月の最高・最低気温の平均が、それぞれ五℃とマイナス三℃である。

翌日の朝、国王の心遣いに感謝して、正氏はコートの下に下着を重ね着して差し回しの車に乗った。車が美術館の前に着くと館長が迎えてくれたが、彼は毛皮のついた厚い外套を着たまま。立ち話をしていても深々と身体が冷えて、体内の血が凍ってしまうかと思うほどの寒さだ。すると、運転手がさっと寄ってきて、両手で外套を広げそれを着るように勧める。外側は薄い水色で裏は毛皮、襟にもふさふさとした毛がついている。実に暖かそうだ。だが、外套を二枚着て歩くのは体裁が悪いので、やせ我慢をして、運転手の言葉をさえぎり、左手を軽く上げて着なくてもよろしいと合図をした。

昼、ホテルに戻って身なりを整え参内する。長い廊下を通って居間に行く途中に、午前中の外套が壁にかかっているのを見かけた。その瞬間、正氏は、外套は国王自身のもので、毛皮の外套を持っていないであろう自分に着せるよう指示したのだと直観した。

「また、国王の心遣いを無視してしまった」

と悔やんだのである。あとで、ブーレッシュ博士にそれとなく聞くと、その通りであった。

国王の居間に通された正氏は、マントルピースの上に自分の写真が飾られているのに驚いた。以前、国王から「友情のためにポートレートを送って欲しい」という要望があり、送ったものだ。「自分との親交をこれほどまでに重んじてくださったのか」と、感銘を受ける。

さらに家族的な歓待で正氏の感激は続く。二歳のマリア・ルイザ内親王の子供部屋に通されると、皇后に手を引かれた内親王が「ハチスカ」と可愛い声で呼んで、ニコニコしながら、四角い包みを手渡してくれた。皇后と並んでソファーに座り、開けてみると、ブルガリア名産の美しい細工を施した箱である。そのなかには、皇室の紋章の入ったブルガリア・タバコがぎっしり詰まっていた。ブルガリアのタバコは、高級紙巻きタバコの原料として知られるトルコ・タバコと同じ種類で香りが高い。皇后は、正氏が好きなことを覚えていたのだ。

次のプレゼントは皇后から。小さな箱に入った紋章付きの香水瓶であった。これは「ローズ・オイル」というブルガリアの名産品。「バラの谷」と呼ばれるバルカン山脈の南側の地域で栽培されているダマスク種のバラから造られる。一キログラムのオイルを精製するために三〇〇〇キログラムのバラの花びらを使うという貴重品だ。このオイルは薄めて高級香水や化粧品の製造に使われるのである。

国王からは、ルビーとダイヤモンドをちりばめた紋章入りのカフス・ボタンを頂く。これは、国王自身が身につけているものと同じデザインである。そして、勲一等を意味するグラン・クロア・サンタレキサンドル勲章を授けられた。

この前年の三四年十一月八日、日本鳥学会は評議員会でボリス三世を名誉会員に推薦しているので、正氏のブルガリア行きは、その勧誘もあったと思われる。国王から入会の承諾が来たのは、この年の四月一日であった。

こののち第二次世界大戦に入って、ブルガリアは四一年に枢軸側で参戦。日本も同じ側だったので、四二年の一月三十日、つまり、ボリス三世の誕生日に東京に日勃協会が生れた。本部は三田の蜂須賀邸に置き、正氏は副会長に就任している。

ボリス三世は、枢軸側だが東方の前線への派兵をせず、ブルガリアに住むユダヤ人を強制収容所へ送らないという、独自の態度を堅持していた。そうした状況のなかで四三年にアドルフ・ヒトラーと会見。直後の八月二八日に国王は、心臓発作で急死を遂げたのである。ヒトラーの指示に従わなかったことから、毒殺説が囁かれている。享年四九であった。

## 天皇とイギリスのリンネ協会

正氏は、動物学の縁によってブルガリア以外のヨーロッパの皇室とも親交を結んでいた。そうしたことから、動物学者である昭和天皇をイギリスのリンネ協会の名誉会員に推薦しようという話が、この滞欧中にもちあがった。リンネ協会は各国にあるが、イギリスのそれは、リンネ自身が作った植物のコレクションを持っている世界一権威のある協会である。イギリス国王のジョージ五世もスウェーデンのグスタフ五世も名誉会員であった。会員になるには名簿にサインしなければならないが、持ち出し厳禁となっている。そこで、協議の結果、新しいページを一つ増やすことにして、羊の皮を加工して作った羊皮紙ヴェラムに桐と鳳凰をあしらった模様をつけて、日本に送った。しばらくすると、中央に筆で書かれた天皇の署名が送り返されてきたのだ。

正氏はこのエピソードを、四三年に上梓した『南の探検』で紹介したいと思い、原稿を宮内省に送り、目を通してもらうことにした。しかし、戻ってきたのは、「載せるな」という返事であった。その理由を正氏の文章から引用する。

「第一、戦争中陛下が動物学を遊ばしてゐらつしやることなど宣伝して貰ひたくない。第二にそれは事実でも、陛下が席順の上で外国皇帝の次位につかれるやうなことを国民に知らせて貰ひたくない、といふのであつた」(『世界の涯』)。

『世界の涯』は、一九五〇年に出版されたが、この文章のあと、「随分世の中は変つたものだ。しかし、いつ止まるともなくまだまだ変つて行くことであらう」と書いている。確かに、世の中は変った。今上天皇は、ロンドン・リンネ協会の会員になったことを、誇らしげに語っているのだから。

今上天皇は一九八〇年、皇太子のときロンドン・リンネ協会から外国会員に推挙され、八六年に名誉会員となった。そして、二〇〇七年五月二九日、リンネ生誕三〇〇年に当たり、ロンドン・リンネ協会からその祝賀行事に招待された。その出発前の五月十四日、皇居での記者団のインタヴューにこう答えている。

「私は皇太子であった一九八〇年にロンドン・リンネ協会から魚類学への貢献ということで、外国会員に選ばれました。外国会員の名簿を見ると、会員は五〇人で、日本人では植物学の原東京大学名誉教授がおられるだけでした。私にとっては誠に過分のこととは思いましたが、それを励みに研究に努力してきたつもりです。ロンドン・リンネ協会には、会員に選ばれた翌年、当時の皇太子妃と共に英国皇太子殿下の結婚式典参列の機会に訪れました。一九八六年名誉会員に選ばれ今日に至っています。この度、このような関係にあったロンドン・リンネ協会のリンネ生誕三〇〇年の記念行事に出席することをうれしく思っております」(宮内庁ホームページより)。

## 大英博物館にある正氏の研究室

ところで、蜂須賀正氏はイギリス滞在中ロンドンで何をしていたのだろうか。彼は、大英博物館の研究員の資格があったので、研究室を貰い、フィリピンの鳥類の分類研究をしていたようだ。前回の滞在中は、一九三一年三月十六日に『フィリピン群島の鳥類』(*The Birds of the Philippine Islands with Notes on Mammal Fauna. Part I*) をロンドンのウエザビー社から刊行。Part II を三二年九月十四日に出版していた。そして、今回は、第二巻 Part III を三四年十一月二六日、Part IV を三五年七月三一日に刊行したのである。第一巻の筆者の名前は、蜂須賀正氏だったが、第二巻は襲爵したので蜂須賀侯爵である。

第一巻執筆中の大英博物館での様子を正氏が紹介しているので、それを引用しよう。

サウスケンジントンの地下鉄から出て、幅の広い人道をあるいて行くと、(中略) 広庭を隔ててゴシック式の二つの塔を中央に立てた広大な建物がペーブメントから見える。これが英国博物館の博物専門の建物である。

入口のドアをおして入ると、中央大ホールの真ん中には、世界一の陸棲動物であるアフリカ象が鼻を高くもち上げた剥製が突っ立っている。その足下には、小さな硝子のカバーの中に、ハタネズミ(畑鼠)の剥製が入っている。ここで世界一の最大と最小の陸棲哺乳動物を陳列しているわけであって、学校の子供などが終始取り囲んでいるのは、この象の足下である。

そこを通り抜けて長い陳列場を幾つも越えると、二、三十尺もある大きな烏賊《イカ》の剥製が天井からぶらさがっている。その次は低い硝子箱を並べた貝類の陳列室だ。その突き当たりに小さなドアがあって、その中が私の毎日通った鳥の研究室である。四、五間もあるテーブルの上に並べた二千に近い鳥の標本はその当時着いたばかりの第二回フィリピン探検の結晶で、中村幸雄君から送ってきたものであった。

（『南の探検』）

現在、博物館の中央には、恐竜ディプロドクトゥスの全身骨格が立っている。また、この博物館は、大英博物館に所属していたが、いまは自然史博物館（Natural History Museum）と呼ばれている。

## 帰国の途中でパナマに寄り道

さて、ブルガリアのボリス三世に帰国の挨拶をしたあと、蜂須賀正氏は、アメリカ経由で日本に向かう。日本に直行しないのが、いかにも彼らしい。ところが、イギリスからニューヨークに着いたあと、正氏は中南米に行く。ニューヨーク、アメリカ自然史博物館のチャップマン博士とパナマのバロ・コロラド島に滞在し、熱帯アメリカの生物を観察しているのだ。ニューヨークの博物館に挨拶に行った折にでも、この計画を知り同行してしまったのだろうか。

この島は、パナマ運河中央のガトゥン湖のなかにある。そもそもは、パナマ運河ができたときチャグレス川がせき止められて水位が上がり、ガトゥン湖ができた。そこに海抜一七一メートルの小高い丘が残されてバロ・コロラド島となった。ここは面積一・五ヘクタールの熱帯雨林。取り残された動植物の生態を調べるため、科学者グループの提案で一九二三年から自然保護区に指定された。そして、四六年からはアメリカのスミソニアン博物館が管理を行っている。

ここでの観察の様子を正氏は、とても楽しそうに描いている。


朝まだきベース・キャンプを出て、坂道をすこし登ったところに湖水に面した大森林があった。朝のまだ暗いうちだと、寒暖計の水銀はわずか七十二度〔二二・二℃〕かそこらで、シャツ一枚では風邪の懸念さえ感ぜられるほどに寒さをおぼえた。空には雲もなく、やがて東からのぼってくる太陽の光で、水々しく湿った周辺の草木に宿る露は瞬く間に消えうせていって、新芽がふき、蕾の開いて行くのが今日なお瞼のなかに浮ぶのである。半刻もすると、闇は忽然として白日の世界へと移り変る。と、眠りから醒めたホエザルの群が梢をゆるがして右往左往し、騒々しく木の葉を喰べはじめる。そして第五肢ともいうべき尾を小器用につかって空中を飛ぶさまは、さながらヤモリに似ているようにさえ思える。

どこからともなく一羽のモットモットが飛来して梢にとまった。（中略）またツーカンとよばれる嘴の大きい鳥も姿をみせ、尾をときどきペタリと背中につける格好は奇妙である。（中略）葉のない枝にのこる小さな木の実を、五、六羽の群が盛んにかじっている光景は、十分に夜の休憩をとった鳥がおこなう熱帯の朝の行事として見られるところである。

大森林を逍遥して九時くらいにキャンプに戻った。太陽の光は強くなりサングラスと帽子がなければ、歩けないほどになっている。チャップマン博士が飼い馴らしている野生のハナグマ（アライグマに近い種）が、餌のバナナを貰いにキャンプにやってきた。昼食後、昼寝をして四時近くに、また野外観察に出かける。

……今までわれわれと同じように眠っていた鳥や獣たちが、塒や臥所につく前の腹ごしらえのため、しきりに食物をあさりはじめている。

六時ちかくになっても太陽は依然として強く輝き、暑気は去らない。（中略）ときには、稲妻が閃き、つづいて凄じく雷鳴が轟きわたったかと思うと、瞬時にスコールが沛然として降りそそぐこともある。夕焼けした太陽が未だ熱気を放って、西の端に没しないうちから、せっかちなコウモリの群がどこからともなく現われて飛び交うのである。バロコロラド島には、人間の血を吸うという中型のコウモリ（ヴァンパイヤ）も棲んでいる。

ものの三十分経つか経たないうちに、昼は夜の世界の虜となってしまう。博士は、フラッシュ・ライトをつかって、夜の動物の生態を撮影しはじめる。その努力の甲斐あって、バナナを喰べているバク、アメリカ大陸の猛獣であるピューマ（アメリカライオン）の夜間撮影に成功した。

（蜂須賀正氏『密林の神秘』）

正氏は、このヴァンパイヤ＝チスイコウモリを捕えて、解剖した。他のコウモリと違うのは、上下に鋭い犬歯があり、「胃は長くて、多少ふくらんだ管になっている」（同前）ところ。つまり、鋭い犬歯で傷をつけ、血を吸うので、食物を消化する必要がほとんどない。それで、胃が簡単な形状になっているのだという。

パナマで正氏が聞いた話によると、旅人が森林のなかで仮寝をするときは、コウモリに血を吸われないよう体中を何かで覆う必要があるのだそうだ。

パナマの前か後か時期は不明だが、正氏はメキシコシティにも滞在している。メキシコ人は鳥を飼うのが好きで、マーケットで珍しい鳥が売られている。マーケット通いは正氏の楽しみとなった。あるとき、美しいケツァール鳥（カザリヌキバネドリ）**（口絵参照）**を見かけた。これは世界で一番美しいといわれる鳥で、体は三五センチほどだが、オスの尾を含めると全長は一メートルほどにもなる。オスの羽毛はエメラルドグリーンや濃い青に輝き、腹部は深い紅になっている。長くのびた尾は、緑色で、くちばしは黄色と、じつに華麗だ。

この鳥は、メキシコ南部からパナマ西部にかけて続く標高一五〇〇メートル以上の森林に棲んでいる。古代マヤ民族やアステカ・インディアンは、ケツァールを〈大気の神〉として崇拝し、その飾羽は高貴の人しか身につけることができなかった。グアテマラでは国鳥で、旗、切手、コインに使われ、貨幣の単位にもなっている。この鳥は、自由を奪われると死ぬという伝説があり、自由の象徴でもある。

しかし、正氏の出遭ったケツァール鳥は、人に慣れていて、繋がれて木の枝にじっと止まったままでいる。購入して、試しに飼ってみたが、育てるのはそれほど難しくない。アメリカの鳥学者にこの話をすると、彼らは三七年にホンジュラスの密林からケツァールの幼鳥を捕獲し、ニューヨークとロンドンの動物園に送って飼育した。これが、ケツァール鳥が、生息地を離れて飼われた最初のケースとなったのである。日本に初めて輸入され上野動物園で公開されたのは、それから二七年後の一九六四年七月であった。

## ロサンゼルスで重病に罹る

蜂須賀正氏は、中南米から少しずつ北に上がってゆき、西海岸から帰国しようと考えていた。ところが、ロサンゼルスで病気となり、そこでの療養を余儀なくされたのである。長年の探検で風土病か何かに罹ったのだろうか。親友である鳥類学者のジャン・デラクールは、『鳥』の蜂須賀正氏追悼号にこう書いている。

「彼はアメリカを経由して日本に戻る旅の途中、ロサンゼルスで重病に罹り、完全に快復するまでそこに四年《ママ》留まった。筆者は一九三六～三七年の数カ月パサディナで彼と過ごした」と。

正氏は、温暖なパサディナで病を養いながら、日本と比べて遥かに気楽な生活を楽しんでいた。彼を楽しませる鳥も、日本とは別の種類がたくさん窓辺に飛んでくる。

アメリカにはスズメもムクドリもいないし、街にメジロやツグミも見かけない。しかし、日本では山でしか見られないマシコが、ここではスズメのように軒端近くに営巣している。胸が赤いのでスズメより美しく、キリコロキリコロと音楽的に鳴く。しかし、一番目につき、よく鳴き声が聞こえるのが、モッキンバード（マネシツグミ、真似師鶫）。英名も日本名も、ほかの鳥の鳴き声を巧みに真似することからきている。大きさはモズより少し大きく、痩せ型で、腹部が白く頭部から背、羽、尾が灰色の小鳥。平凡社の『世界大百科事典』には、「アメリカ合衆国、メキシコ、西インド諸島に分布する。農耕地、人家近く、公園などの茂みに」棲むとある。アメリカでは、テキサス州をはじめ五つの州の州鳥だ。ちなみに、カリフォルニア州の州鳥は、カリフォルニア・ヴァレー・クエイル、つまりウズラの一種である。

なかでも正氏が一番興味を惹かれたのは、ハチドリであった。

小さな漏斗状の花ならたいていハチドリが蜜を吸いにくる。フクシアの花が満開のときには、いつもハチドリの羽音が聞こえるので、窓辺へ出て見ると、まるで大きな蛾としか見えないハチドリが、花の蜜を吸っているのをみかける。蜜を吸うときは下を向いた漏斗状の花弁のなかへ嘴を差入れ、嘴よりも少し長い舌で蜜を吸う。羽ばたきの速度はとても速い。飛翔の場合には高速度で羽根を回転させるので、まったく空中に停まっているようにみえる。そして蜜を吸い終わると、嘴を花弁から抜くために、何センチか飛びさがり猛スピードで飛去っていく。

正氏は、こんな実験をしてみた。窓際に砂糖水を入れた小型のビンを下げ、よく判るように、赤い紙片を下げておく。ハチドリはすぐにこの水を吸いに飛んでくる。この時に動作を仔細に観察したのである。日本では暗くてよく見えない場合に「鳥目」などというが、鳥はじつに目がいいのだ（蜂須賀正氏「カリフォルニアで見た鳥の話」『野鳥』一九三九年一月号）。

ハチドリは、南北アメリカ大陸と西インド諸島の特産で、いちばん小さい鳥として知られ、金属的な光沢のある赤や緑の美しい羽毛をもっている。この羽の美しさは、光の反射によって起こるので、生きて動いていないと、魅力が半減する。また、一秒間に八〇回ほど羽ばたきができ、ホバリングや後退が自由自在。ホバリングできる鳥は他にもいるが、後退できるのはハチドリだけである。なお、日本では形態からハチドリと名付けられたが、英語では羽音からハミングバードと呼ばれる。

この鳥の捕獲は禁止されているのだが、何としても日本の鳥仲間に生きているハチドリを見せたいと、正氏は、採集許可を得る。その理由として皇族で臣籍に降下した山階侯爵への献上のためとしたのである。山階芳麿は、一九三二（昭和七）年に山階鳥類研究所の前身である山階家鳥類標本館を設立しているから、都合がよかった。生きたハチドリが、五羽サンフランシスコから送り出された。まず、三七年五月九日に頭部が緑色で全体が赤錆色に輝くアレンハチドリ**（口絵参照）**（体長七〜九センチ）の一番と頭部と喉が虹色に輝く深紅色で背中が緑の虹色をしたアンナハチドリ**（口絵参照）**（体長九〜一〇センチ）のオスが、十月二九日にアンナハチドリの一番が到着した。

ハチドリの飼育には、砂糖水や蜂蜜だけではダメで、タンパク質やヴィタミンも必要なことが判ってきていたので、遠く日本まで生きたまま送ることができたのだ。

芳麿は、送られたハチドリの飼育の様子を『野鳥』にこう報告している。

……飼料はメリンスフード一杯、コンデンスミルク一杯、蜂蜜一杯に水七杯を混じて煮立てたもので、之れに時々トマトの汁液及びハヤ粉の極めて微細なものを混じて与えて居る。猶お午後七時半位迄夜飼いするが、寝る前には最上の精製砂糖三・五を水六・五に溶解したものを充分飲ませる。上記の餌は頗る腐敗し易き故に夏季は四時間毎に冬季は七時間毎に新しく作らねばならず、又餌を入れるガラス製の瓶は度び毎《たごと》に熱気消毒をして居る。此の外毎日止り木をアルコールで消毒したり、籠の下に吸取り紙の新しいのを敷いて湿気を防いだり、様々面倒なる事はあるが温度を六〇度〔摂氏一五度〕台に保ち決して五〇度〔摂氏一〇度〕以下に下げなければ頗る元気に終日ブンブンと云う音を立てて飛び廻り、さっと空中の一点に静止して瓶からミルク液を吸い、全く飽《あ》く事を知らない面白いものである。（一九三八年三月号）

正氏が、カリフォルニアから持ち帰った動物がもう一ついる。それはバイソン（野牛）だ。サンディエゴの動物園から贈られ、北海道雨竜の蜂須賀牧場で飼育した。順調に育ち翌年には子どもを産んだので、友人たちに、よく「野牛のタンシチューをご馳走する」と語っていた。

## 絶滅鳥ドードーの論文に着手

蜂須賀正氏は、窓辺に飛来する鳥を眺めながらのんびりとパサディナで療養していたわけではなかった。探検に出かける体力がないなら、今までの研究の成果をまとめようと、終生の研究対象である〈絶滅鳥ドードーとその近縁種〉の論文に着手したのである。ロサンゼルスの博物館で鳥の標本を見るなど自由に研究できたのもありがたかった。

正氏の調査によると、モーリシャス島のドードーは一五羽ほど生きたままヨーロッパに運ばれている。その内訳は、オランダに約一〇羽、オーストリアに二羽、プラハとベルリン、ジェノヴァに各一羽、そしてジャワ（現・インドネシア）のバタヴィア（現・ジャカルタ）に一羽である。また、日本に向けて一羽バタヴィアから発送したことになっているが、日本に届いた記録はないという。モーリシャス島は、ドードーが生息していた一七世紀にはオランダの植民地（一八世紀がフランス領、一九世紀から一九六七年までイギリス領）になっていたので、オランダの画家が描いた油絵が三一枚ほど残されている。正氏は、これらの原画を詳細に調べ、雌雄の差、季節での違い、個体差そして習性についても読み取っている。

これ以外のドードーを調べる手がかりというと、あのオックスフォードの頭（口絵参照）と足の骨のほかには、ほとんどないにひとしい。そこで一九世紀初めには、一流の学者でもその存在を疑うようになっていた。というのは、大航海時代の船乗りたちは、海の彼方で見てきたものを大げさにいうことがしばしばだったからだ。存在の証拠と考えられる絵についても、画家が売るために面白おかしく描いたのだと考えたのである。しかし、少数だがドードーの研究を行っている人がいて、成果も上がっていた。一八四三年にデンマークの学者ラインハートは、コペンハーゲン博物館にあるドードーの頭骨を精査し、この鳥はハトの一属であると発表して議論をよんだ。四八年には、イギリスのストリックランドが今までのドードー研究を集大成して『ドードーとその近縁種』(*The Dodo and its kindred*)を出版している。

## オークションで貴重なドードーの絵を入手

こうした稀少なドードー実在派が、大逆転するときがやってくる。一八六三年にモーリシャス島の沼から大量のドードーの骨が発見されたのである。これで誰も存在を疑うものがいなくなった。この沼にはドードー以外の絶滅した鳥の骨も埋まっていて、絶滅鳥についての研究が活気づく。だが、一九世紀末になると、交通手段が飛躍的に発達し、動物学者たちの目は、秘境に棲む未知のいきものを発見し、それを命名することに注がれて、絶滅鳥の研究はトレンドからはずれてしまう。

絶滅鳥を研究する鳥類学者は、数えるほどになってしまったが、正氏はそのハンディキャップにもめげず、一人でスケッチや絵、古い記録、そしてなかば化石化した骨など、ドードーに関するすべてを集め研究を続けた。

たとえば、ロンドンのコヴェント・ガーデンにあるオークションハウス、スティーヴンスでの売立てで、ドードーやこれも絶滅した鳥でペンギンと呼ばれた(現在のペンギンとは別種類)オオウミガラスの骨と共にドードーの絵を競り落とした。このオークションハウスは博物学の標本の競売で定評があり、骨董的な価値のある動物標本は皆ここを通っているといっても過言ではないほどの有名店である。

**ドードーのイラスト**
左：ピーター・ファン・デン・ブルック作（1617年）
右：アドリアン・ファン・デル・フェンネ作（1626年）

正氏が入手した絵（**口絵参照**）は、大英博物館に展示されている元ジョージ・エドワーズ（一六九四―一七七三）所有のものの写しだが、ずっと鮮やかで詳細をはっきりと見ることができる。博物館のものは古いので絵が黒ずんで細かいところも画家のサインも分からなかったのだ。購入した絵は、まったくの模写なので画家の名前もそのまま描かれていて、原画の作者は、あのルーラント・サフェリーと判明する。そればかりか、太ったドードーの周囲に配された鳥のうちオウム二種類とクイナ一種類が絶滅鳥であることも判った。

さらに、大英博物館の書庫のなかから〈アイル・オブ・パイン〉と書かれた小冊子を発掘したことで、研究の幅が広がる。モーリシャス島と名づけられる前、この島は〈アイル・オブ・パイン〉と呼ばれたことを正氏は記憶していたのだ。この資料は、一五八九年にイギリスの貿易商が四隻の商船を仕立て、家族全員を載せて東洋貿易に向かう途中、難破してモーリシャス島に流れ着いた記録である。島に生きてたどり着いたのは、使用人のジョージ・パインと女性四人。この五人が生き残り、子孫を作って繁栄したという現実離れしたような話なのだ。だが、「今まで嘗てその名前すらも見聞しなかつた珍しい動物や植物が出てくるので肯定せざるを得なくなつてくる」（『世界の涯』）。つまり、動物や植物がモーリシャス島のものと一致するばかりか、「大きさは白鳥ほどで、太っていて身体が重く飛ぶこともできない鳥」ドードーを含め絶滅してしまったいきものの描写もたくさん出てくるので、正氏の貴重な資料となったのである。

## 白ドードーに新しく学名をつける

また、日本にいるよりパサディナの方がドードー研究に便利なことがあった。

一つは、鳥の羽の色について。ロドリゲス島にはドードーの近縁であるソリテアが棲んでいる。それを一七世紀末にマスカリン諸島で過ごしたフランス人、フランソワ・ルガは「雌はすばらしく美しい。ブロンドや褐色のものもある。ブロンドというのは金髪色という意味である。なめし革色のくちばしの上部に、寡婦が付けるヘアーバンドのような一種の帯がある。（中略）腿の部分の羽は先端が貝殻上《ママ》に丸まっていて、見た目に心地よい」（『フランソワ・ルガと

その一行による　東インドのふたつの無人島への旅と冒険』）と書いた。

正氏は、この一六世紀から一七世紀にかけて生きたフランス人が「金髪色」とみなす色がどんな色合いなのか知りたかった。幸い、近くにハリウッドがあり、そこに出入りして古風なかつらを制作している店がある。主人は帝政時代のオーストリア人で、古いヨーロッパのことについて詳しい。そこで、「一六、一七世紀の代表的な金髪の色を研究したいのだが」と伝えると、ハチミツのように光る一束の金髪を切ってくれたのである。それを東京に住む、鳥類画の名手小林重三《しげかず》に送り、ソリテアの色彩画を描いてもらった。

もう一つは、カナダのモントリオール大学図書館が所蔵するドードーのような鳥の絵について。この絵は、一六一八年にイタリアのミラノで製作されたもので、鳥の羽を紙に貼り付けて作った一種の押絵。モーリシャス・ドードーとは異なっているようなので、無理をいって実物大の色彩画を大学から送ってもらった。詳細に研究した結果、この鳥はレユニオン島に棲んでいたソリテアの一種であることが判った。つまり、マスカリン諸島のレユニオン島には、白いドードーと近縁のソリテアが棲息していたのである。そして、いままで白いドードーとみなされて学名をつけられていたのが、このソリテアだった。そこで白いドードーに新しく学名をつける必要がある。正氏は、それを「ヴィクトリオルニス・インペリアリス・ハチスカ Victoriornis imperialis Hachisuka」として、ワシントンの鳥学会で発表した。名前の由来は、ミラノで作られた押絵から発見できたので、イタリアの国王ヴィットリーオ・エマヌエーレ三世の許しを得て、彼の名前を入れたのである。イタリア国王は、ブルガリアのボリス三世の王妃ジョヴァンナの父親だから、正氏は王妃への感謝の想いもこの名に込めていたのだろう。

正氏は、この発見が自慢だったが、現在ではこのレユニオンのソリテアは、トキの仲間とみなされ、学名もトキの仲間を示すThreskiornisにソリテアsolitariusがつけられた。英名は「レユニオンの飛べないトキ」という意味だ。また、白いドードーの学名は、Raphus solitariusとされている。これは、モーリシャス島のドードーと関連がある。学問の世界では最初につけられた学名に優先権があるので、最終的にこのドードーは、初めに命名された「ラプス・ククラトゥスRaphus cucullatus」つまり、「縫い目のあるカッコーに似た鳥」という馬鹿げた名前になってしまったのだ。レユニオンのドードーは同じ仲間だから、これを踏襲して、「縫い目のあるソリテア」となったのである。

## 人間によって絶滅させられたオオウミガラス

蜂須賀正氏は、ドードーだけでなく絶滅鳥全般を研究対象にしていた。それで、ロンドンのオークションでドードーの絵と共にオオウミガラスの骨（この骨は、現在山階鳥類研究所に所蔵されている）も競り落したのだが、この鳥が絶滅したのはドードーと同様に、またしても人間の欲によってであった。

オオウミガラスは、体長八〇～九〇センチ。ペンギンによく似た姿で、飛べず、背は黒く、腹が白い。頭部は暗褐色だが、顔の左右に卵型の白い斑点があり、大きな黒い嘴を持っている。昔は地球全体が寒かったこともあって北大西洋全体に生息していた。陸上ではヨタヨタと歩き、人を恐れないので、古くから食料として捕獲され、分厚い脂肪は燃料として利用された。やがて、オオウミガラスは定住者のいる場所から姿を消し、地球が温かくなるにしたがって大西洋の西側や北極圏つまりニューファンドランド、ラブラドル、グリーンランド、アイスランドなど人のほとんどいない寒冷地で生きのびることとなった。

この鳥がヨーロッパ人に再発見されたのは、一五世紀後半。ポルトガル、スペイン、フランスの漁師がタラを求めて西進し、ニューファンドランド沖で漁をしていた時、オオウミガラスの棲息地を見つけたのである。一六世紀に入ってブルターニュ地方の漁師が、特徴的な頭部の白斑をさしてケルト語で「白い頭」という意味のペン＝グウィン（pen-gwyn）という名を与えたという。また、異説では、この鳥を最初に調べた学者たちが、「白い頭」より太った身体に注目し、ラテン語の「太っている」という意味のピングィス（pinguis）から「太った鳥」としてペンギン（penguin）といったともいわれている。いまペンギンといわれている鳥は、一六世紀末に南半球にでかけた航海者が、同じような黒白の飛べない太った鳥を見て、ペンギンと呼んだことによる。この南半球のペンギンは現在も見られるが、初めにペンギンと呼ばれた北半球のオオウミガラスは、人間に文字通り虐殺され絶滅してしまったのである。

そのきっかけとなったのが、一五三四年。この年フランス人のジャック・カルティエを隊長とする船団がカナダを探検し、ニューファンドランド島の西方にある「鳥ヶ島」（ファンク島）に上陸した。彼の航海記によれば、島には鳥があふれ「まるで誰かがこの島に鳥をびっしりと打ちつけたかと思われるほどであった」。島の周辺や上空にも多数の鳥が群れ集っている。そのなかに「鵞鳥《がちょう》ほどの大きさで、色は白いところと黒いところがあり、嘴《くちばし》は鴉《からす》に似た鳥」オオウミガラスがいた。この鳥は「いつも海中にいて、空を飛ぶことは全然できない。というのも〔掌《てのひら》の〕半分ぐらいの大きさの翼しかないからである。だがその翼を使って飛ぶように海中を往く速さは、他の鳥が空を飛ぶのに劣らないほどであった」。しかし、地上では捕獲が容易で、「半時間もたたぬうちに、二隻の舟艇《バルク》は、まるで石塊でも積むように、この鳥でいっぱいになってしまった。この鳥を生のままで食べ、残りを塩漬けにして保存したが、二隻の本船のおのおので、四ないし五樽《ピップ》分もの塩漬け肉ができるほどであった」（ジャック・カルティエ『航海の記録』西本晃二訳）のである。このように簡単に捕まえられることを知った北極海域の漁師たちは、食料の補給をオオウミガラスに依存することになる。

さらに、ニューファンドランドがイギリスの植民地となって以後は、入植者たちが定期的にオオウミガラスの営巣地を襲い、美味な卵を手に入れ、親鳥は冬季の食料のために殺して塩漬けにした。さらに羽毛も利用され、布団、衣類、果ては帽子にまでなった。

オオウミガラスの虐殺は、地上での繁殖期に行われたので、この鳥のダメージは倍増した。というのは、卵は一シーズン一個しか産まないので、親が殺され次の世代となるべき卵が食べられてしまえば、個体数は急速に減少する。こうして一七五〇年ごろになるとオオウミガラスは、ニューファンドランド沖の小島、グリーンランド、アイスランド、スコットランド沿岸沖のセント・ギルダ島にわずかな個体が生き残っているだけだった。これらの棲息地は、冷たい荒海に囲まれた船が寄りつけないような島々だったが、ハンターたちは巣を襲い続けたのである。卵がこの上ない珍味だったからではないか、と想像されている。

一八二〇年ごろには、アイスランド沖の「ウミスズメの岩山」(auk rocks)と呼ばれる一連の小島にだけしかオオウミガラスは生存していなかった。ところが一八三〇年三月、アイスランド近海の海底で火山が噴火して地震が発生し、海岸線の地形が一変。「ウミスズメの岩山」は水没してしまった。こうしてオオウミガラスの最後の棲息地は消え失せてしまったのである。かろうじて五〇羽ほどが近くのエルディというより小さな島に移動することができた。ここは、以前の棲息地よりアイスランドに近く、島もそれほど険しくなかったことが命取りとなる。

この棲息地消失の話を聞いて、ヨーロッパの博物館の館長や博物学者たちは、ショックを受けた。「一時は何百万羽もいたオオウミガラスが絶滅に瀕している!」と。いまなら、残りのオオウミガラスを集めて、種の保存を行おうとするのだろうが、彼らの関心事は、自分の博物館やコレクションにオオウミガラスの標本がなにもないことだった。骨格、剝製、卵などが……。そこで陳列ケースに飾れるオオウミガラスを高額で買い求めたのである。

エルディ島に近いアイスランドの漁師たちにとっては、魅力的な副業となり、オオウミガラスは次々と捕えられたり、殺されたりした。一八四四年には、最後の二羽が残るだけとなっていた。この年の六月三日、三人の男がエルディ島に上陸する。彼らは、アイスランドの鳥類収集家カール・シームセンに雇われたハンターである。まず一羽を崖に追い詰めて殺し、もう一羽は水際で殺した。卵も発見したが、なぜか壊れていた。「私が鳥の首を摑むと羽をバタバタさせたが、首を絞めたとき何も叫ばなかった」と最後のオオウミガラスを殺したシーグルダルは語っている。

シームセンは、このオオウミガラスを剝製にして博物館に売り大金を得たという。かくしてオオウミガラスは、博物館の剝製を残すために絶滅させられたのである。

その後も、剝製は高値で取引されている。一九三四年、ロンドンの鳥のオークションにオオウミガラスが二羽出品されたとき、蜂須賀正氏も競売に参加していた。落札結果は、「一羽約三五〇〇弗、即ち今日の為替で約一〇五万円であった」（蜂須賀正氏「世界一の珍らしい鳥」『野鳥』一九四九年五月号）という。この年の内閣総理大臣の年俸が四八万円だから、いかに高額だったか想像がつこう。そして、これなら厳しい絶海の孤島の断崖絶壁でもオオウミガラスを狙ってハンターが訪れただろうことも理解できよう。

ところで、正氏の原稿ではオオウミガラスを、オオウミスズメとか大海雀と書いている。「鳥の専門家で特に絶滅鳥の権威なのに、なぜ？」と思ったが、彼は日本語より英語が堪能といわれているので、こう考えた。この鳥は、英語で great auk というが、この auk は、ウミスズメと訳される。そして、オオウミガラスは、チドリ目ウミスズメ科に属しているので、正氏は、英語をそのまま訳してオオウミスズメといっていたのだろうと。

## インドとアメリカの大学から学位を授かる

パサディナでの蜂須賀正氏に戻ろう。彼の日課は、朝食をスペイン風のパティオで摂り、ヴェネズエラから連れてきた頭と目の周りが黄色く、ほかがほぼ緑色のキボウシインコと遊んでから、ドードーの研究に取りかかる。忘れもしない三七年八月二八日、インコのロリータとスペイン語で挨拶を交わしながらラジオをつけると、ヨーロッパのニュースが入ってきた。

「世界の博物学者は嘆き悲しむでしょう。昨二七日イギリスでロスチャイルド男爵が逝去されました。年齢は六九歳。彼の動物学に貢献した足跡は偉大で……」

もうこのあとの放送は、正氏に聴こえなかった。ちょうどテーブルの上には、彼の大著『絶滅鳥大図鑑』（*Extinct Birds*）が広げられていたのだ。

ウォルター・ロスチャイルドの死から、正氏は論文に集中し、完成させた。ちょうどカリフォルニア大学で鳥学の大会があったので、〈マスカリン諸島の絶滅鳥類〉に関する研究発表を行った。内容が今までの研究を大きく進めたものだったので、カリフォルニア大学から出版したいとの話があった。だが、まとまらず、友人の鳥学者が経営するロンドンのウエザビー社から出すことになったのである。

蜂須賀正氏は世界の鳥学界における評価は高く、三六年三月十六日には、インドのアンドーラ大学からPh. D.を授与されている。ここは、インドの東海岸マドラスの北方ヴィシャカパトナムにあるトップクラスの大学である。このあとすぐ、南カリフォルニア大学からもS. D.（ドクター・オブ・サイエンス）を与えられた。

病はあったが、正氏は、カリフォルニアで快適な生活を送っていた。だが、時代がそれを許さなくなっていた。三七年七月七日、日中戦争が始まると、アメリカの世論は日本に厳しくなる。前年の十一月には日独防共協定が調印されていたので、十月五日ルーズベルト大統領は、シカゴで、日・独を侵略国家だとする〈隔離演説〉をおこなう。翌日アメリカの国務省が、日本の行動は九カ国条約・不戦条約違反だと声明を出したのである。

一九三七年十月末、正氏は潮時と考えて、三年半ぶりの日本に向かった。

## 蜂須賀正氏の結婚と熱海の別邸

一九三七年十一月十一日、正氏が二八年に設立した日本生物地理学会の総会が、彼の帰国歓迎のため開催された。次いで、十二月二一日に丸の内のレストラン、「エーワン」で鳥学会の「第五九回例会並びに蜂須賀評議員帰朝歓迎会」が、午後七時から行われる。出席者は正氏を含めて二五人。黒田長禮、鷹司信輔、山階芳麿、清棲《きよす》幸保、柳澤保承《やすつぐ》などの華族のほかに、岡田彌一郎、内田清之助、葛精一、籾山徳太郎などの鳥類研究者と中西悟堂がいた。鳥学会から「野鳥の会」に多くの賛助会員が入ってくれたので、悟堂は、鳥学会に入会したのである。

食事のあと正氏の講演があった。彼は、ヨーロッパのキジは、ローマ時代に東洋から輸入されたと考えられていたが、このたびの研究でバルカン半島に昔から生息していたと報告したあと、アメリカの鳥類の話をする。標本を示しながら英名と学名はスラスラ出るが、日本名が出てこない。黒田長禮が援け舟を出して和名を伝えると、参会者の一人が「蜂須賀さんは日本語より英語のほうがお上手なんだ」とつぶやいた。

ところで、このとき正氏は、カリフォルニアから大切な人を連れ帰っていた。それは農園経営者・永峰治之の娘でアメリカ育ちの智恵子である。パサディナで病気療養中の正氏を看護したのが彼女であった。一九〇九年生まれで、六歳年下の二八歳。

蜂須賀正氏は、三八年六月二十日付で宮内大臣に結婚願いを出し、八月に結納を交わした。ところが、なかなか認許がおりない。

華族令の規定では、華族の戸主の場合は、結婚に際して役所の戸籍係に届ける前に宮内大臣の認許を受けることが義務づけられていた。しかし、これは形式的なことで、宮内省がその届け出について審査、判定するわけではない。申請が出れば自動的に認許していた。ところが、正氏の場合は違ったのだ。

華族が非華族と結婚することは珍しくはなかったが、富豪の子女と縁組をすることが多い。しかし、永峰家は、アメリカで農園を経営しているといっても、あまり財力はなかったし、家柄もそれほどではない。こうしたことに旧家臣たちが不満に思い、宮内省に認許を延ばしてもらうよう働きかけたのではないだろうか。若殿は、気分屋だからしばらくすれば熱が冷めるだろうと……。

蜂須賀家は大大名の家柄である。系図を見ると、祖父茂韶《もちあき》の妻は水戸の徳川慶篤《よしあつ》の娘であり、曽祖父は関白鷹司政通の娘を娶るという具合に、代々徳川家、鷹司家、井伊家、藤堂家、松平家など将軍家や名門大名、摂関家と縁を結んでいるのである。旧家臣たちは、このような結婚相手を望んでいたのだろう。

だが、正氏の意志は固く、結婚願いを出してから八カ月後の三九年二月二二日に認許がおろされた。待ち望んでいた正氏は、三月七日に帝国ホテルで結婚披露宴を行い、十日に婚姻届を提出したのである。正氏は三六歳に、智恵子も三〇歳になっていた。この披露宴で配られた引出物がドードーの絵皿**（口絵参照）**。宮内省御用達「安藤七宝店」の製作で、赤銅色の地に白いドードーの絵があしらわれ、自ら命名した「ヴィクトリオルニス・インペリアリス・ハチスカ」という学名が刻まれている。自分の研究成果の〈誇示〉もあったろうが、ドードーの研究をまとめている時、智恵子と出会ったという思いも込めているのだろう。

また、正氏は結婚にあわせて熱海の別邸を新築し、同年に竣工した。設計はヴォーリズ建築事務所で、アメリカのスパニッシュ様式を取り入れたものだ。設計担当はメンソレータムの近江兄弟社を作り、大阪の大丸百貨店心斎橋店を設計したウィリアム・ヴォーリズ本人ではなく、アメリカ帰りで東京支店長の松ノ井覚治である。

松ノ井は、一八九六年、山形県生まれ。早稲田大学に学び、同級生の村野藤吾と終生の友情を結ぶ。卒業後、アメリカに渡りニューヨークで設計事務所に勤めながら、コロンビア大学の夜学に通い建築を学んだ。その後、いくつかの建築事務所を経て、モレル・スミスの事務所では、銀行建築、オフィスビル、住宅などの設計監理に腕を振るう。なかでも、マンハッタン銀行の設計が特筆される。一九二九年に完成し、七一階、二八二メートルと当時世界最高のビルだが、この地上階の銀行部分を松ノ井が担当したのである。しかし、大恐慌を迎え、建築の仕事が少なくなり、一九三二年に一三年にも及ぶニューヨーク生活を打ち切り、帰国してヴォーリズの事務所に入った。

東京支店長として担当した建築には、大同生命札幌支店、山の上ホテル、蜂須賀家熱海別邸、東洋英和女学院、マッケンジー邸などがある。建築評論家で建築家でもある藤森照信さんは、「蜂須賀家

別邸のタワーの前の中村司氏（提供＝中村司氏）

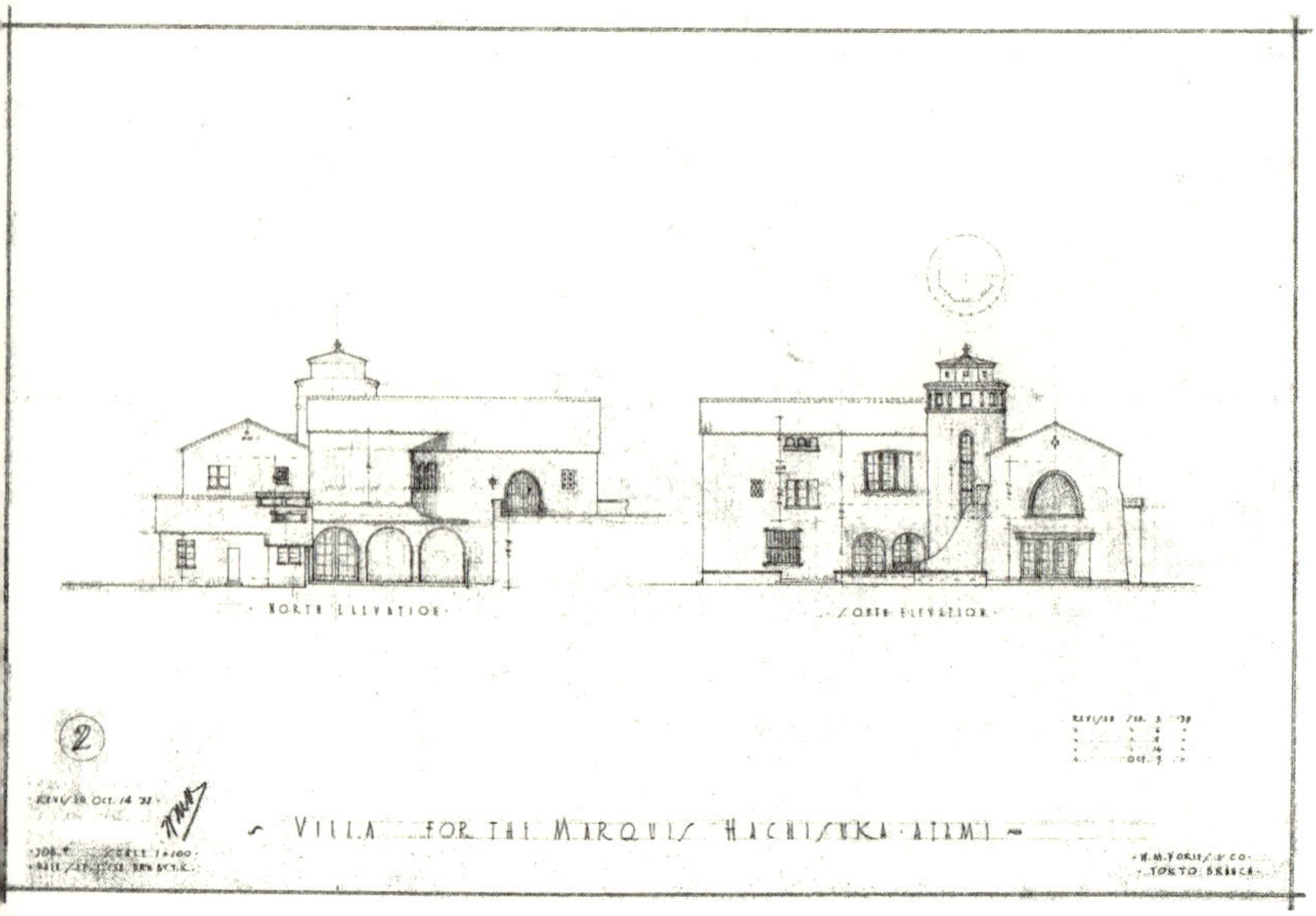


**蜂須賀侯爵家熱海別邸の図面**

上図：北側立面図（左）と南側立面図（右）／左図：1階〜3階の平面図

（提供・所蔵＝株式会社一粒社ヴォーリズ建築事務所）

熱海別邸、東洋英和、マッケンジー邸といったスパニッシュ系のデザインで、当時の日本のスパニッシュとしてはトップレベルを飾っている」（『昭和住宅物語』）と称讃している。

この蜂須賀家熱海別邸は、熱海市熱海字野中五〇六（現・熱海市上宿町一四―二〇）にあった。敷地面積約七四〇坪。木造瓦葺き地上三階地下一階で、延べ床面積は約一九七坪。外壁は白漆喰仕上げで、他に車庫と倉庫を兼ねた地上二階地下一階の別館があった。残念ながら一九八二年に解体されて現在は、熱海市立図書館が建っている。どんな建物だったのか。残された設計図と正氏の周りにいた人の証言の断片、そして中西悟堂の散文詩「白亜の館」などからスケッチしてみよう。

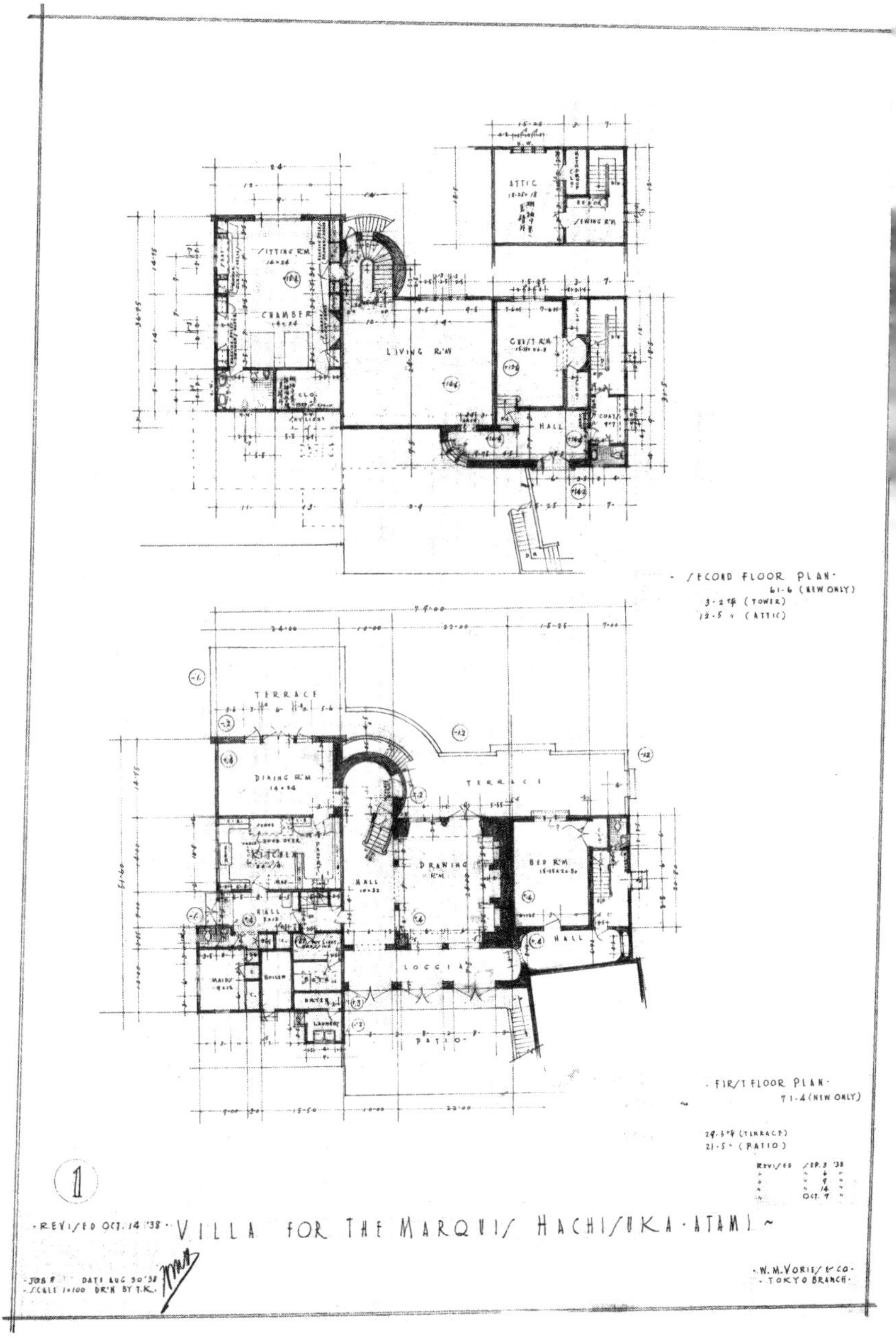
ATTIC
SEWING R'M
SITTING R'M
CHAMBER
LIVING R'M
GUEST R'M
HALL
CLO.
SKYLIGHT
SECOND FLOOR PLAN
61-6 (NEW ONLY)
3-2 (TOWER)
12-5 (ATTIC)
TERRACE
DINING R'M
KITCHEN
HALL
DRAWING R'M
BED R'M
HALL
LOGGIA
MAIDS
BOILER
DRYER
LAUNDRY
PATIO
FIRST FLOOR PLAN
71-4 (NEW ONLY)
29-3 (TERRACE)
21-5 (PATIO)
REVISED SEP. 3 '38
OCT. 7
1
REVISED OCT. 14 '38
VILLA FOR THE MARQUIS HACHISUKA · ATAMI
JOB #
DATE AUG 30 '38
SCALE 1:100
DR'N BY T.K.
W. M. VORIES & CO.
TOKYO BRANCH

**別邸の２階テラスでくつろぐ蜂須賀正氏**（提供＝中村司氏）

の一七畳ほどの部屋へ、下ると一階の大広間に至る。

次に、玄関から正面に進むと、三段の下り階段があり一九畳の客室にのみ通じている。ここは、完全に独立している隠れ部屋のような空間である。

最後に玄関から左手に進むとパーラーと呼ばれる広間で、天井高三・六メートル、約三七畳ある。壁には、正氏がアフリカで仕留めたカモシカやクロサイなど猛獣の頭部や角が並び、床に虎の皮が敷かれているプライヴェート・スペースだ。ここに円形の塔屋が接している。塔の階段を三段下がって左側の扉を開けると、五〇畳ほどの夫人用の部屋がある。ウォークイン・クロゼットにシャワールーム。大きなベッドが置かれ、半円の大窓からは熱海湾を望める。

塔の階段を一階に下りていくと、大広間に隣接した細長い約一二畳の階段室にでる。大広間は、約三〇畳の広さで暖炉を背に大机があり、暖炉の左右に

# 訂正表

『絶滅鳥ドードーを追い求めた男』において、行の脱落がございました。左記の通り訂正させていただきます。著者および読者の皆様に深くお詫び申し上げます。

藤原書店編集部

（本文二四二頁の冒頭に以下の内容が加わります）

別邸は、熱海を見下ろす高台にあり、建物のほぼ中央に円筒形の塔をもつスペイン風住宅。和風住宅の多い戦前の熱海で〈異様な建物〉として町のランドマークとなっていた。

斜面に建てられているので二階が玄関だ。入ると左右に細長い一〇畳程の広さで、室内に入るのに右、正面、左と三通りの方法がある。右に行ってみよう。まず六畳ほどの外套室があり、二畳の来客用トイレが付属している。ここにコートを預け海側の扉を開けると階段室に通じる。上に行けば三階（の一七畳ほどの部屋へ　……と続く）

**別邸で執筆中の蜂須賀正氏**（徳島市立徳島城博物館所蔵／蜂須賀正子氏寄贈）

しつらえた本棚に洋書がずらりと並ぶ。設計では来客用だったが、正氏の仕事場になったようだ。本を読み、タイプライターを打って英語で研究の成果を記録していた。暖炉の上にはロスチャイルド男爵の写真が飾られ、暖炉から高さ三・五メートルの天井にまでイスラム風のタイルが三角形にはめられ異国情緒をかもしだす。

ここは、開放的な空間で、階段室との境の扉を全開すると約四二畳もの広さとなる。さらに、机の右手が広い庭、左手がパティオなので、扉をあけ放つとじつに広々として快適なのだ。また、暖炉の後ろ側の部屋は、約一七畳の寝室となっている。ほかに一階には、庭に面して約二〇畳の食堂とそれに隣接して同じ広さの台所、溜り部屋とトイレ付きの女中室（共に六畳）、浴室、脱衣所、ボイラー室、乾燥室、洗濯場、ホール、ロビー、トイレなどがある。

この別邸には、和室は一室もない。床はタイル張りで、外国人のゲストは、靴のまま入室した。こうしたときは、正氏も靴を履いて応対したが、日本人のときは、靴を脱いでスリッパを使用。そして、気の置けない仲間と過ごすときには、全館温泉を引いた床暖房なので裸足で温もりを楽しんだという。

## 愛らしいコロンビア産のスクリーマー

庭には、さまざまな種類の椰子の木が植えられ、中央に小鳥のやどる大きな楠が枝を伸ばす。その下にはクジャクやアメリカから連れ帰ったコロンビア原産のスクリーマー（サケビドリ）がのんびりと休んでいた。

このスクリーマーはカモの仲間に分類されるが、カモとはまったく似ていない。というのはカモ類は、扁平な嘴や水かきの付いた短い足が特徴だが、スクリーマーは嘴が短くて湾曲しており、足は長く指が大きく、水かきの痕跡がわずかに残るだけ。カモ目で最初に分岐した種類とされている。南米に三種類だけ存在するが、これがさらに二属に分かれる。一属は、南米の熱帯地方に広く分布するツノサケビドリ（Anhima cornuta）。その名のように、額から細くて長い角《つの》状の突起物が一つ出ている。もう一属には角はなく、冠羽を持つ。南米の北部（コロンビア北部と北西ヴェネズエラ）に棲むクロエリサケビドリ（Chauna chavaria）と南部（ボリビア東部、パラグアイ、ブラジル南部からアルゼンチン中部まで）に生息するカンムリサケビドリ（Chauna torquata）だ。この二種は、前者は頸の大半が筒状に黒く、後者は頸の一部が黒いリング状になっていることで見分けられる。

一八四一年にアルゼンチンで生まれ、三三歳からイギリスに住んで執筆活動を行った作家・ナチュラリストのW・H・ハドソンは『ラ・プラタの博物学者』で、カンムリサケビドリを「巨大な体軀と強靭な力、堂々としたものごし、人に飼われたときに示す驚くべき従順さと知能とは、鳥のうちでも哺乳類の象に似た性格をあたえている」と讃えたあと、外観を次のように記している。

……大きさは白鳥《はくちょう》ほどで、形は田鳧《たげり》に似ており、鶉鶏目《じゅんけいもく》のような湾曲した強力な嘴《くちばし》をもっている。長い尖った冠羽と黒い頸輪で飾られ、その他の部分の羽毛は淡い灰青色で、脚と目のまわりの羽毛のない部分は鮮紅色である。雌雄ともにそれぞれの翼にふたつのおそろしく大きい蹴爪《けづめ》をもち、第二関節にある第一の蹴爪は長さが一インチ半もあり、ほとんどまっすぐで、ひじょうに鋭く尖った三角形をしている。第二の蹴爪は最後の関節にあり、第一のそれより小さいが、幅広で湾曲し、形といい大きさといい、ライオンの鉤爪になんとなく似ている。このほかにも驚くべき特徴がまだひとつある。それは皮膚が《気腫性《きしゅせい》》、すなわちふくれていて、押すとへっこみ、さわるとぱりぱりという音を立て、羽毛を取り除いたときの皮膚の表面はふくれてぶくぶくしていることである。それは皮膚の下に全身にわたって気泡の層があるためで、脚の碁盤目状に組まれた角皮の下側を爪先にまでこの気泡の層がおよんでいて、そのためいくぶんぶくぶく太って見える。

（長澤純夫・大曾根静香訳）

正氏は、このスクリーマーを二番《つがい》輸入した。種類を明記していないが、「コロンビア原産」ということと「頭上と《ママ》〔から〕後方に〔伸びる〕長い冠の羽は薄水色であり、（中略）長い頸は頭との境界から下端にかけて純黒の毛で被はれて居る」（「叫鳥（スクリーマー）の飼育」『採集と飼育』一九四三年四月号）という記述からクロエリサケビドリである。W・H・ハドソンの描くカンムリサケビドリの外観を、「黒い頸輪」から「頸は頭との境界から下端にかけて純黒の毛」に変えれば、すべて当てはまる。また、いかにも危険そうな「蹴爪」だが、正氏が飼ってみると武器として用いたところは見たことがないという。愛犬のテリアとよく喧嘩するが、翼で相手を叩くだけだ。

一方、皮膚の《気腫性》は、体重があり翼の小さなこの鳥が、大声で叫びながら中天高く一気に舞い上がる浮揚力を生み出している。子どもの頃からスクリーマーに親しんでいるハドソンは、空に上っていく時の様子と声をこう描く。「パンパスでは、鳥〔カンムリサケビドリ〕はその巨大な姿が私たちの視界から消え去るまで空高く舞い上がり、果てしないその高みから歓喜の声を、たえまない雨のごとく降り注ぐ」「それは澄み渡った声となって、遠い地上に届き、鐘の音のように律動的にうねる」「《叫鳥》というのはこの鳥にふさわしい名前ではない」「空高く舞い上がるときに発する声は、正確にいえばさえずりであり、叫び声とはまったく異質なものなのである」（『ラ・プラタの博物学者』）。

とても人に慣れやすい鳥で主人や飼育人を覚えているので、正氏は放し飼いにしている。大空に舞い上がっても、また同じ場所に舞い戻ってくるが、たまに間違えて付近の庭に下りてしまうことがあった。その時は、家のものが迎えに行くまでジッとしていたという。近隣の人は「また蜂須賀家の鳥が迷い込んできた」と思ったろう。が、大声で鳴きながら飛び上がるときは、驚いたのではないか。残念ながら、正氏は、そのことについて書き残していない。

しかし、人懐っこさについては、こんな風に書いている。「七面鳥位ある大きなスクリーマーが、私に頭や頸をさすつて貰ひ又抱きかかへて貰ふ為に近寄つて来る有様は他に類のない愛らしさがある」「体を撫でてやると嘴を嚙合せてカタカタと低い音をさせ、その頸を私のポケットに突込むこともある」「朝私が起きるといつも家の近くのガラス戸の外で彼は私の来るのを待ちかまへて居り、朝食の果物を分けあつて食べるのが習慣であつて、暇な時にはユックリ庭でスクリーマーと一時を楽しんで居る」と。食べ物も、穀物より果物を好み、特にバナナの皮、リンゴの芯、スイカの青い果皮の部分が大好物であった（「叫鳥（スクリーマー）の飼育」）。

### 温泉浴室には熱帯植物が茂り、ハチドリが舞っていた

別邸の紹介に戻ろう。

睡蓮の浮かぶ池には、エンゼルフィッシュが群れをなして泳ぎ、池の縁を彩る錆色のタイルの上を番のキセキレイが行き来する。

この池の脇からベンガラ色の石段が緩い曲線を描いて、白亜の建物の方へ昇ってゆく。

「階段の一段ごとに、黄と青の抱合せを地色にして唐草を白くぬいた、五寸角ほどの飾模様が互い違いに象嵌され、また階段の横腹には帆立の貝殻が、段毎に塗りこめられて、一列の白い鋲を打って

いた。／階段の上のテラスには、アリゾナ砂漠からこの邸《やしき》の主人が持ってきた砂漠色の平らな石が、芝の間に不規則に埋め並べてあり、ランタナの淡赤い花が咲き匂っていた。一年の大半を咲き通している匂いのいい花、日本では戸外で咲いている例がなかろうと言われているその花の簇《むら》がりは、テラスの一隅を隈取っていた。そのあたりには、衣摺れよりももっと滑らかに、しなやかに、昼の蜥蜴が歩いていた」「テラスの外囲には何本かのサイプレス〔糸杉〕が、守衛のように立っていた。／建物の白をくりぬく、四角やアーチの窓、窓、窓。／午後の静寂にそびえ立つ三層の白い円塔。／ここは、明朗と闊達と幸福と豪華のクワルテット！」（「白亜の館」）。

温泉を引いているので、庭には温泉浴室がある。その床は天然石で、高さ六メートルの天井までガラス張り。熱帯植物の温室でもあった。楕円形のバスタブの周りには、旅人木やタコの木などの熱帯植物があしらわれ、紅紫のブーゲンビリアが咲き誇り、目の周りが白く羽が深緑で、鮮やかな金色の身体を持つサイパンの固有種オウゴンミツスイが巣を作ったり、小さくて色鮮やかなハチドリが舞ったりしていた。

正氏に指導を受けた中村司さん（山梨大学名誉教授）は「別邸は素晴らしく外国映画で地中海沿岸に見るようなスペイン風の白亜の豪邸」（「蜂須賀博士に学ぶ」『日本生物地理学会会報』二〇〇三年十二月十二日号）といっている。

やがて、四一年一月十七日に長女正子が生まれ、結婚は順調のようにみえた。しかし、正氏は性来探検家であって家庭に納まる人でなかったのか、戦後、智恵子はカリフォルニアに戻り、離婚調停の最中に正氏が亡くなるのである。

山階芳麿は、正氏の性格を分析して「彼の第一の性格は徹底的な探検家気質であったといってよい。彼は常に未完成と不完全を求めてスリルを楽しんだ。そして完成されたものは彼にとっては、も早や退屈以外の何ものでもなかったようである。（中略）未完成のスリルが無い限り家庭すら彼の安息所とはならなかったのではないかと思う」（「蜂須賀正氏君を悼む」『野鳥』一九五三年九―十月号）と指摘している。

おもわず話が正氏の死までいってしまったが、戦中について次章で語ろう。

# *10* 戦争中の蜂須賀正氏

### 不良華族を宮内省が処分

一九四三（昭和十八）年十二月一日、「〝不良〟華族三人に宮内省が処分を下した」ことを新聞各紙が大きく報じた。蜂須賀正氏は、その処分された一人であった。『朝日新聞』は「不良華族に断／蜂須賀侯、間部子は礼遇停止／相浦男に爵の返上」と見出しを掲げ、正氏と間部の顔写真も載せている。

記事は、熾烈なる戦局のなか、国が総力をあげて仇敵米英と戦っているとき「皇室の藩屏として、また社会の上層に位するものとして一億総蹶起の指導的立場にある華冑界の奮起を一層強く要望するため、宮内省では従来兎角の風評あつた素行不良の華族に対し断乎たる処置を取り、三十日蜂須賀正氏侯爵、間部《まなべ》詮信《あきのぶ》子爵の両氏を礼遇停止の処分に、また相浦助一男爵に爵の返上を命ずるの処分を行ひ、一日付官報をもつて公示した」と記す。

この年の四月十八日には、山本五十六連合艦隊司令長官がソロモン群島上空で戦死。五月二九日にアッツ島の日本軍が全滅。八月には、本土爆撃が予想されるため、上野動物園の猛獣を逃げ出すと危険だからと殺処分。十月二一日には徴兵を猶予されていた大学生・高専生の出陣学徒の壮行会が神宮外苑で行われるなど、戦局が悪化してゆく。三人への処断は、戦争を他人事のようにみていた華族たちへの警鐘であり、庶民へは一層の戦争協力へのアピールであったろう。

そして、正氏と相浦は、度重なる「誡告にも拘らず永年にわたる素行不良且つ家政紊乱により華族の体面を汚辱する失行あつたため華族令第二十四条第一項の適用を受けてそれ〴〵礼遇停止および爵の返上を命ずる処分をうけ」たのである。

華族令第二四条には「華族の体面を汚辱する失行ありたる者は情状に依り爵を返上せしめ、華族の族称を除きまたはその礼遇を停止もしくは禁止する」と規定されている。

二人が同じ理由で、処分が違うのは、蜂須賀家は江戸時代からの大名だが、相浦家は、助一の祖父紀道が日清戦争の功績で男爵を授かった〈新華族〉だったからではないか。

また、間部詮信は、越前鯖江藩五万石の家柄で、心霊研究家。大阪神霊科学協会を主宰していたが、詐欺事件の被告となった。これが「華族の体面を汚辱する失行」として礼遇停止となったのである。

宮内省では、このため、十一月二六日に宗秩寮審議会を開催し、窪田静太郎枢密顧問官、松平恒雄宮内相、武者小路公共《きんとも》（実篤の兄）宗秩寮総裁ほか一二人が列席。全員一致で処分を決定した。

当時、内大臣だった木戸幸一の同日の日記には「松平宮相来室、蜂須賀侯其他の為め開催の」まで書かれ、以下が欠落している。蜂須賀家を含め各華族の不名誉なことが記されていたので、削除してしまったのだろうか。

正氏が礼遇停止となった具体的な事実が、いま残された資料からは判然としない。戦後、蜂須賀夫妻の離婚騒動を報道した『読売新聞』の次の記事から、わずかに推測することができよう。

正氏が妻の不貞を理由に離婚の訴えを出すと、夫人も反訴。夫人側の離婚理由の一つとして、正氏は「異常性格者で、りんしょくな一面、色情狂的性格をもち、新婚旅行中も大阪で夫人を置去りにし他の女性と外泊、その後も次々と婦女子と関係を結び、昭和十八年不倫行為で宮内省から礼遇停止の処分を受け」（五一年十二月十一日朝刊）たことを挙げている。この離婚理由は、夫人側の主張だから、どこまで信用していいか判らないが……。

また、山階宮菊麿王（芳麿の父）を祖父に持つ科学史家の筑波常治も、正氏のスキャンダラスな面について触れている。「戦争中、日本人の多くが防空壕を掘り、いわゆる防空演習に没頭させられている同じ時、その上空を赤いセスナ機でこれ見よがしに飛びまわっていた『非国民』を、憎悪とともに思い出す人もいるかもしれない。また、堅かるべき学会の席へ、そのつど異なる『秘書』と称する美女を同伴してあらわれたプレイ・ボーイ鳥学者を、苦々しく記憶している人もいよう」（「蜂須賀正氏の生涯と業績（一）」『生物史研究』一九七八年十二月号）と。伯父の山階芳麿が正氏と親しいから、幼い筑波も正氏の行状を記憶していたようだ。

宮内省は、こうした風評を気にしたと思われる。

正氏は、礼遇停止となったので、世襲である貴族院議員の辞職願いを提出。十二月九日に允裁がおりたので、宮内省は貴族院に通達した。

## コスモポリタン蜂須賀正氏

筑波常治は、蜂須賀正氏に関する前記の一般的な評判を紹介したあと、人間性にも触れている。

「一見型破りな彼の生き方には、気負いたったところがない。要するに、徹底的に純粋だったのであり、天真爛漫である。（中略）

……鳥類学を通して蜂須賀正氏を知った人だけが、彼の本質に触れて、同時にその長所を知ることができたのである。表面的な付き合いだけしか持てなかった人にとって、蜂須賀正氏は世間の常識からずれた変人にすぎなかったといえる」（同前）。

正氏の若いときからの友人でフィールドワークも一緒に行った動物学者の岡田彌一郎が、「博士（正氏）は永い間の外国生活の為め日本の習慣を余り知らなかつた事がどんなにか世間の誤解を招いたのであろう。私も色々傍にいて注意した事もあるが若い時は余りそれに耳を傾けられなかつた」（「蜂須賀博士の思い出」）と述べている。正氏は、日本の常識に染まることを拒否していたのかもしれない。

鳥類学者の山階芳麿は、もう少し踏み込んで語る。「彼は又徹底したコスモポリタンであつた。戦後の現在に於ては生れつきの国際主義者らしい顔をしている人物が決して少くない。併しあの国家主義の盛であつた時代にそれを押し通し得たという事は彼の一見識であり、又意思の強さがあつたと云ってよい。併しそれがために彼が非難を受けた事も一通りではなかつたようである」（「蜂須賀正氏君を悼む」『野鳥』五三年九―十月号）と。

確かに、コスモポリタンの正氏は、日本を超えて世界を視野に入れていたのだ。戦後になるが、若い鳥類学者橘川《きっかわ》次郎さん（現・オーストラリア、クイーンズランド大学名誉教授）に、英語は「コスモポリタンの立場から常に学界の動きの先端にとどまり、より広い世界的な関心を持ち得る」武器になると説いている（橘川次郎「蜂須賀先生を懐う」『鳥』六三号）。

正氏は、一九三七年十月にアメリカから帰国したあと、専門とする鳥類学の分野で精力的に論文を発表するが、その多くは仏文や英文で記した。フランスやイギリス、アメリカの学会誌への発表でフランス語や英語になるのは当然だが、自ら創設した日本生物地理学会会報には英文で発表、日本鳥学会の『鳥』にも大部分は英文で書いたのだ。つまり、いまは仕方なく日本にいて日本の学会誌に発表しているが、目はつねに海外に向いていたのだろう。自分の論文を、世界の動物学者や鳥類学者たちに読んでもらうために書いていたようだ。

たとえば、三九（昭和十四）年十月三十日に*Contributions to the Birds of Hainan*（『海南島鳥類目録』）を日本鳥学会より出版。第二次世界大戦に突入した四二（昭和十七）年には、『鳥』の五三／五四号に、「日本人の手によつて記録された鳥類」を掲載した。これは、A５版で八二頁にも及ぶ力作だが、日本語は、標題の概説をした六頁しかない。そのなかで自分に言及した部分は、……筆者は、１９２０年より１９３７年の間主として欧米に習び熱帯地方にも数回採集旅行を行つた事があるので外国産鳥類を一番数多く記述しているのであって１２４点（synonymを略く）の多きに上る。此の数に日本産鳥類の５点を加へて１２９となる（中略）。之等の数多き鳥類は広く旧北区、東洋区より太平洋諸島に跨がりアフリカに於てはスダン、マスカリン群島及び新世界にあつては南部合衆国やメキシコにまで及んで居る。此の中で主だったものを拾つて記すと筆者のフイリッピン群島の採集が好結果であつたため新属新種１点、新種４点の多きに上り既知の種類で新種とされるべきものだけでも10点に達する。アメリア州のものではメキシコ産の美しい蜂鳥が新種であり、印度産の大型の雉は未だに原産地が分らない稀品であるが飼鳥として数羽日本に生存して居る。筆者の発表した鳥類の中で一番有名となつたものは英国で命名したスミレキジであつて現今は欧米の猟区に於て最もポピュラーな種類として盛んに繁殖されて居る。絶滅鳥類の研究は世界中で数人の学者より手を染るものが無く特に人類の歴史始まつて以来絶滅の経路を辿つた鳥類の研究は極めて特種のものであつて過去に於て３―４人以上排《ママ》出して居らず１９３７年ロスチヤイルド男爵去つてより筆者１人となつた。絶滅鳥類としてドドは世界的に有名であつてその２種の中１種白ドドに学名を与へなければならなかつた。その他マスカリン群島より命名したものが２―３属ある。

と、約三分の二頁しかない。このあとに、次のように続いて日本文は終わる。

鳥類を記載した邦人は都合12人あるのであつて以下之等学名全部を例記《ママ》する事とする。日本産鳥類の中外国人学者によつて日本人名を学名化されたものは少なくなく之等は皆「日本鳥類目録」に載られてあるのである。然るに日本人名を学名化された外国産鳥類は未だまとまつたリストがないので之を絡に附加する事とした。

次の七六頁は、学名と簡単な説明が英文で記されている。このうちの半分の頁が、正氏が命名した鳥で、(A)大日本帝国、(B)ヨーロッパ、サハラ砂漠以北のアフリカ、ヒマラヤ以北のアジア、(C)フィリピン群島、(D)東洋地区と太平洋群島、(E)スーダン(アフリカ)、(F)絶滅鳥、(G)アメリカ合衆国とメキシコ、に分類して表記している(しかし、山階鳥類研究所の研究員・山崎剛史さんによると、戦前は羽根の色の微妙な違いなどで、亜種や新種として分けていたが、現在は細かく分類するのをやめているので、蜂須賀が命名し登録されている新種や亜種は、前記の一二九から大幅に減少しているという。「でも、三〇種の亜種・新種が有効と認められ、おそらく日本人としては最大でしょう」とのことだ)。

主なものには学名をつけた経緯などが記されていて、正氏のフィールドワークや交友の広さにあらためて驚かされる。それと、つねに世界の鳥類学界とつながっていたいという強い意志も感じた。一九四〇年以降、英語の使用者は〈非国民〉のようにみなされていたのに、それを無視して英語で発表し続けていたのだから。

世の中では四〇年三月二八日に内務省によってディック・ミネなど外国かぶれのカタカナ名が禁止され、四三年二月には『サンデー毎日』『エコノミスト』などの英米語の雑誌名も禁止となる。そして翌三月に野球用語も日本語の使用を強要されたのである。セーフ＝よし、アウト＝ひけ、ファウル＝だめ、という具合に。

また、私は、この学名列記は、戦時下の日本で息が詰まりそうになった正氏が、日本の鳥類学を紹介しながら、「世界各地でこれだけ新種の鳥を発見したハチスカは、ここにいる！」と自らの業績を世界にアピールした〈叫び〉のように思えてならない。そして後半の、絶滅鳥についての項目を読んだ時、正氏の戦争への溜息のようなものも感じたのだ。

それは、マスカリン諸島の絶滅した鳥類相を徹底して研究した結果、クイナやベニハシガラスの新種や新属と考えられる鳥がいたこと。白いドードーの名前と飛べないサギのジャンル名を付ける必要がある、と書いた後にこう続いている。

「マスカリン諸島の絶滅した鳥類相を主題とした研究は、もう完成している。そして本は、ロンドンの会社から出版されるばかりになっていた。ところが、この戦争の勃発という物理的な原因によって現在中止を余儀なくされている」と。

## 薩摩治郎八の見送りと原田熊雄との会食

ところで、蜂須賀正氏のスキャンダラスな行状については、新聞に突発的に採り上げられただけで、現在、具体的なことはほとんど判らなくなっている。いま私たちの前に残されている彼の活動の痕跡は、『鳥』などの学会誌や雑誌に寄せた原稿であり、『鳥』の雑報欄に載った例会などの〈まっとうな〉様子である。

このほかに、私が調べたなかでは、ドイツと交戦状態に入ったフランスに向かう薩摩治郎八の見送りと原田熊雄男爵との会食が注目される。

イギリス留学中に正氏が親しくなった二歳上の薩摩治郎八は、オックスフォード大学での勉学を放擲してフランスに渡り、パリの「大学都市」に私費で日本館を建てるなど、日仏の文化交流を終生のテーマとした。

正氏はこの治郎八と相性がよかったようで、イギリスやフランスでは、よく自分が操縦する飛行機に誘った。あるときには、スイス・アルプスに不時着したこともあったという（薩摩利子夫人談）。

治郎八は日本とフランスを頻繁に往復したが、病を得て一九三九年の五月から箱根小涌谷の別荘で静養していた。しかし、三九年九月三日にフランスがドイツに宣戦布告し第二次世界大戦に突入したので、居ても立ってもいられず病をおして十月三十日に横浜から「第二の故郷」であるフランスに向かったのだった。その治郎八を正氏夫妻が十一月一日、神戸で見送ったのである。

治郎八は出航前のひとときを、正氏とオリエンタル・ホテルで過ごす。日本に閉じ込められて身動きができない正氏と戦火のヨーロッパに向う治郎八。二人は何を語り合ったのだろうか（治郎八が帰国するのは、一二年後の一九五一年五月である）。

ところで、熱海に住む正氏がなぜ横浜ではなく神戸で見送ったのか。それは、母筆子の三三回忌の法要が、十一月三日に徳島で行われるからであった。それと、横浜では見送り客が多くじっくり話せないが、神戸では少ないので心おきなく話し合えるということもあっただろう。

また、日本の世情が戦争に傾斜していく一九四〇年に正氏は、原田熊雄を熱海の別邸に招いて二度食事をしている。一回目は七月七日。原田は、熱海の蜂須賀別邸で正氏と晩餐を共にしたあと興津に行き、定宿の「水口屋」に泊まる。翌朝、坐漁荘を訪れ西園寺公望に会って、米内光政内閣が長くないなど時局の動きを報告したのち、熱海に引き返して正氏と昼食を摂り、夕刻大磯に戻っている。

この原田の動きは、私にはたいへん興味深く、さまざまな想像を誘う。まずは、正氏が〈最後の元老〉に何か個人的な頼みごとがあって私設秘書の原田に相談し、翌日に返答を貰ったのではないかという想像である。これが何かを知りたいのだが、いまのところ手掛かりがみつからない。それに、二人は、いつから家に招いて食事をするほどの仲になったのかという疑問もある。原田は正氏と同じ学習院出身といっても一五歳年長で、西園寺公望の〈代理〉として政治や経済、軍部などの人々との交友が多く、正氏と活動範囲が違う。同じ貴族院議員として親しくなった、とも考えられるが、ちょっと弱い気がする。原田の経歴をみると、一九二二年から二四年にかけて宮内省嘱託としてヨーロッパ視察をしている。ちょうど正氏のイギリス留学の時期と重なるので、正氏がイギリスやフランスを案内して交友を結んだのかもしれない。

二回目は十一月三日である。このときは、当時ベルギー大使の栗山茂夫妻が同席している。栗山は、正氏より一七歳年長。東京帝国大学法学部を卒業したが、大学時代からフランス文学に親しみ、外務省に入ってフランス語の研修を受けた、いわゆるフレンチ・スクール。正氏がフランスに遊びに行って知り合ったか、フランスで長く生活している友人の薩摩治郎八からの紹介か、どちらかで親しくなったのだろう。三九年十二月にベルギー大使に就任したが、四〇年五月にドイツ軍がベルギーに侵入。一旦パリに避難して、日本に戻っている。この年の九月二七日に調印された日独伊三国同盟に反対の立場をとり、軍部からは「平和論者」として監視されていた。

この夜、栗山は現在の日本を危惧して、こう語っている。

「前の大戦でドイツが負けたが、各国は賠償金が取れないので、物で賠償を要求した。それで、ドイツ国内の物資が窮迫して、国民の生活が苦しくなり、ヒトラーのような者がでてきたのだ。現在の日本は軍隊を維持するために外貨を得ようと、物資を盛んに輸出して、国内にはものが無くなって困っている。これは、ドイツが賠償金の代わりに、物資を外国にとられたのと同じことだ。もっと逼迫してくると、非常に危険な状態に陥るのではないかと、じつに心配だ。日本にもヒトラーのような者が出てきやしないかと」。

この日、正氏が原田と栗山の出会いを企画したのは、ヨーロッパの現状を栗山から原田に聴かせ、それを西園寺公望に伝えることで、何とか戦争になるのを阻止できないかと考えたからではないか。ヨーロッパもアメリカもよく知っていたコスモポリタンの正氏は、戦争になったら日本に勝ち目はないと思っていただろう。栗山も、ドイツ軍の侵攻でベルギーからフランスに逃れたとき、日本の新聞記者に「いまでこそ英仏は振るわないが、結局はドイツに勝つだろうと思っている」と述べているのだから、正氏と意見を同じくする。しかし、それから一〇日ほどのちに西園寺公望は、突然腎盂炎に罹り、十一月二四日に死去してしまう。享年九〇であった。西園寺は、病の直前まで翌年一月に駐米大使として赴任する国際法に詳しい野村吉三郎海軍大将に期待していて、「みなで協力して間違いのないようにしたい」と原田に話していたのだった。

### 戦争を無視しようとした鳥学会

話を正氏の鳥関係の交友に戻すと、学会誌『鳥』の記事を読んでいるかぎりでは、戦争中であることがほとんど感じられない。華族が中心の会だからだろうか。

農林省の主任研究官で、のちに山階鳥類研究所の事務局長・資料室長となる鳥類学者の松山資郎は、戦争に入る前に丸の内のレストラン「エーワン」で行われた鳥学会の例会を、こんなふうに語っている。会の雰囲気は貴族的で、着席は宮中席次順。松山など庶民は、はるかうしろ。食事代は、中学校出の初任給が三〇円の時代に二円五〇銭。「えらい先生方は紫の大きなふろしきに標本を入れて、それで自動車でお着きになると、ぼくら、そのふろしきをうやうやしくいただいて会場に持っていく。そんな役ばかりやって、同じ会費を出したんです」(「野鳥の会　今と昔」)。

こんな調子だから、〈華族様〉は、戦争は自分たちには関係ないと無視しようとしていたのかもしれない。ただ、「どこかに戦争の影響はないか?」と探しながら読むと、いくつか気づくことがある。

たとえば、いままで例会は、丸の内の「エーワン」か日比谷公園の「松本楼」で会食のあと行われていたのだが、一九四一（昭和十六）年七月十二日の第七〇回例会から赤坂福吉町（現・赤坂二丁目）の黒田侯爵邸になったことが挙げられよう（但し、四二年十一月二十日の第七三回例会は、山階侯爵の学位受領祝賀会を兼ねていたので、「エーワン」で開催）。この年の四月一日に米穀配給通知制と外食券制が実施されて、食生活が制限されたので、周りの客を気にしないで食事のできる、会員の黒田侯爵邸となったと思われる。

また、ほぼ年二回のペースで発行されてきた『鳥』が四一年と四二年は年一回で合併号となり、四三年には通巻五五号の一回だけというのも、戦局悪化の反映だろう。以後四七年まで休刊となる。

## 正氏最後の海外旅行

ここで一九四〇年から敗戦まで蜂須賀正氏が、鳥類学に関してどんな活動をしていたかをざっと紹介しておこう。筑波常治のいう正氏の〈本質〉に関係する部分である。

まず、四〇年の五月十日から六月八日にかけて貴族院慰問団五人の団長として中国南部（福建省、広東省、広西省（現・広西壮族自治区））および海南島に赴いた。主たる仕事は中国に駐留している軍隊の慰問だが、鳥や動植物についての観察を怠っていない。というより、探検家蜂須賀正氏は、中国南方の熱帯地方を歩いてみたくて慰問の団長を引き受けたのだろう。このあと、正氏は閉塞した日本のなかで生きることになる。彼の最後の海外旅行となるので、『野鳥』に載せた「南支の鳥を訪ねて」を参考に少し詳しく旅の様子をたどっていこう。

五月十日の夜、東京駅を出発し、翌日正午神戸から高砂丸で当時日本領だった台湾へ。十四日午前十一時基隆着。港の空には白いヒメサギが舞っていた。総督府指し回しの自動車で台北に向かう。車の中から景色を眺め、緑の色が濃く、葉の陰になった部分は墨絵のように黒ずんで見えると感じた。ここから、正氏は台湾の鳥類に色の濃いものがあるのは周囲の環境によるからだ、と結論する。一例を挙げれば、台湾の固有種であるミカドキジは目の周りが赤く羽は黒みがかった紫色であるが、中国南東部の森林にだけ生息するカラヤマドリは明るい茶褐色に鮮やかな白い線が入っている、と。そして、水田のなかに白いサギがのんびりと遊んでいるのを見て、こんな考察をする。

……往路には余り目立たなかつたが、六月初めの帰路には甘鷺は全部美しい薄い栗色の生殖期の羽が生揃つて居た。此の甘鷺と純白の簑毛を付けた小鷺とは、遠くからでも一見して区別がつくのである。前者は主として穀類を食し、後者は生餌を漁つて居るが、その棲息地は同じで、冬羽の時期に於ては玄人にも判別し難い程同じ様に成つてしまふ。基隆の郊外に入江の様な所があつて、海岸の間近まで青々と水草が生えて居た。その中に甘鷺と小鷺とが遊んで居たが、少し離れた干潮の磯辺には黒鷺が魚貝を漁つて居た。此黒鷺は台湾ではその名の如く黒いが、南太平洋の或る地方に行くと純白である。それで之等の非常に近似の三種類の鷺は、相互に接近して棲息するが、各々異なつた習性を持つて居るのである。数多い鳥類の中でも珍らしい現象と言つてよかろう。

（「南支の鳥を訪ねて」『野鳥』一九四三年七月号）

鳥類の羽の色は、周囲の環境に影響されると考える正氏の説からは、台湾で同じ場所に住む近縁種の甘鷺と小鷺が冬羽の時期には見分けがつかないこと、黒鷺が南太平洋のある地域では純白であることは、この説を支持する好例であろう。その一方で、近接して棲息しているため、それぞれの食料が、穀類（＝甘鷺）、生餌（＝小鷺）、魚貝（＝黒鷺）と分かれているのは、種族保存上合理的といえよう。しかし、鳥類のなかでは珍しい現象のようだ。

台北から船に乗って五月十八日早朝福建省の厦門《アモイ》に入港。上空には多くのトビが悠々と飛んでいるが、町のなかでは鳥をあまり見かけない。せいぜいスズメやカササギぐらい。郊外の水田には台湾で見かけたサギ類がいない。これには、人間の〈欲〉が絡んでいる。本来中国大陸にはシラサギなど多くのサギ類が棲んでいたのだが、一九世紀末ぐらいから欧米の婦人の間で羽毛を帽子に飾ることが流行。商人たちが羽毛の美しい鳥を探し歩いて、濫獲をしたために中国で見られなくなってしまったのだという。

## 中国第一の鳥学者任國榮を思い出す

翌十九日午前九時広東省の汕頭《スワトウ》に入港。ウミネコやツバメが出迎える。三時間ほどの滞在で慌ただしい。香港を経て二二日広東（広州）に着く。ここには南支那方面軍の軍司令部がある。今回の慰問の中心地なので陸軍の宣伝を聞かなければならない。参謀長の根本博少将が、蔣介石軍と激戦だったが、みごと撃滅したと戦況を解説した。彼は二・二六事件のとき「兵に告ぐ」のラジオ放送を企画した男である。次いで軍医部長が、兵の衛生状態は北支と比べると非常に良好、一番多くの人が冒されるマラリアも大部分は快癒すると説明した。

この森島侃一郎軍医少将は、正氏が鳥を研究していることを知っていて、散在している鳥の標本を一カ所に集めてくれたり、嶺南大学（のちに中山大学に併合）に案内してくれたりした。この大学は一八八八年にアメリカのキリスト教長老教会によって設立され、一九二七年から中国人によって運営されている。しかし、日本の占領で中国人教授は一人もいなくなった。大学を管理するために、数人のアメリカ人教師がいるだけだ。正氏は、標本を全部見せてもらい、鳥類標本のカタログを作成した。次いで広大なキャンパスを誇る中山大学を訪れる。ここは、一九二四年に孫文によって設立された大学だが、すでに教員も生徒も避難して一人もいないし、標本も書籍もない。

この大学出身の任國榮は、中国第一の鳥学者で正氏の友人である。一九三七（昭和十二）年の日中戦争勃発の頃は、連絡が取れたのだが、今は、彼の消息が知れない。果たして無事でいるのだろうか。正氏はパリで任と初めて出会ったときのことを思い出していた。

任國榮（1907-87）
（『中文大學校刊』〔香港〕第1巻第9期より）

それは一九三一年のこと。アフリカ探検のあと、ロンドンとパリを毎週のように自家用機で行き来していて、オステルリッツ駅近くの鳥の研究所を訪ねたときだった。待ち構えていた所長が、

「中国の若い研究者で、インドシナを研究しているムッシュー・イエン」と紹介してくれたのだ。インドシナは正氏も調査したし、親友のデラクールの専門だ。そのとき以来親しくなり、会えばいつもフランス語で鳥の話ばかりした。最後に会ったのは、三二年の冬。二人は古い植物園のなかにある国立自然史博物館で待ち合わせたあと、凍てついたペーヴメントを歩き、カルチェ・ラタンのカフェに入って、外套の襟を立てながらコーヒーを飲んだ。任は、文通していたドイツの鳥学者に会いにベルリンに行きたいと熱く語っていたのだが……。

### みやげはオオアタマガメに鰱魚と草魚

正氏は、四日間の広東滞在中に慰問の余暇をみては、市内のあちこちを見物した。そのなかでも毎日必ず訪れたのは、鳥屋と市場でいきものを扱っている店だった。

鳥屋で扱う野鳥は、全身が黒く翼に大きな白い斑点のあるハッカチョウ、全体に茶褐色だが目の周りに白い文様を持つガビチョウ、嘴が赤く身体の上面と尾が紺色に輝くヤマショウビン、頭から背中、尾にかけてルリ色で胸から腹部が白いルリビタキ、カナリヤ、メジロ、ツグミ科の鳥類、カワセミ、ミミズクなど多様だが、いずれも南中国産の鳥だった。正氏は、珍しいハナドリを買い求めた。これは一〇センチ以下の小さな鳥で果物をエサとする。日本に持ち帰り熱海で育てているが、常食はバナナで、パパイヤや桃なども食べるが、擂餌はあまり好まないそうだ。

正氏が、鳥屋を覗いていて気づいたのは、その店の前に露店が出ていて、鳥の生のエサを売っていることだ。バッタやトカゲ、サナギなどで、鳥の飼い主は毎日携帯用の虫かごを下げて買いに来る。鳥が、自然界で食べているエサだから、発育が早い。日本のように擂餌を作る手間がなく、飼い主に楽で、鳥に十分な栄養を与えられると羨ましがっている。

正氏がこの市場で購入して日本に持ち帰り飼育している動物が、あと一つある。それは、蛇屋から購入した一科一種の珍しい亀。中国語で鷹頭亀というオオアタマガメである。名前のように頭が大きい。正氏の説明を聞こう。「頭は非常に大きく口吻は下方に湾曲して、鷲の嘴に似てゐる。体は縦に長く、背が非常に扁平であるから、如何に首を縮めても、頭は引込まない。而も尾は殆ど体長と同じ位の長さで、実に奇怪な形をした亀である」(「南支の鳥を訪ねて(二)」『野鳥』四三年八月号)。中国から東南アジアの山間部に生息し、当時日本には標本が一つしかなかった。四匹購入し、熱海で飼うと、魚肉を好んで食べ、手で捕まえると口を開いて食いつこうとする。しかし、半年ほど経つと、主人を見分けて従順になったそうだ。現在この亀は、特異な形態が人気で日本でも数多く飼われている。

五月二六日、正氏一行は陸軍の長距離爆撃機に便乗して広西省の南寧に向かう。空から見ると北方に巨岩巨石の峨々たる山が聳え、南画そのままの風景である。第五師団長中村明人《あけと》中将の案内で、自動車から馬に乗り替えて、山の頂きに登り、戦場を視察した。

また、ここでも参謀長若松只一《ただかず》少将の厚意で鳥類の標本を調べることができた。その標本のうち半数が猺山《ヤオシャン》での採集品であったことに正氏は狂喜する。広大な中国にはさまざまな生物が存在する。しかし、南西地方は山が高く悪性のマラリアが蔓延して、ほとんど探検されていない。広東からあまり遠くない雲南に近い広西省の山岳地帯には、ヒマラヤ系の鳥類が生息していることが推測される。それは福建、広東、台湾には産しない種類であろうことも想像がつく。こうした仮定のもとに、広西省有数の山岳地猺山に注目したのが友人の任だった。彼は、二年間かけて二回調査に赴き、四〇〇〇もの標本を持ち帰ったのである。いま、正氏の目の前にある標本は、任の探検以後に採集されたもので、彼の報告を補足する貴重なものであったのだ。一泊二日の滞在で時間は限られていたが、大急ぎで全標本のインデックスを作成した。戦後のことだが、正氏は、この時の調査をもとに中国鳥類の大目録の編纂を行っている。これは、「日本は中国に近いのに、誰も中国の鳥を研究する人がいない。これからの研究者の手掛かりとして、目録を作っておこう」とトライしたものであった。

二七日、海軍の飛行機で海南島の海口《ハイコウ》に飛ぶ。着陸してまず感じるのは、中国大陸と風物が異なり台湾に似ていることだった。温度と湿度が高く、草木はみずみずしく繁茂している。仕事は海軍病院の慰問だけ。市場で鳥獣の標本を買った。それ以外の時間は、島の探検の可能性をさまざまな角度から検討していた。

二九日に海軍の飛行機で広東に行き、三一日には貨客船で帰国の途につく。行きのコースを逆にたどったが、台湾からは飛行機となった。台湾滞在中は、台北帝国大学の先生方から動物や鳥について話を聞いて過ごす。一人の先生の尽力で、基隆の水産関係者から鰱魚《れんぎょ》と草魚を合計七匹寄贈された。正氏は、この鯉科の淡水魚は成長が早いので、食糧不足になってきた日本で飼育したらどうだろうかと考え、実験のため日本に持ち帰ろうとしたのだった。六月七日台湾を発ち、羽田まで七匹は元気に到着。三田の家ではバスタブに水を浅く張り、レタスの葉を水に浮かせてやると喜んで食べていた。数日後、汽車で熱海まで運んだが、この二時間の間に、それぞれ一匹を残して死んでしまった。飛行機輸送が順調だったので、油断したのである。残った魚を熱海の温泉を通した池に入れると三カ月半で驚くほど成長した。草魚は、三〇センチほどになり、大根のように太く大きい。鰱魚は、四〇センチほどで、頭が特に大きく腹が銀色に光り、一見ボラのようだ。

## カモの無双網猟を見学

帰国した蜂須賀正氏は、六月二一日に日比谷公園の「松本楼」で開かれた第六七回の鳥学会例会で、採集した鳥類五五点と海南島の写真や絵葉書を展示。「南支旅行談」と題して広東や海南島の博物館や野鳥の状況を約一時間講演した。さらに、この旅行の成果を、『鳥』五三/五四号（四二年十二月）と五五号（四三年九月）に英文で掲載している。

さらにこの年の四〇年十二月八日には鳥学会と日本生物地理学会とが合同し、二五人のメンバーで千葉県の飯岡（現・旭市）の北方にある夏目鴨場（現・東庄町）でカモの無双網猟を見学した。無双網猟とは、網をピンと張って地上に広げておき、その網を反対側に倒したときに占める範囲にエサを撒いたり、オトリを配置しておいて、カモが集まったとき、網をすばやく引起こして、鳥にかぶせて捕まえる方法。通常幅二メートル、長さ一〇メートルほどの網を使用する。現在でも使われ、銃で撃つのと違って肉を傷つけないので、この猟法で捕獲したカモの商品価値は高い。

一行は、池を眺めながら捕ったばかりのカモの料理に舌鼓をうった。この年の八月には東京府が食堂・料理屋での米食を禁止して、販売時間制を実施していた時だから、〈御馳走〉であった。獲物は頭部が栗色で緑色のアイマスクのあるコガモ七九羽、全体に赤褐色のメスのヒドリガモ一羽である。そのあとカモの権威である黒田長禮侯爵の話を聞き、近くの補陀落山福聚寺に足を伸ばす。ここは江戸時代初期に山手線エリアがすっぽりと入る巨大な湖である九十九里の椿海を干拓し、干潟八万石といわれる米作地帯を作ることに尽力した鉄牛禅師が開山し、晩年に隠棲した寺。禅師ゆかりの絵画や墓などがあるので、それを見学して帰途につく。

四一年に入ると、一月十六日午後六時から霞ヶ関の華族会館で資源科学諸学会聯盟の発会式が行われた。会長は、鳥学会の会頭である鷹司信輔公爵。

この会は、文部省が国立天然資源研究所（十二月に資源科学研究所として誕生する）の設立を計画したことに起因する。この研究所は、日本の天然資源や大東亜共栄圏各地域に埋れた新資源を発見し、その根本的な研究を行って新しい東亜の資源科学を確立するためのもの。それに呼応して関係各学会でも天然資源調査のため立ち上り、日本の一流の研究者を網羅した「資源科学諸学会聯盟」を結成したのだ。「同連盟は新研究所の外郭団体とし東亜共栄圏における宝庫を探究する探検調査隊の斡旋援助をはじめ自然科学博物館の設置、資源科学知識の普及を企画している」と『大阪毎日新聞』は、一月一日に報じた。戦争を遂行するために、日本の不足している天然資源を、占領している中国をはじめアジアの地域から捜して調達しようとする試みであろう。

二月一日に鳥学会の評議員会が華族会館で開催され、正氏も出席。議題は、資源科学諸学会聯盟の動物部会への鳥学会からの協力。具体的には委員の選出と同聯盟が目指しているアジアの某地への探検隊派遣の件である。正氏は動物部会の委員にならなかったが、「アジアの某地への探検隊派遣」についてでは、探検のエキスパートである彼の意見が重要視されたろう。二一日にも華族会館で評議員会を開き、〈某地探検隊〉の人選を協議している。この探検地域は、のちの調査地から考えると、中国の山西省かニューギニアのどちらかである。

七月十二日に行われた黒田邸での鳥学会の例会は、黒田が「マリアナガモに就いて」、正氏が「フィリピン及南支那産鳥類の新属、新種、新亜種の展望」、中西悟堂が「赤城山の入内雀に就いて」を講演。次いで、太平洋戦争開戦五日後の十二月十三日に、同じく黒田邸で開催の例会で正氏は、「中支の鳥に就いて」を話す。

その一方で、翌年の四二年が日本鳥学会創立三〇周年にあたるので、「日本鳥類目録第三版」を発行しようと、四一年から山階侯爵邸で頻繁に編纂協議会が行われていた。もちろん、正氏もほとんどの会に出席している。

そして、四二年の四月十六日には評議員会兼清棲伯爵送別会を開催。清棲幸保は、資源科学諸学会聯盟の探検隊の一員として山西省五台山方面に赴くのだ。この二日後の十八日に東京、名古屋、神戸などが初めて米軍機の空襲を受ける。被害は大したことがなかったが、戦勝ばかりを聞かされていた人々は動揺した。

翌五月には十二日に正氏が勲三等瑞宝章を贈られる。また、鳥学会創立三〇周年記念の月なので、華族会館で二七日の正午から午後五時まで記念展覧会を開催。出品物は時局に合わせて南方共栄圏にいる華麗な鳥の標本を主とした。正氏は、フィリピンとフランス領インドシナの鳥類を展示。五時半から例会を兼ねた記念晩餐会が催され、出席者一九人は、鳥談義に花を咲かせた。八時四〇分に散会。六月五日に大本営が発表したミッドウェー海戦の戦果はそれまでと違って、辛うじて勝ったような報道で、その実、日本が大敗したという噂が中学生にまで広がって行った。

七月十八日には清棲伯爵が帰国したので、評議員会と歓迎会を兼ね華族会館で晩餐会を行う。

## 山階侯爵の学位受領祝賀会

十一月二十日の鳥学会第七三回例会は、山階侯爵の学位受領祝賀会を兼ねて丸の内「エーワン」で開催された。参加者は、正氏を含め二四人。鷹司会頭より山階侯爵への祝辞があり、侯爵の答辞があった。山階芳麿は「鳥類雑種の不妊性の研究」によって北海道帝国大学から十一月十三日に理学博士の学位を授与されたのである。鳥学会会員で日本の学位取得者は、黒田長禮に次いで二人目となった。

この学位取得の経緯を、山階の『私の履歴書』(日本経済新聞社)から紹介する。

山階芳麿は、鳥を分類していて疑問を抱く。たとえば、ニワトリなら、小さなチャボから大型のコーチンまですべて同じ種である。ところが、日本のスズメとヨーロッパのスズメは両方を並べてみなければ区別がつかないが、全く異なる種に分類されている。また、日本へ夏渡ってくるカッコーとツツドリも外見では見分けがつかないのに別種となっている。

かつては同一種であったものでも、違った環境の下に生息して形態に変化が生じた時に、別種に分類される。だが、どこまでを同種とし、どこからは別種とするのかきわめてあいまいである。はっきりした根拠がないまま、研究者の主観的な判断で決めてしまっている。何か根拠となるものはないのだろうかと考えた山階は、まず雑種の研究に取り組んでみた。

鳥の雑種は羽の色などが両親の種類の中間のような色になる。ところが、雑種どうしを交配させると子どもはできても、なかなか孫が得られない。これはどうしてなのか。ちょうどこの点に気づいた時に、北海道帝国大学理学部の小熊捍《まもる》教授にめぐり会ったのである。

東京府立一中で帰山《かえりやま》信順に博物学のてほどきをうけた小熊は、市河三喜らと博物同志会を結成し、さらに同会の雑誌『博物之友』の発起人となるなど、博物学に熱中する中学時代を送った。そして、「日本昆虫学の開祖」といわれる松村松年《しょうねん》（学士院会員、文化功労者）の『日本昆虫学』を読み、彼のいる札幌農学校予修科に進むことを決意する。予修科卒業時に、札幌農学校は東北帝国大学農科大学と改められ、そこに進学。予定通り昆虫学教室で松村教授の指導を受ける。だが、大学を卒業すると昆虫学教室から八田三郎教授の動物学教室に移り、助手となった。分類学の学問的根拠に疑問を持ち、発生学と組織学の分野で国際的に活躍している八田に指導を仰いだのである。助手として初めて教えた生徒の中に小麦の祖先を発見した細胞遺伝学者、木原均がいた。助手の時代、新しい分野である染色体の研究を独力で開拓している。

一九一九（大正八）年、昆虫の組織学的研究で農学博士となる。この前年、大学は北海道帝国大学農科大学に改組。二二年から三年間イギリス、ドイツ、ベルギーに留学し、ヒトの遺伝について研究。帰国後、教授に就任する。山階と出会ったときは、理学部長であった。分類学に不満を抱いた山階には、小熊は最適な教師だったのだ。

山階と小熊の出会いは、時事新報社の伝書鳩についての座談会であった。この席上、山階が雑種を研究していることを話して「雑種に孫ができないのはどうしてなのか、先生ひとつ研究してみてはいかがですか」と勧めたところ「それは面白そうだからやってみよう」ということになった。早速、山階が資料を渡すと、小熊はそれをもとに論文を一つ書いて学会に発表した。このあと、小熊は「この研究はたいへん面白いから、ひとつあなた自身でやってみませんか」という。「細胞学のことは知らないから……」と山階が断ると、「それなら私の所に来れば教えてあげる」とすすめてくれたのだ。三九（昭和十四）年のことである。

その年の夏から、札幌の北大理学部の小熊教室に通い始め、春休み、夏休みなど、学生のいない間に二、三週間、あるいは二カ月と滞在した。細胞学の研究に欠かせない顕微鏡の切片作りの基礎から始めて、雑種の孫がなぜできにくいのかという、雑種不妊性の研究を、細胞の集まりである組織の面から行ったのだ。

雑種の不妊性が起きる原因をつきとめたのが、アヒルとバリケンの雑種ドバン（土蕃）の研究であった。バリケンというのは台湾あひるとも呼び、南米原産のカモの一種。台湾ではドバンを盛んに作って肉用としている。これは早熟早肥で肉質もよいのだが、繁殖力がない。早熟である点や繁殖力がない点など、細胞学の研究には具合が良いので、四〇年に台湾からアヒルとバリケンを持ち帰り、その雑種ドバンの研究に着手した。その結果、次のような雑種不妊の仕組みがわかったのだ。

生殖細胞の核のなかには染色体があって遺伝子をのせているが、高等動植物は普通二倍数の染色体を持っていて、受精して核分裂をする前に、染色体の数が一度半分に減る。これを減数分裂という。減数分裂の時には父と母の相同の染色体が一度ピッタリ合い、これがまた分かれて半数の染色体を持ったオスの精子と、半数の染色体を持ったメスの卵子に育ってゆく。

父母が同種だったり類縁関係が近ければ、染色体のくっつき合いと分かれがうまくゆくが、父母の類縁関係が遠く、染色体の遺伝子が同じでないと、染色体はピッタリ合わず、またうまく分かれない。そのために完全な精子や卵子ができずに不妊となるのである。

バリケンとアヒルの雑種の研究からこうした雑種不妊性の仕組みがわかったので、次は類縁関係のある両親の雑種をいろいろ作り、その不妊性の度合いを研究し、それを目安にして逆に両親の類縁関係の近さを測ってみることにした。この材料にはキジ科を使ったが、その結果、キジとコウライキジは非常に近く、ニワトリとコウライキジは遠い類縁であることなどがわかった。これらの研究に基づいて、「鳥類雑種の不妊性に関する論文」を数編書き、この論文により、四二年十一月に北大から理学博士号を贈られたのである。

## 『鳥』『野鳥』と相次いで終刊

四三年は三月二八日に鳥学会の例会が、午後一時半より渋谷の山階侯爵邸で開催された。山階が「鴨類其他鳥類の換羽に就いて」を講演のあと、正氏が「世界絶滅鳥類に就て」を話す。正氏のドードーの研究はほぼ完成していたので、そのレジュメを話したのだろう。引き続き同侯爵邸内にある財団法人山階鳥類研究所を見学し、五時に散会した。出席者は二四名。興味深いのは、この会に小熊教授が非会員として参加していること。前年十一月に行われた山階の学位受領祝賀会を兼ねた例会に出席できなかったので、今回北海道から上京した機会に参加したのだろうか。

五月四日、越谷にある宮内省の埼玉鴨場で評議員会。吉川主猟課長が招いてくれたのだ。鷹司会頭、山階侯、黒田侯、蜂須賀侯、鳥学会の創立メンバーである内田清之助博士及び清棲伯各評議員が参集。午前中に協議を終えて、午後からは主猟課長以下職員たちと野鳥研究及び保護に関する座談会を行って夕刻帰京した。

翌五月五日に正氏の一般向けの初めての単行本『南の探検』が出版された（奥付の日付なので実際は少しズレるかもしれない）。フィリピン探検の話をテーマにしているが、ロスチャイルドをはじめとする外国の友人たちも多数登場する。これをこの時期に出したというのは正氏流の戦争批判といえまいか。

八日後の十二日にも評議員会。午後四時より華族会館で開かれ、会則の変更や雑誌『鳥』の投稿規定の改正などを協議。夕食を共にして八時五〇分に散会した。出席者は鷹司・山階・黒田・蜂須賀・内田・清棲各評議員に丘直通幹事の七人であった。丘直通は名前から想像されるように動物学者で進化論の権威・丘浅次郎の末っ子。一九〇九年生まれで、このとき三四歳。東京帝国大学理学部動物学科に進むが、動物を切ったり、殺したりするのが嫌いで動物心理学を専攻した。のちに東京教育大学教授を務め、日本動物心理学会を創設して会長となる。

九月に戦前最後となる『鳥』五五号が発行された。正氏は、“DESCRIPTION OF A NEW TAILOR=BIRD FROM THE PHILIPPINE ISLANDS.”（日本語タイトル「フィリピン群島産サイホウチョウ一新種の記載」）と“CONTRIBUTIONS TO THE ORNITHOLOGY OF SOUTH CHINA. PART II.”（同「南支鳥類知見（II）」）を英文で発表。雑報欄に外国の文献『エジプトの鳥類』『ニューギニア諸島鳥類目録』『世界鳥類目録第四巻』の三冊の簡単な書評を載せている。これは、正氏流の戦争批判であったろう。外国に目を閉ざそうとする日本のなかで、英語で自分の研究を発信し、外国の文献を日本に紹介しているのだから。

そのなかでも『エジプトの鳥類』は、ちょっと特殊だ。というのは、著者が、正氏の親友モハメッド・リヤッドであったから。二〇歳のときカイロに帰省している彼を頼ってエジプト探検をしたことは前に述べた。リヤッドはいま、エジプトの裁判所の判事だが、正氏に影響されたのか、アマチュア鳥類学者となったのだ。本はエジプト公使鈴木九萬《ただかつ》に託され、正氏のもとに届けられた。私は、この本を手にしたときの正氏の気持をこんな風に想像した。――いまは遠い昔に感じられるが、二〇年前に親友を頼りエジプトを訪れた。そこには魅力的な砂漠と遺跡があり、ナイル川の鳥の生態も興味深かった。そして、探検に同行した朴訥で忠実な従者アバス・アリ・イスマヘルがいたっけ。エジプトは、私の探検旅行の出発点である。あの日々を楽しく思い浮かべると、ますます窮屈になってゆく日本から、一瞬でも逃れることができる！　リヤッドはアマチュアだが頑張っているな、と。

正氏の『エジプトの鳥類』に対するコメントはこうだ。――すべてアラビア語で書かれているが、学名や特別な述語はラテン語などで表記されているので、大筋は理解できる。自分が書いた『埃及産鳥類』には劣るが、よく調べてある。特に重要なのは、アラビア語で書かれた初めての鳥の本であるということ。エジプトの鳥類を徹底的に研究するには、現地に住む人でなければ不可能である。これをもとに現地での鳥の研究が発展することを期待する、と結んでいる。

二五〇頁でも述べたが、この年一九四三年は、戦局が逼迫してきたことが、国内でも感じられるようになってきた。そして、十二月一日に正氏が「不良華族」として処分された年でもあった。

四四年は中西悟堂が創設した「日本野鳥の会」の『野鳥』一一巻一号（二月）に「鳥の棲む氷の国（一）」と「黄喉雀の輸入」を、終刊となる二号（九月）に「鳥の棲む氷の国（二）」と『野鳥』終刊号の為にを寄稿した。余談だが、正氏は、西欧流に口述筆記をよくしていた。この原稿は、中西が聞き書きしたものなのだ。

戦火が激しくなり、八月に学童の集団疎開が始まった。中西悟堂の『野鳥』は四四年九月号で終刊を余儀なくされる。このとき、正氏はこうエールを送った。


アラビヤにはフィニックスといふ霊鳥がゐて自分の焼死んだ灰の中から再び生れ出るといふ伝説がある。『野鳥』も亦フィニックスの如く生れんが為の死であらねばならない。即ち雑誌は廃刊玉砕するとも会員は益々緊密なる連絡を保ち、十年の伝統を継続して行かうではないか。

（「『野鳥』終刊号の為に」）

このあと敗戦までの約一年間、日本の鳥類学は発表の機関を失い、正氏は沈黙を余儀なくされる。さぞかしフラストレーションがたまっていったことだろう。

**とうとうみんなとられちゃったよ**

鳥類研究の発表の場がなくなった蜂須賀正氏にとって、日本は居るべき場所ではなかったのではないか。軽飛行機で国外脱出を試みたともいわれている。そんななか、正氏のスキャンダルが報じられる。国民が日本の劣勢を感じていた戦争末期の一九四五年五月二日のことだ。新聞各紙に国家総動員法違反者として正氏の名前が載ったのである。『朝日新聞』は「醜類に二人の有爵者／国民憎悪の〝白金事件〟明るみへ」という見出しで事件を紹介している。

「昨夏以来政府の白金およびダイヤモンド戦力化に呼応」して、東京刑事地方裁判所検事局は退蔵者や密輸・密貿易の摘発につとめ、「これら非国民的犯人を続々と検挙」した。その数は数十人に及ぶという。

つまり、政府は、国民の所蔵する白金とダイヤモンドを戦争のため提供せよ、秘匿していたり密かに売り払う者は、非国民として検挙すると脅したのである（軍需省が四四年八月十五日にダイヤモンドの買い上げを、十月十五日には白金の強制買い上げを実施）。

この検挙者に、わが蜂須賀正氏と高辻正長子爵がいた。これが見出しの「二人の有爵者」である。記事によれば——高辻正長は某会社の出張所員として上海に滞在。昨年十二月下旬に一時帰国のとき親交のある蜂須賀から「同家の金製品貴金属類数十点のほか自家の家宝ともいふべき白金または金製貴金属類数点を」売却してほしいと頼まれた。高辻は、これらをリュックサックに入れ、二月中旬に帰途につき、釜山を経由して「満洲国まで密輸出したが同十八日安東駅で検挙」。両名は五月一日「国家総動員法違反の最も悪質なるものとして起訴された」という。

いまの時点からみると、これはスキャンダルなのだろうか。個人の権利が主張できない社会での〈自己防衛〉ではないか。世界の情勢を知っている正氏にとって、〈白金およびダイヤモンド戦力化〉などということは、馬鹿馬鹿しく、国による資産の略奪に思えただろう。彼以外にも密かに〈自己防衛〉をしていた人がいただろうから、一年半前に〈不良華族〉として礼遇廃止となった蜂須賀正氏は、彼らへの〈みせしめ〉として検挙されたともみなされよう。

「蜂須賀氏の生涯は、西洋流をそのまま日本で実践したらどうなるかの典型的な実験例」（筑波常治「国際的業績と非常識の間」『日本生物地理学会会報』二〇〇三年十二月十二日）であったのだ。そして、戦前の社会において、その〈実験〉は、みごとに排斥され、非難され続けたのである。それだけではなく、特高の取り調べもかなり厳しかったようで、戦後に正氏に師事した中村司さんのお話によると、「先生は、一時ほとんど耳が聞こえなくなっていました」という。

七月二八日、蜂須賀正氏侯爵と高辻正長子爵の爵位返上の允許がおりた。敗戦まで一カ月もないときのことだ。この直後だろうか。「中西さん、とうとうみんなとられちゃったよ」と正氏は、あっけらかんとして中西悟堂に語ったという。

# 11 「マサは天才だったんだよ」

**鳥類学者ドクター・オースティン**

戦争が終わった――

一九四五年八月十五日の天皇の放送を蜂須賀正氏は、どんな気持で聞いたのだろうか。頭の上にのしかかっていた重しが、パッと取り払われて身も心も軽くなったろうと、私は想像している。

四六年の一月、横須賀の久留和にある別荘で避難生活をしていた山階芳麿のもとに、正氏から一束のアメリカ雑誌が届けられた。それには「Take off the narrow-mindedness！　世界を見よ!!」と書かれた紙片が添えられていた。これは、まだ外国に行ったことのない芳麿への激励だが、正氏自身の決意でもあっただろう。――いままで彼を抑圧していた〈狭い世界〉からの飛翔が、この敗戦によって可能になる。もう一度〈世界を見よう〉と。

しかし、現実は厳しい。戦前からあまり寄り付かなかった三田の広大な蜂須賀本邸は、オーストラ

**O・L・オースティン・Jr. 博士**（1903-88）**と息子たち。右が兄のトニーと飼い犬のユキ、左が弟のティミー。**
Permission for commercial use of the images in the Oliver L. Austin Photographic Collection has been granted by the Institute on World War II and the Human Experience at Florida State University (FSU), and Dr. Annika A. Culver, Collection Curator.

リア連合軍に接収されている。正氏の住んでいた熱海の別邸にもGHQの兵隊が接収に訪れた。しかし、正氏は、田舎訛りのアメリカ兵にキングス・イングリッシュで敢然と対抗。追い払い、住まいを確保したのであった。

四六年九月のある日、熱海の正氏へGHQから電話がかかってきた。ハーヴァード大学で学位をとった鳥類学者のドクター・オースティンが会いたいという。

オリヴァー・L・オースティン・ジュニアは、一九〇三年生まれで正氏と同じ歳。アメリカ鳥学会の会員でもある。彼は第二次世界大戦で海軍に志願。士官として南太平洋に従軍した。戦争末期には朝鮮に一年駐留し、マッカーサー元帥のスタッフとして日本に転勤してきたのだ。

オースティン博士は、電話から二日後の昼、熱海に現れた。駅に出迎えた正氏は、大きな旅行鞄を持った彼の姿に威圧される。「長い戦争の年月外人を見なかつたせいか彼の逞しい身体はとても大きく」感じたのだ。その一方で「道を埋めている復員服とモンペの人々はうすぎたなくとても小さく見え」た（「オースチン博士を送る」『野鳥』一九五〇年三月号）。西欧をよく知るコスモポリタンで、日本の閉鎖的な社会を拒否していた正氏なのに、長い間の〈鎖国〉で日本的な感覚が刷り込まれてしまったようだ。

博士を別邸に招いた正氏は、庭の椰子の木の下で昼食を摂りながら、長い戦争の間、音信不通になっていたアメリカの鳥類学者たちの消息や、いま鳥好きの間で話題になっていることに耳を傾けた。そして、「やっと昔の生活に戻れるんだ」と感慨を新たにする。博士は、こんな話をして正氏を喜ばせた。

「ミスター・ハチスカ、今日私がここに来たのは、ＧＨＱに野外生物を保護する天然資源局生物科を新しく作り、私がそのチーフになることに決まったからです。ご協力いただきたくてお訪ねしました」

「ドクター、それは素晴らしい！　私はできるかぎりのご協力を致しますので、何かご希望がありましたら仰ってください」

「ありがとうございます。私は朝鮮から日本に来て、まだ一週間経っていません。ミスター・ハチスカについては、アメリカ鳥学会やイギリス鳥学会の機関誌で論文を拝見していましたので、ぜひお会いしてご協力をお願いしたい方でした。ほかに会うべき人をご紹介いただきたいのですが……。ただ、ドクター・クロダ（黒田長禮）には、去年朝鮮に行くとき、お目にかかっています」

「ドクター、喜んで優れた鳥類学者たちをお教えしますよ。私がご一緒して全員と会えればいいのですが、研究や仕事がありますので、住所をお教えします。ぜひとも会っていただきたい何人かについては、私がご一緒しましょう。まず、一番始めにお連れしたいのは、山階芳麿侯爵です。彼は東京の渋谷で鳥類研究所を主宰していますが、家が焼けてここと東京との間にあるヨコスカの別荘に住んでいます。近々に彼のところに行きましょう」

このときから、蜂須賀正氏の活動的な生活が戻ってくる。オースティンと共に日本各地の野鳥調査に出かけるのである。まず手始めに、日をおかず、横須賀の山階を訪ね、九月二六日には山中湖へ野鳥の調査に行く前に、山階鳥類研究所を訪問する。

十一月に入ると正氏は、フィリピンに同行した中村幸雄と農林省鳥獣調査室の松山資郎を選び、日本映画社の撮影係三名と共にオースティンを案内してジープとトレーラーで、山梨・長野・岐阜の鳥類の実地踏査を行う。十一月五日に東京を出発し、山梨県の昇仙峡にある中村の家に泊る。七日から十二日は長野県の王滝村と三岳村（現・木曾町）の調査。次いで、十七日まで岐阜県の中津町（現・中津川市）、明知町（現・恵那市）、多治見市をめぐる。十七日に多治見市を発ち、静岡県に入って、午後弁天島着。カモ類を採集して宿泊。翌十八日に弁天島付近の調査を行ったのち、沼津の御用邸近く、静浦にある黒田侯爵の別荘へ向かう。黒田長禮が出迎え、正氏とオースティンの三人で鳥談義を楽しんだ。夕刻、熱海市野中の蜂須賀別邸に着いて、久しぶりにゆっくり眠る。翌日正氏を残し、一行は東京へ戻ったのである。

この一五日間は、かなりハードな調査であった。夜が明ける前に山のなかの鳥屋場《とやば》（小鳥猟のためにわなを仕掛けて待つための小屋）へ行き、鳥が渡ってくるのを待ち構える。必要な鳥を捕獲したら、急いで宿に戻って、遅い朝食を済ます。それから、付近の山野を歩き回り、日没近くまで猟銃で鳥を採集。夕刻、宿に戻ると食事もそそこに、その日の整理だ。オースティン博士は、日々の行動をタイプで記録し、他の三人は、撃った鳥の仮剥製づくり。博士もタイプが終わると剥製の作業に参加した。採集した鳥が多いと、作業は深夜まで続く。だが、いくら遅く寝ても、翌日は、日の出る前に起きださねばならない。

ジープのハンドルは、正氏が握った。アフリカに較べたら日本の道は悪路とはいえないが、まだ舗装された道は少なく、穴の掘れた凸凹道を走るのは技術を要する。移動中は、オースティン博士が銃を持って隣に座り、これぞと思う鳥を見つけると声をかける。車が停まり、さっと博士が飛び降りて、狙いを定めて撃つ。二人の連携が実に鮮やかで、同乗していた松山はただ感嘆するばかりだったという。

この調査で判明したのは、予想をはるかに超える野鳥の減少であった。森林の伐採と原野の開墾で、鳥の生息地が縮小しているのに加えて、人々が乏しい食糧の栄養補給として鳥を捕まえて食べていたからだ。オースティンは、ただちに動く。十二月三日には彼の指示で文部省科学教育局長室に農林省及び日本鳥学会関係者を集め、教育上から見た鳥類保護の問題点を検討する懇談会を開いた。

そして、年が明けると伊豆七島、さらには北海道から九州まで広く日本を巡り、野鳥の状況を調査。野鳥の少ない最大の原因を、「これまで鳥を捕り過ぎていたことにある」と結論し、日本政府に鳥の保護を強化する申し入れを行ったのである。その結果、文部省は、一般人に愛鳥思想を広めるため四月十日をバード・デイと定め、全国的に運動を展開することになった。しかし、一日だけでは趣旨徹底もできない。もっと長くしようという案が出される。さらに、「四月十日では北海道や東北では、まだ雪があって気軽に野外に出られない」と指摘された。そこで五〇（昭和二五）年から、五月に繰り上げ、現在のように「バード・ウイーク」として、五月十日から一週間、さまざまな行事を行うようになったのである。

その一方で、農林省は、狩猟法の改正を行う。具体的には、霞網やもち縄、釣り針などで鳥を獲ることが禁止され、猟期の短縮、狩猟鳥の制限などが実施された。しかし、狩猟者側は「霞網猟は二〇〇年来の日本の習俗だ」と主張してねばり続けた。中西悟堂や内田清之助、山階芳麿など鳥学会の人々の努力が稔ってやっと禁止となったのは、一九五七（昭和三二）年のことであった。

## 正氏、中村幸雄の子息を指導

ある時期オースティン博士の家が下宿先となったことがあった。下宿したのは、中村幸雄の息子司である。彼は、東京文理科大学（現・筑波大学）に入学したが、まだ東京の大部分は焼け野原で下宿先がなかなか見つからない。中村から相談された正氏が一計を案じて、司を博士の二人の息子（一一歳と九歳）を教える住み込みの家庭教師として推薦したのである。

この斡旋の背後には、正氏と中村幸雄の約束があった。敗戦の年の秋、今までの抑圧から解放された昂揚感からか、正氏は秘書を伴って昇仙峡に中村幸雄を訪ね、「きみとは、ほんとうに生死を共にしてきたのだからじつに懐かしい」と、長時間フィリピン探検の思い出話で時を過ごしたのである。

話が終わったあとの雑談で、

「あなたの子どものなかで誰か鳥を勉強するものがいないのかね」

と正氏が訊ねた。

「再来年大学を受験する末っ子の司が、自然科学をやりたいといっています」

「それはいい。鳥を研究するよう勧めてください。私が、いろいろ教えましょう」

と正氏は約束したのだった。二年後、

「息子は首尾よく東京文理科大学に合格しましたが、東京にはまだバラックの家が多く下宿先が見つかりません。どこかご存知ないでしょうか」

と窮状を訴えると、オースティンに話をつけてくれたのだ。住み込みの件は、東京の住宅事情だけでなく正氏の深慮もあったろう。これからの研究者は最低でも英語ができなければいけないとの考えから、中村司を英語に慣れさせようとしたのだった。

オースティン家には正氏だけでなく、鷹司信輔、黒田長禮、山階芳麿、中西悟堂など鳥学会や野鳥の会の大御所たちが訪ねてきたので、「彼は中村幸雄さんの息子さん」と紹介されて知り合い、司は早くから鳥学会や野鳥の会に入会できたのである。鳥の研究を志した若者にとって、願ってもない最高の出会いの機会となった。

また、正氏は、「息子に鳥の研究を指導する」という中村幸雄との約束を忘れなかった。中村司は、大学で鳥研究の初歩を学び始め、卒論実験の時期を迎えた。しかし、熱海からでは指導が難しい。そこで、渋谷の山階芳麿に代わりを依頼したのである。

頼まれた山階は、厳しい戦後生活を送っていた。

四五（昭和二十）年五月二三日夜から二四日にかけて渋谷一帯が大空襲を受け、三〇〇〇坪（約一万平方メートル）の庭に七〇発の焼夷弾が落ち、邸も庭の禽舎もすべて焼けた。研究所には、一〇発の焼夷弾が直撃。焼夷弾をまとめる直径六〇センチもある鉄筒も天井に落ちて、建物は炎上する。庭のすみの防空壕から見ていた芳麿は、すべて灰燼に帰したと観念した。ところが、夜が明けてみると一面の焼け野原のなかに研究所だけがポツンと残っていたのである。

奇跡的に焼け残ったのは、研究

**中村幸雄**（左）**・中村司の父子**

Permission for commercial use of the images in the Oliver L. Austin Photographic Collection has been granted by the Institute on World War II and the Human Experience at Florida State University (FSU), and Dr. Annika A. Culver, Collection Curator.

所の天井が二重構造であったためだ。直撃した焼夷弾は一層目を突き破ったが、二〇センチほど離れた二層目ですべて止まっていた。また、防火扉が厳重で、前もって布製や木製品などをすべて建物の中心に集め、窓際二、三メートルには燃えやすいものを置かないようにしておいたのもよかった。

しかし、研究所が焼け残っても、雨漏りを防ぐ簡単な修理しかできない。日本の敗戦により、華族制度は廃止され、国から生活費が出ていた元皇族は、収入の道が全くなってしまったのだ。山階家では、家具や人形を売ったり、宅地の一部を東京都に貸して、地代を受け取って急場をしのいでいた。

こんな山階鳥類研究所に危機が訪れる。渋谷にポツンと焼け残った大きな建物だから、とにかく目立つ。ＧＨＱが使おうと接収の札を玄関に貼っていった。膨大な標本や図書はどうなるのか？　横須賀に運んでも置き場所がない。ここに置いておけば、米兵に持ち去られたり、玩具にされる恐れもある。実際に、正氏から「接収された三田の邸では、グランドピアノが無くなってしまった」と愚痴をこぼされていた。山階芳麿は、研究所をどうするか悩んでいたが、なかなか結論がでない。

ところが、ある日、幸運が舞い降りたのだ。どういういきさつか判らないが、ＧＨＱの東京・山梨地区の民政長官ヒッキー大佐が突然来訪。標本室や図書室などを見て回って、帰りがけに「こんな重要な研究所を！」といって、接収の札をはがして立ち去ったのである。芳麿は、どういうことかすぐには理解できなかったが、あとで、大佐が鳥好きであることが判明。研究所の価値をわかってくれたのだ。

また、財団法人山階鳥類研究所を運営していくための基金も危うい状態になっていた。基本財産であった満鉄などの株券は、すべて無価値な紙切れとなったため、所員の給料が払えない。これまでいた三人の研究員と二人の所員は退職してもらって、芳麿の生活費のなかから運営費を工面。新たに所員を一人雇い、標本や図書の整理にあてることにした。

だが研究所の危機は、これで終わりではなかった。四六（昭和二一）年十一月に施行された最高税率九〇パーセントの財産税法が追い打ちをかけてきた。税金を払いきれないのである。あとは研究所の基本財産を減らすか、それともこれまで永年かけて収集してきた貴重な標本や図書を売るしかない。しかし、芳麿は集めた標本や図書を売ることはできなかった。やむを得ず、文部省に申請し、基本財産の一部である研究所に隣接した宅地約五四〇坪（一七七八平方メートル）を処分。その金で標本類を守ったのである。

芳麿夫妻は、横須賀久留和の別荘に住んだが、庭が広かったので、畑を作りジャガイモ、ニンジン、カボチャ、サツマイモなど自分たちの食べるものを育てた。鳥の飼育はお手のものだから、ニワトリやアヒルを飼い、卵を取って、それを売ったりもした。そして、東京に出た時には、焼け残った研究所の所長室のソファ・ベッドで寝起きしていたのである。

中村司が南平台の山階鳥類研究所を訪ねたのは、こんな状態の時だった。芳麿は彼に、

「いま野鳥は飼えないが、ニワトリなら飼えるので、それで実験しなさい」

と指示した。実験飼育の場所は、戦禍を免れた久留和の別荘である。テーマは「ニワトリに及ぼす甲

状腺ホルモンの影響」。

山階は、

「卒論実験は基礎を学ぶのであるから、飼育にも力を入れなさい。生き物を健康に育てることが大切だよ」

と夫妻で飼い方から教えてくれた。優れた鳥学者の指導だから、大学には時々報告に行くだけですみ、卒論は「優」。

卒業後一年間、正氏は司を熱海の別邸に預かり、徹底して鳥の教育を授ける。英語の指導も兼ねて鳥や植物の話は英語でするのだ。

週一回は、山階鳥類研究所に標本の勉強に行き、その日の夕食には、正氏に研究報告を行う。まず、昼間調べた鳥の属的特徴と種的特徴を説明する。形態については何とか合格するのだが、色彩について細かい点を忘れてしどろもどろになることがよくあった。すると、それまで笑顔でうなずいていた正氏の顔が急にこわばり、鋭い目つきで説教を始める。しかし、よくできたときはいつも、“Very well done.”と褒めてくれた。これが、正氏の口癖でもあった。

ある日、正氏は、中村司に一枚の羽根を渡して「これはなんという鳥のものかな」と訊ねたことがある。黄味がかったグリーンのものだ。山階鳥類研究所の標本の引き出しをいくつも開けて調べたがとうとう判らず、熱海に戻って、「わかりませんでした」と答えると、ひどく怒られた。しかし、そのままに終わらず、調べ方の基本を懇切丁寧に説明してくれる。鳥のどの部分の羽根なのか、形や色彩の具合からだんだんに絞っていくのだという。その羽根の正体は、キボウシインコの尾翼であった。司は、こうした厳密で理路整然とした探求によって、絶滅鳥の世界的研究が行われているのだと感銘を受けたのである。

同じころ指導を受けた若き鳥類学者橘川次郎は、「先生は、標本その他のあらゆる手掛かりから得られたヒントを野外の環境の中で考察し、フィールドで得られたヒントを研究室で実証していくという方法論的に近代的に武装された naturalist であったと思う」と正氏の研究方法を分析している（「蜂須賀先生を懐う」）。

中村司は、その後カリフォルニア大学バークレー校の大学院に留学。帰国後、渡り鳥の生理学的研究を手がけ、日本を代表する鳥学者の一人となる。山梨大学教授、日本鳥学会会頭、ＩＣＢＰ英国本部幹事、山梨県自然環境保全審議会会長、国際鳥学会（ＩＯＣ）名誉会長などを歴任。日本鳥学会賞、山階芳麿賞などを受賞している。

また、「コスモポリタンの立場から常に学会の動きの先端にとどまり、より広い世界的な関心を持つ」（同前）には、「武器としての英語」（同前）が必要であることを教えられた橘川は、正氏の死後オックスフォード大学に留学。その後、オーストラリアのクイーンズランド大学教授、オーストラリアの熱帯雨林共同研究センター初代所長などを歴任。半世紀以上にわたって海外で活躍している。専門は、行動学、生態学、進化学と多岐にわたり、自然保護にも力をそそぐ。その研究は日本人生態学者が到達した最高峰のひとつとして、二〇一四年の山階芳麿賞特別賞を受賞した。

## 鳥好きは世界中どこへ行っても同じである

オースティン博士は、現地調査をして野鳥の保護を日本政府に申し入れる一方で、日本の鳥類学者たちと親交を深めてゆく。岐阜の調査から戻ってすぐの一九四六年十一月二三日には、当時進駐軍の宿舎だった新橋の第一ホテルに日本鳥学会のメンバーを招いた。出席者は蜂須賀正氏のほかに山階芳麿、黒田長禮、鷹司信輔、内田清之助代理、籾山徳太郎、松山資郎、熊谷三郎、太田春雄の八人。久しぶりに心置きなく鳥のことを語り合える楽しい会で、博士は日本鳥学会の名誉会員に推薦された。

その翌年の三月十一日、正氏は中西悟堂を文部省の科学教育局長室に呼び出す。

「今度GHQのオースティン博士の提言で文部省に鳥類保護連盟というのができます。ついては、その創設のための下相談をしたいのでおいでください。オースティン博士にもご紹介したいと思います」と。

悟堂は、四月に発行予定の『野鳥』の復刊準備で多忙だったが、GHQの実力者と知り合っておくのも悪くないと出席することに決めた。博士は、大柄で赤ら顔、恐い顔にみえるので一見とっつきにくい。だが、鳥への愛情は深く、鳥好きとはすぐ打ち解ける。中西悟堂が初対面の挨拶をすると、博士は悟堂の経歴をよく知っているようで、「オー、ナカニシサーン」と相好を崩し、大きな手を広げて握手を求めてきた。

悟堂と同じく鳥学会も『鳥』の復刊を目指していたが、まだ東京には会合を開けるような広い場所

**鳥学会の主要メンバー**

左から高島春雄、中西悟堂、黒田長久、黒田長禮、鷹司信輔、山階芳麿

Permission for commercial use of the images in the Oliver L. Austin Photographic Collection has been granted by the Institute on World War II and the Human Experience at Florida State University (FSU), and Dr. Annika A. Culver, Collection Curator.

がない。それを知った博士は、世田谷東北沢の自宅を提供してくれたのである。中西も鳥学会の会員なので一一日後の三月二二日に、オースティン博士邸での例会に参加。またあの「オー、ナカニシサーン」の歓待を受けた。この日は、内田清之助会頭の司会で、キジが国鳥に選定された。二カ月後の五月三一日には、同じくオースティン邸で戦後初の鳥学会総会を開催。会頭に黒田長禮、副会頭に山階芳麿、編集委員に蜂須賀正氏が就任した。

『鳥』の編集は、これから〈正氏色〉が全面に出る。編集長として日本語で書かれた論文には、世界に発信するために英文のレジュメをつけることを提案し、「もし任せてくださるのならば、喜んでレジュメを書いてあげましょう」ともいっている。

二十年前から盛んにこの説を唱えたのであったが、満州事変の頃から「日本人だから日本語で書くのですよ」と云う返事が関の山であった。その当時にあつても私は重要な論文で、外国人にも是非読ませ度いと思ったものは、皆英語で書いていた。（蜂須賀正氏「編集長の言」『鳥』五七号）

英文のレジュメだけでなく、正氏は、自分が読んで興味を惹かれた内外の本の書評も数多く採り上げ『鳥』の編集に積極的に関わる。四八年には、「日本鳥学の進歩普及に功績ある人々を顕彰する」目的で鳥学会蜂須賀賞を創設。毎回賞金五〇〇〇円を提供した。五三年に正氏が亡くなるまで黒田長禮、内田清之助、山階芳麿、鷹司信輔、清棲幸保とトップクラスの研究者五人が受賞している。この年には、黒田長禮と共に万国鳥類保護協会（International Commitee for Bird Preservation）の日本代表にも選ばれている。

一方、オースティン博士との交友はさらに深まっていった。週一回は必ず熱海から丸の内の三菱商事ビルにあるオフィスを訪れ、鳥に関するさまざまな問題を話し合ったり、ディナーに招かれたりしている。

やがて、オースティンの任期が終了し、五〇年二月八日に帰国することになった。そこで、四九年十二月十七日に山階鳥類研究所での日本鳥学会の例会を、オースティン博士の送別会と兼ねて行う。野鳥の会と合同で開催し、これまでの感謝の気持をこめて記念品を贈呈。鳥学会は銀製品、野鳥の会は日本画であった。最後に博士が、

「鳥好きは世界中どこへ行っても同じである。私はアメリカの学会に出席するのと同じ気持でこの会に臨んでいます。親しい皆さんの様子をアメリカに帰ったら学会の人たちに伝えよう。日本は自立するときにきている。講和条約が一日も早く締結されることを望みます」とスピーチした。

オースティンは、日本を愛し、人々や文化を愛した。そして、帰国しても日本の貴族の生物学者たちと友人になれたことを終生の喜びとした。五三年には黒田長禮との共著『日本の鳥』（*The birds of Japan*）をアメリカの学会誌に発表している。

## 学位授与と〈悲劇〉の本

オースティンが帰国する少し前の一九五〇年一月二八日、蜂須賀正氏は北海道大学からドードーの研究によって理学博士号を授与された。これには戦争をはさんだ〈悲劇〉の本の話がからんでいる。

正氏は、カリフォルニアに滞在していた一九三七年の秋頃、ドードーの研究をまとめ友人が社主を務めるロンドンのウエザビー社から出版することに決めた。だが、しばらくすると日本とロンドンの距離は遠くなっていく。一九三九年九月三日、イギリスとフランスがポーランドに侵入したドイツに宣戦布告して第二次世界大戦が始まると、日本からヨーロッパへの船便は絶え、イギリスへの郵便などはアメリカ経由となる。しかし、大西洋上にはドイツの潜水艦Uボートが出没し、アメリカとヨーロッパの物資の運送は不安定な状態になっていた。

このようななか、熱海の別邸で校正を終えた正氏の「ドードー研究」の原稿は、英国大使ロバート・

クレイギーの厚意で防水紙に厳重に包装されてロサンゼルスへ向かう。さらに爆撃機のコックピットに積み込まれアメリカ大陸を横断し、大西洋を渡った。この初校は、なんとか出版社に着いたが、出版社から送られた再校紙は正氏の手に届かなかったのである。

四一年十二月、日米が開戦してアメリカ経由の方法も取れなくなり、イギリスへの連絡が途絶える。しかし、本の出版に執念を燃やす正氏は、日本ヘラルド社から出版を試みた。だが、英文の活字を拾える職工にも次々と召集令状が届き、出版は遅々として進まない。なんとか、最終校正までこぎつけたところで、米軍の空襲によって工場が焼失し、ドードーの原稿も焼けてしまったのだった。

戦争が終わり、ふたたび鳥類研究に精力的に取り組み始めた正氏に、博物学者で北海道大学理学部動物学科系統分類学の内田亨教授が、「ドードーの研究を博士論文として北大に提出しては？」と声をかけてくれた。喜んで提出したのはいうまでもない。国会図書館に残されているドクター論文は、上質紙を使った三一四頁もの大冊である。

これに力を得た正氏は、あらためてロンドンのウエザビー社に連絡をとり、ドードーの研究論文を出版し世界に問う意を伝えた。タイトルは"The Dodo and Kindred Birds or the Extinct Birds of the Mascarene Islands"（ドードーとその一族あるいはマスカリン諸島の絶滅鳥）である。

正氏が博士号を得たあと、中西悟堂は、そのテーマである「絶滅鳥類の話」の原稿を依頼。『野鳥』（五一年一月号）に掲載される。原稿枚数が少ないので世界各地の絶滅した鳥をざっと紹介したものだが、最後に絶滅鳥研究に深入りした理由と研究者の孤独を語っている。ちょっと舌足らずで読んでいて混乱するが、時代状況と正氏の素直な気持がわかるので、その部分を引いておきたい。

私のつくった絶滅鳥類のリストは二〇〇種以上あると思いますが、研究を進めて行くとまだまだふえる可能性があります。この面白い鳥学の一部門を研究している人は現在では世界に私一人しかいない有様で、一人ではなか〱研究しつくせない状態です。

私の博士論文はドドの一族が棲んでいたMascarine《ママ》群島の三つの島の問題を取扱ったものでした。それでNew Zealand、Hawaii、西印度諸島のどれか一つをとってもまだ〱材料が沢山残っているのです。一人で研究するのは寂しいものです。もっと批評をして下さる方があったならば張合もあり、もっと早く深くつき進んで行かれるのですが、自分で自分を鞭撻して行くのはむづかしいものです。私の話を面白く聞かれた方は鳥の研究を続けられる時、鳥学にこういう部門もあると云う事をいつも念頭に置いて頂き度いと思います。そうするとはっきり認識する事が出来るので自然に綜合的の意見と云うものが生れて来るものです。之が私の絶滅鳥類の研究に深入りした順序とでも申しましょうか！　普通の鳥学書にはまとまって出ていない研究ですから中々面白いもので、今日の日本の様な外国の標本を見る機会にめぐまれていない時勢にはこの道に入門する方があってよい筈なのです。

「鳥学にこういう部門もあると云う事をいつも念頭に置いて頂き度いと思います。」と「そうするとはっきり認識する事が出来るので自然に綜合的の意見と云うものが生れて来るものです。」との間に文章の欠落があるようで、「絶滅鳥類の研究に深入り」した理由がはっきり説明されていない。私が思うに、「絶滅鳥は、残された僅かな骨や羽根などから全体の形を類推していく。そのためには、さまざまな鳥の骨格や羽根の付き方など鳥に関するすべてを研究することで全体の形を〈はっきり認識する事が出来る〉から、面白くて深入りしていった」ということではないだろうか。

蛇足だが「今日の日本の様な外国の標本を見る機会にめぐまれていない時勢」というのは、一九五〇年の日本はまだアメリカの占領下で、自由に外国に行くことも標本を取り寄せることもできなかったのだ。

## 鳥と一緒の生活が戻ってきた

しかし、日本もようやく世情が落ち着いてきた。正氏は、進駐軍につてがあり、アメリカに友人がいるので、また鳥類や動物との生活を始める。アメリカのサンディエゴ動物園からクジャクバト、キンケイ（**口絵参照**）、ギンケイ、ハッカン、オナガキジなどの珍鳥に加えて「可愛いクモザル」を輸入したのである。

数羽のクジャクバトが、はじめに飛行貨物で羽田に着く。ただちに熱海に連れ帰り、温室を兼ねた風呂場に放つ。一週間目ぐらいからヤシの葉の下に作った巣に卵を産み、温めるようになった。この様子を、正氏は、いとおしく大切なものとして眺めていた。「やっと、鳥と一緒の生活が戻ってきたのだ!」と。

このハトは、観賞用にカワラバトから品種改良されたもの。純白で、広げた尾羽が可憐で美しい。二〇枚から三六枚もある尾羽をひろげるとクジャクに似ているので、その名がつけられた。

ほかの鳥は、キジの仲間。大型なので船で送られてきた。みな観賞用の華麗な鳥ばかりだ。ギンケイやハッカンは戦前に飼っていたが、キンケイやオナガキジは初めてなので、到着がどんなにか楽しみだったろう。また大好きなキジ類が飼えるのだ。

**蜂須賀別邸の浴室にて、クモザルとたわむれる中村司氏**(提供=中村司氏)

キンケイは錦(金)鶏と書き、英語でもGolden Pheasantと呼ばれるように華やかなキジだ。オスは体長一メートルほど。冠羽は絹のようにつややかな金色で長い。頸の周囲がオレンジ・レッドに黒い横縞(後部に青い鱗模様)で飾られ、背中は金色、胸から腹部にかけては光沢のある紅赤色、尾羽は青地に金色とじつにカラフル。中国南西部の山地の森林に生息し、江戸時代から観賞用として飼育されてきた。

オナガキジの英名Reeves's Pheasantは、長く中国に暮らし、一八三一年に初めてこのキジの生きたオスをイギリスに持ち込んだ博物学者ジョン・リーヴス（一七七四―一八五六）の名をとって命名された。中国の北部および西部の山地に生息する。ニワトリくらいの大きさだが、オスの尾は、二メートルを超えるものがある。長い尾は、白色の地に黒の縞が多数あって美しい。頭と頸が白く、目の周りが黒い。胸と背は黄褐色だが、鱗のような黒色斑があり、腹部は赤褐色の地に白斑がある。

これらのキジ類は、それぞれに大きなケージが作られ、ヒエ、アワを主体に魚粉（少量）、細かく切った野菜、ミルワームなどをあたえて育てられた。これらの鳥たちは、「長い間鳥と一所に暮らす人生を忘れていた」（アンケート『野鳥』五一年二月号）正氏の生活に潤いをもたらしたのだった。

また、初めて飼うクモザルは体長五〇センチほどで、オマキザルの仲間。棲息地は南アメリカの熱帯雨林で、樹上生活に適応するため手足が長くなり、尾も発達して五本目の手として器用に使う。この「五本の手」を使って樹上を自在に動き回る姿がクモに似ているので、この名がつけられた。熱海に来たクモザルだが、初めは牙をむき出して反抗もしたが、だんだん慣れてきて、じゃれつきいたずらをする。当時熱海の別邸で生活していた中村司の頭にまでよく上って遊んでいた。しかし、みなが「お上」とか「午前様」とかしこまった対応をしている正氏に対しては、いたずらを控えたという。

## 泥沼の家庭生活と急逝

仕事や研究で順調な正氏だったが、家庭生活は泥沼になっていた。戦時中の四四年四月に別居し、四八年四月に正氏が智恵子夫人の不倫を理由に東京家事審判所に離婚調停の申し立てを行ったが、不成立。夫人は、五〇年十一月娘の正子を連れてカリフォルニアの実家に戻ってしまった。

こうした事情を知った『読売新聞』は、五一年四月二六日の夕刊で「斜陽夫妻法廷に争う」の見出しで離婚を報道し、〈スキャンダラスな元華族・蜂須賀正氏〉の印象を再度大衆に刷り込んだのであった。さらに同紙の同年十二月十一日の朝刊に、「蜂須賀夫人が反訴／四年越し〝斜陽夫妻〟の離婚騒動」の見出しが躍った。記事によると、夫人と「別居後も他の女性と八年間同棲を続けている」ので「離婚と慰謝料など約四千万円を請求する反訴を起こした」という。五〇年の暮に正氏は、三田の蜂須賀本邸をオーストラリア政府に売却したので、その金を狙った夫人の反訴とも考えられよう。

しかし、この裁判の決着がつく前、一九五三年五月十四日蜂須賀正氏は、熱海の別邸で突然狭心症によって世を去ったのであった。近くに住む作家の谷崎潤一郎は「マサは天才だったんだよ」と突然の死を悼んだ。

その一カ月後の六月十四日、英国鳥学会の例会が開かれ、議長が正氏の死を報告。「ドードーに関する名著の出版を見ず逝去されたことは、まことに痛惜の念に耐えません。ここにマーキス・ハチスカのご冥福をお祈りいたします」と会員一同が黙禱を捧げた（小林桂助「旅先で知った彼の死」『鳥』六三号）。

その数日後に、正氏の〈執念の本〉*The Dodo and Kindred Birds or the Extinct Birds of the Mascarene Islands*（『ドードーとその一族あるいはマスカリン諸島の絶滅鳥』）がイギリスから届く。限定四八五部。二五〇頁で原色図版が二二枚ついた大型の豪華本で、定価は六ポンドであった。

さらにこの年、蜂須賀正氏の業績を記念するHachisuka's Lineという動物分布区界線が韓国の蜘蛛研究家の白甲鏞によって提唱された。これは、正氏が沖縄諸島と先島諸島との間には生物相において顕著な違いがあると一九二六年から指摘してきたことによる。白は、キムラグモの分布からここに分布境界線を引くことが必要と認め、正氏の研究を支持したのである。

## もう一つのスキャンダル

蜂須賀正氏のスキャンダルに類する話は、彼の死によって終わったはずだった。ところが五年後、ある襲撃事件の発端として正氏の名前が登場する。襲われた男の名前は、横井英樹。そう、暴力団安藤組の組員が一九五八（昭和三三）年六月十一日に東洋郵船社長の横井を撃ったあの事件である。

横井英樹は、一九一三（大正二）年愛知県中島郡平和町（現・稲沢市）の貧しい農家の二男として生まれた。高等小学校卒業後、一五歳で上京。東京日本橋の繊維問屋に丁稚奉公し、二年ほどで独立。「横井商店」を設立した。戦時中は軍衣の製造で成功し、戦後は、進駐軍への衣料品の製造販売をきっかけに横田基地、立川基地の家族住宅の設営まで手を広げ一財産を築く。

横井はその財力で、一九四六（昭和二一）年に熱海伊豆山にある梨本宮家の別荘を購入する。戦後突然かかってきた財産税納入のために梨本宮家が、仕方なく売却したものだ。家の引き渡しをする十一月二五日に、横井は家族を連れて梨本宮夫妻と別荘で会う。この家を老後の住まいと考えていた梨本宮伊都子妃は、この日の日記に横井に対するこんな悪態を記す。

「主人はまだ三十四才の青二才。よくもそんなに金をこしらへたもの。染料の会社とかいふけれども、其父親は行商をして歩いた人とか。とにかく成金で、相当の財産を持っているらしい。あんないなかものゝババーや青二才に此家を勝手につかはれるのかと思ふと、くやしくて〳〵てたまらない」と。

蜂須賀正氏と横井がいつ知り合ったか不明だが、山階芳麿の父、山階宮菊麿王は、一時梨本宮家に養子に行っていたので、芳麿から梨本宮家の別荘売却の話を聞き、正氏が、横井を紹介したとも考えられる。

しかし、五〇年に正氏は、横井に年二割の金利で三〇〇〇万円を貸したことが判っている。破格の金利なので金儲けの巧い横井に期待したのか、あるいはうまく口車に乗せられたのか……。横井が一〇〇〇万円分を返却したあと、正氏の死により債権は夫人に移った。しかし、残金の二〇〇〇万円が支払われない。夫人は訴訟を起こし、勝訴したが、一年を過ぎても横井は一銭も払わないのだ。差し押さえようにも彼の財産はすべて他人名義。困った夫人は債権の取り立てを元山高雄（三栄物産取締役）に依頼する。元山は横井に隠し財産があることをつきとめ、交渉するが断られ続けたので、暴力団の安藤昇を連れて面談。事件はその直後に起きた。

安藤は裁判記録に目を通し、元山から「横井の今日の成功があるのは三〇〇〇万円があったからだ。蜂須賀家が困窮のどん底にあるというのに」と聞かされて力を貸したという。安藤は元山と共に横井を訪ねたが、用件を切り出した途端、横井の態度が一変。

「なんなら君たちにも金を借りて返さなくていい方法を教えてやってもいい」とせせら笑われて、激怒した安藤が襲撃を指示したのだ。

事件後の横井の言い分は、こうだ。三田の本邸が売れた金の一部二〇〇〇万円を同棲している女性に渡したいから預かってくれと正氏にいわれて保管していた。ところが、彼の死後、遺産相続の争いが起こる。横井は「預かり金」を夫人と折半にしたらどうかと提案したが、こじれて襲撃されたのだという（「横井社長・事件の真相を語る」『文藝春秋』五八年九月号）。

「どちらが、真実か」は、いまも闇のなかにある。

## アメリカの蜂須賀コレクション

アメリカでは、横井事件とちょうど同じころ、鳥類学者の間で蜂須賀正氏の鳥類コレクションが話題になっていた。これは、ある意味で正氏の〈本質〉ともいえる鳥類研究が高く評価されている証ともいえることであった。イエール大学のピーボディ博物館が所蔵する正氏のコレクションを、新しくデラウエア州ウィルミントンに造られる自然史博物館が、館の主要コレクションとして所蔵したいと要望してきたのである。

この経緯を説明するためには、正氏の敬愛するウォルター・ロスチャイルドのある行為まで、さかのぼらなければならない。

ロスチャイルドが老境に入ったとき、世界中の鳥学者や博物館は、彼が膨大なコレクションをどう始末するかに注目していた。大方の人は、金には不自由しない大富豪であるから英国を代表する大英博物館に寄贈するだろうと考えていた。ところが、一九三二年にウォルターは、鳥類の主要なコレクションをニューヨークのアメリカ自然史博物館に売却したと発表して世間を驚かせたのである。

自然史博物館は、ウォルターのもとに同い年の外科医であるアマチュア鳥類学者レオナルド・カトラー・サンフォードを何度も派遣し、礼をつくして懇請したのである。つまり正統な代価を払い、アメリカの富豪ハリー・ペイン・ウイットニーから寄付を仰いでコレクションを収める建物まで造ると約束したからであった。ロスチャイルドは、生涯を賭けて集めたコレクションを正当に評価してくれた者に引き継ぎ、自分と同じように慈しんで所蔵してくれることを願ったのである。ちなみに、ウォルターの残りのコレクションとトリング博物館は、彼の死後、遺言により大英博物館に寄付された（現在、大英博物館の自然史部門は自然史博物館として独立し、トリング館はその分館となっている）。

**ディロン・リプレイ**（1913-2001）
（Smithsonian Institution Archives, Accession 97-003, "S. Dillon Ripley Standing in Parlor"）

正氏は、このウォルターの姿勢に共感し、戦後、自分のコレクションの価値を認めてくれたイエール大学のピーボディ博物館に、貴重なフィリピンの鳥類コレクションを売却したのだ。私の想像だが、正氏は、イエール大学出身でピーボディ博物館にいた友人ディロン・リプレイを信頼し、愛するコレクションを託したのではないか。

では、ピーボディ博物館は正氏のフィリ

ピン・コレクションを評価しているのに、なぜ新しく作られる自然史博物館にコレクションを譲渡しようとしているのか。私は、三つの理由があったと思っている。

まず第一に、博物館がアメリカの三大財閥の一つデュポン家の御曹司ジョン・E・デュポンによって創設されるので、資金不足の不安がないことが挙げられよう。また、ウィルミントンはデュポン本社の所在地なので、積極的に博物館の運営を後援することも期待できる。

第二は、創設者のジョン・E・デュポンが、設立を企画した時は、まだ一九歳の博物愛好家だったこと。当然ウォルター・ロスチャイルドを想起し、熱心な博物学者となることを期待しただろう。さらに、ジョンが大学時代にフィリピン、サモア、フィジーなどを探検し、フィリピンの鳥類を研究していることから、コレクションをより大切に扱ってくれると、リプレイは考えたのではないか。

第三は、リプレイが今後もピーボディ博物館にいて正氏のコレクションを管理できるかどうか判らなかったから。というのは、彼は一流の鳥類学者であるうえに指導力や企画力があるので、ほかの博物館から管理職としてのオファーが幾つもきていたのだ。実際、一九六四年からワシントンのスミソニアン博物館の事務総長として招かれ、彼の企画とアイディアで博物館を飛躍的に拡大させたのである。

こうした経緯からピーボディ博物館が所蔵していた正氏の鳥類コレクションは、デラウエア自然史博物館に移された。この時、ピーボディ博物館にあったリプレイのコレクションや東南アジア、中南米のコレクションの幾つかもデラウエアに渡ったのである。現在もこの博物館では、充実したフィリピンの鳥類コレクションが「売り」になっている。

なお、正氏が最後まで所蔵していたコレクションは山階鳥類研究所に収められている。

## 生き方を象徴する終生のテーマ

今日では、知る人がほとんどいない蜂須賀正氏。

毀誉褒貶が甚だしかった彼の一生をここまで追ってきて、いま私が感じるのは、正氏が終生のテーマとした絶滅鳥ドードーの研究とキジ類の飼育、そして探検のために取得したパイロットのライセンスが、彼の生き方を象徴しているように思えてならないということだ。

つまり、長い西欧での生活で時代の趨勢(ロシア革命の影響など)を知り、華族や貴族は時代から淘汰される絶滅危惧種であることを実感したろう。これが、太って不格好で飛べない絶滅した鳥ドードーと重なってみえる。

その一方で、栄華を誇った大大名の華やかな生活の追憶も正氏の意識のなかにあったはずだ。三田に大邸宅があり、国宝や重文の美術品を数多く所蔵している家と生活が、華麗なキジ類の姿とオーヴァーラップする。きらびやかで美しいキジを飼育しながら正氏は、無意識のうちに三〇〇年以上続いた大大名蜂須賀家の生活を重ね合わせている。そして、それが時代と共に滅びてゆく。昔の栄華への哀惜の念を感じていただろうと、私は想像している。

また、プライヴェート飛行機の操縦には、鳥の研究家として鳥のように空を飛んでみたいという願望と、旧弊な日本社会から飛び出して自由になりたいというあがきを読みとってしまうのだが……。

蜂須賀正氏が亡くなってから五〇年後の二〇〇三年四月十三日、「蜂須賀正氏生誕百年記念シンポジウム」が立教大学を会場として、彼の創設した日本生物地理学会主催、山階鳥類研究所・日本鳥学会後援で開催された。

そこで評価されたのは、時代に迎合せず、目先にとらわれない正氏の信念であった。一例を挙げると、戦争中、敵性語である英語で論文を出版する〈非常識〉を、あえて行ったことである。「当時のような社会情勢において、現代の誰にこれができよう。彼は彼の哲学を貫き、そして自らの行為に対する報いを真正面から受けた」(「蜂須賀正氏生誕百年記念シンポジウムを終えて」『日本生物地理学会会報』二〇〇三年十二月十二日)と日本生物地理学会の森中定治は讃えた。

「あの時は、誰も私の行為を認めてくれなかったのに」と泉下で正氏は苦笑いしていることだろう。

# エピローグ　二〇一四年、正氏の研究が注目される

## 記録に残る最後のドードーが日本へ

二〇一四年の春、オランダでドードーのことが新聞やインターネットで話題になり、わが蜂須賀正氏についても言及された。たとえば五月三日の日刊紙 *NRC Handelsblad* の見出しは、「最後のドードーが将軍へ」。ドードーと日本に関する新事実を紹介したのだ。内容は、この年発行の学術誌『歴史生物学』(*Historical Biology*) に「ドードーと鹿、一六四七年日本への旅」が掲載され、そこから取材したものであった。

執筆者は、自然画家でモーリシャス島の生物相を研究しているオランダ人のリア・ウインタースとイギリス自然史博物館の鳥類部門を担当するジュリアン・P・ヒューム。この自然史博物館は、前述のように正氏が研究室を与えられていた大英博物館のことで、しかも彼は分館のトリングにいるのだから、文字通り正氏の後輩である。二人は、ジャワ (現・インドネシア) のバタヴィア (現・ジャカルタ)

# De laatste dodo was voor de shogun

Door Lucas Brouwers

Geschiedenis

Dat de dodo is uitgestorven door het optreden van Nederlanders op het eiland Mauritius staat wel vast. Minder duidelijk is wanneer dit gebeurde. Uit archiefonderzoek blijkt nu dat de allerlaatste beschreven dodo door de VOC cadeau is gedaan aan de Japanners.

Dit was geen teer vogeltje: hij kon maandenlange zeereizen overleven. En de Nederlandse zeelui zorgden goed voor hem

James Hume
vogelpaleontoloog

Links: Japanse prent van de handel tussen Nederlanders en Japanners op het eilandje Deshima aan het begin van de negentiende eeuw. Boven: schets van een dodo door een opvarende van een VOC-schip en de vermelding van een dodo in de laadbrief van 'De Jonge Prins'. Rechtsboven: dodo in de menagerie van de Groot-Mogol Jahangir, geschilderd door hofkunstenaar Ustad Mansur omstreeks 1625.

NRC Handelsblad 紙 2014 年 5 月 3 日「最後のドードーが将軍へ」

にドードーが一羽送られ、日本に向けて発送したことになっているが、届いた記録はないという正氏の研究（二二五頁参照）などをもとに、このドードーの行方を追求。オランダ、ハーグの国立文書館に保存されている古い文献から日本の長崎に運ばれた記述を発見したのだ。しかも、これが記録に残る最後のドードーだという。

オランダでの話題は、このバタヴィアの一羽が、長崎の出島に届き、ひょっとしたら「ショーグン」に献上されたのではないか、というのだ。モーリシャス島に生息するドードーが、オランダの植民地時代に絶滅したので、オランダ人にとって特別に関心のある鳥なのだろう。二人の研究者が発見した、ドードーが日本に運ばれてきたことを記録した資料とは、オランダ東インド会社の日本商館長の日記であった。

論文「ドードーと鹿、一六四七年日本への旅」は、序文で資料発見の重要性を強調する。――二一世紀に入ってドードー絶滅の時期が繰り上げられ、一六三八年、一六六二年、一六八〇年代と研究者によって意見が分かれているが、一六四七年八月に日本に送られた資料によって、一部の研究者の説は否定された。また、白い鹿、動物の体内から発見され強力な解毒剤と信じられた胃石、そしてドードーの三つは、オランダの資料では値段のつけられないほど価値のある贈り物とされている。ということは、当時すでにドードーは稀少な鳥となっていたことを示唆する、と。

このあと、オランダとモーリシャス島の関係を説明し、かの日記の著者であるオランダ商館長ウィレム・フルステーヘンを紹介する。論文は、日記の記述を丹念に追っているが、核心部分だけを述べよう。

## 蜂須賀家・黒田家とドードーの奇縁

一六四七年八月二九日（正保四年七月二九日）、オランダ東インド会社の商船「ヤング・プリンス」号が長崎に入港した。船には二二万一二六三ギルダー（約四四億二〇〇〇万円）もの交易品と、幕府首脳や将軍への贈り物用としてドードーや白い鹿など珍しい生きものや品物が積み込まれていた。オランダから日本に来るまでの航路で東インド会社の船は、モーリシャス島に寄港する。そこで「重要な貿易国である江戸幕府の要人へのプレゼントとしてドードーを捕獲したのだろう」と著者たちは推測している。

九月二日、長崎奉行の求めによりドードーと白い鹿が奉行所に運ばれ、検分ののち出島に戻された。夕方、福岡藩主・黒田忠之が長崎奉行、家臣らと出島のオランダ商館にやってきた。前記の動物をみるためである。オランダ商館は、はじめ平戸に造られたが、ポルトガル船の渡航が禁止され、一六四一年、ポルトガル人の住んでいた長崎の出島に移る。福岡藩と佐賀藩が一年交代で「長崎御番」として長崎港の警備を命じられていたが、四七年は福岡藩の番だったのだ。

九月六日、福岡藩主の使いがやってきて、長崎奉行の許しが出たから白い鹿を買いたいという。オランダ側は、友好のしるしとしてプレゼントしたいと申し出るが、それを断り代金を払って連れていった。ドードーは気に入らなかったようだ。

蜂須賀正氏がこれを知ったら、歴史の不可思議なめぐり合わせに驚いたのではないか。この黒田忠之は、正氏が鳥の研究の先輩と仰いだ黒田長禮の先祖であり、蜂須賀家と深い因縁のあった人だからだ。そして、正氏は「貴重なドードーを買わなかったなんて、やはり、暗君だったのかな」とつぶやいたかもしれない。

忠之は、黒田長政の長男で二代目福岡藩主。長政は、はじめ豊臣秀吉が義父となった蜂須賀正勝（小六）の娘糸姫を正室に迎えるが、秀吉が亡くなって徳川家康が力を持ち始めると彼に忠誠を示すため離縁して、家康の養女栄姫を娶る。このため黒田家と蜂須賀家は、一〇〇年以上にわたって絶縁状態が続いたのである。忠之は、この栄姫の子であったのだ。

また、忠之は甘やかされて育ち、わがままで派手好み。ご禁制の大型船を建造したり、側近を重用して長政時代の重臣をないがしろにしたので、一六三二年に家老栗山大膳《だいぜん》が忠之を諌めるため「藩主に謀反の心あり」と訴えて「黒田騒動」がおこった。歌舞伎や小説では無能な殿様とされている。ただ、近年の福田千鶴九州大学教授の研究では、主従意識の齟齬による不和が根本原因で、大膳は栗山「家」の存続のために行動したという。

長崎商館長の日記ではこのあとドードーの記述が途絶える。幕府役人への贈り物としては、九月七日には幕府大目付で宗門改役の井上筑後守政重に大きな地球儀を、八日には、異国船取扱いを担当する「肥前国長崎探題」の伊予松山藩主松平隠岐守定行《おきのかみさだゆき》にオウムや珍しい鳥を献上したことが記されているだけである。

話が横道にそれるが、遠藤周作の小説『沈黙』で、キリスト教徒の弾圧に老獪な手腕を発揮する井上筑後守は、西洋事情に詳しく科学技術に関心を示す大知識人であったという。オランダ商館長から、ポルトガル人が日本に持ってくる貿易品はオランダ人でも入手可能という言質を取り、ポルトガル船の来航禁止を決定づけた人物でもある。オランダに肩入れしてくれるので、代々の商館長（一年交代）は、江戸や長崎で井上にさまざまな贈り物をしている。ドードーが運ばれてきた時は、七月にオランダ人を案内人としてポルトガル船二隻が長崎に来航し、幕府に通商の再開を要求したので、急遽江戸からもう一人の長崎奉行（二名任命され一年交代で赴任）山崎権八郎《ごんぱちろう》正信と共にやってきたのである。松平隠岐守もこれの対応のためにきていた。この騒動では、黒田、鍋島、細川、有馬など九州各地の大名が兵を率いて集まり、総出動人数五万人、総出動船数七〇〇艘にも達したが、九月五日にポルトガル船が伊王島の沖に出て行って決着した。鎖国令により来航したポルトガル船の乗員は全員死罪になるのだが、今回はポルトガルの新国王が日本の将軍に派遣した使節であることを考慮して罪を問わず、航海に入用なものを与えて、追い払ったのである。

その後のドードーの記載がないことから、ウインタースとヒュームは、こう推測した。

一、幕府の高官に売られたかプレゼントされたのか。

二、江戸に運ばれて将軍徳川家光に献上されたのか。

三、出島の倉庫で死んでしまったのか。

ドードーが三代将軍家光に愛玩され、江戸城で死んだと想像するのは魅力的だが、残念ながらその可能性はないだろう。というのは、ドードーと共に「ヤング・プリンス」号でやってきた新任のオランダ商館長フレデリック・コイエットは、珍しい動物や鳥を携えて江戸に向ったが、さんざん待たされたあげく、家光に目通りが許されず、献上品の受け取りも拒否されたからだ。オランダ人がポルトガル船を案内してきたことに不快感を示し、オランダ商館の責任だと立腹していたからだという。

## 日本に来たドードーの行方

ところで、江戸城やオランダ商館に残された資料にドードーのその後が記されている可能性があるだろうか。

私は、ひょっとして、あるかもしれないと思っている。それは、以下の理由からだ。

南蛮貿易に興味のある方は、ここまで読んできて、「オランダ商館長の日記」は日本で訳されているのに、ドードーの記述が新発見とは？　と疑問に思ったことだろう。確かに「オランダ商館長の日記」は『出島蘭館日誌』（村上直次郎訳）として正氏存命中の一九三八年に出版されている。戦後には、『長崎オランダ商館の日記』として岩波書店から再版された。しかし、鳥類に詳しくなかった村上は、九月二日の箇所を「奉行が鹿とドデール鳥の一覧を望まれ」とドードーのオランダ語をそのまま訳しているのだ。それでも蜂須賀正氏なら判っただろうから、彼はこの本を読んでいなかったと推測される。

オランダ商館長フルステーヘンの日記の新訳は、二〇〇五年に東京大学史料編纂所の編纂で東京大学出版会から出された。ここでは、「知事の求めにより鹿とドードー鳥は、見物のため」ときちんと訳されているから、鳥の専門家が読めば、二人の研究者より九年前に新発見として論文が発表できたはずだ。それがなかったのは、現在の日本には絶滅鳥ドードーを研究している専門家がいないからだろう。ドードー研究者で、しかも徳川家光の時代の資料（古文書）を読む能力があれば、この鳥のその後が判るかもしれない。

現在の鳥類研究は、正氏の時代よりはるかに科学的・生態学的になっている。現代の科学によって鳥の不思議な生態や進化の過程が明らかにされることは、実にエキサイティングである。しかし、私たちは一方で絶滅鳥研究のような考古学的ロマンも求めているのだ。日本に正氏のような研究者はもう生まれないのだろうか。

# あとがき

この本のもととなる原稿は、「鳥に憑かれた殿様」のタイトルで、年三回発行の同人誌『十三日会』に二〇一一年四月から一二年の十二月まで五回連載された。それに黒田長禮、鷹司信輔、内田清之助、山階芳麿、中西悟堂など日本の鳥仲間や、ライオネル・ウォルター・ロスチャイルド、ジャン・デラクール、オリヴァー・L・オースティンなど海外の鳥類研究者とのエピソード、蜂須賀正氏の研究テーマである絶滅鳥の話などを加筆して一冊としたものである。

本来なら、彼の没後六〇年にあたる二〇一三年中に出版したかったのだが、まとめるのに時間がかかってしまった。というのは、正氏が執筆した研究論文は数多くあるのだが、その人となりを伝える資料が少なく、彼の人物像がなかなか摑めなくて筆が進まなかったのだ。

山階芳麿の甥で、正氏の再評価に熱心だった科学史家の筑波常治氏にはお話を伺う予定であったが、同人誌連載中に亡くなられてしまった。その結果、蜂須賀正氏と面識のある方としては中村司氏しかお会いできなかった。

そこで正氏の探検のディテールや研究内容、行動などのほかに、彼を取り巻く鳥類学界の様子や時代の状況を描くことで、全体像を浮びあがらせたいと試みた。

これが成功したかどうかは、読者の判断に俟つしかないが、蜂須賀正氏という日本に珍しいスケールの大きな鳥類学者・探検家の〈真の姿〉を初めて紹介することができたのではないかと自負している。

口絵のカラー図版には、正氏が敬愛していたロスチャイルドの『絶滅鳥大図鑑』からドードーの絵を、また、一九世紀の傑出した鳥の画家として知られるジョン・グールドや日本の江戸時代の鳥の絵などを載せることができたので、正氏が活躍した時代の鳥研究の雰囲気を感じていただけるのではないだろうか。

完成までに時間がかかったために、いいこともあった。二〇一四年の春、イギリスの学術誌『歴史生物学』で徳川家光の時代にオランダ船に乗ってドードーが日本に連れてこられたという研究が発表され、その話を収めることができたのだ。それによれば、日本人で生きているドードーを見た人は、黒田長禮の先祖で蜂須賀家と因縁の深い二代目福岡藩主黒田忠之である。この奇縁を知って、私は「正氏がドードーを研究することは、運命づけられていたのかもしれない」と思った。

完成が遅れたことで、悔やまれることもあった。『十三日会』の連載をお読みいただいていた方々のうち、フランス文学者で博物学に造詣の深い杉本秀太郎氏、助言や感想をいただいていた哲学者の鶴見俊輔氏、同人で練達の編集者であった鈴木啓介氏が相次いで鬼籍に入られ、この本を読んでいただけないことである。

こうして本になるにあたって、数多くの方の協力・援助をいただいた。以下にお名前を記して感謝の気持を捧げたい。

まず、今回も出版を快諾してくださった藤原書店の藤原良雄社長と、細かい資料を発掘し、面倒な図版や写真の手配をしていただいた同社編集部の刈屋琢さんに。

蜂須賀正氏の思い出を伺い、写真などを拝借した山梨大学名誉教授の中村司氏。正氏の絶滅鳥コレクションを見せてくださり、正氏と現在の鳥研究との関連を教えていただいた山階鳥類研究所の平岡考、山崎剛史、今村知子の各氏。小林重三の鳥の絵の使用を許可してくださった版権所有者の内田孝人氏。熱海の蜂須賀別邸の建築図面を提供してくださった一粒社ヴォーリズ建築事務所。オースティン博士が撮った一九四六〜四九年の写真の使用許可をいただいたフロリダ州立大学〈第二次世界大戦と人類の経験〉研究所(The Institute on World War II and the Human Experience at Florida State University)。同じく写真データを提供してくださった日本生物地理学会の森中定治氏。ドードーについての拙文を『歴史読本』に掲載してくださった元編集部の志村綾子さん。ドイツ語の記事を翻訳していただいた『十三日会』同人、高橋麻帆さん。執筆中に助言や激励をいただいた『十三日会』の同人と読者のみなさん。そして、校正刷りに目を通して読者としての意見をいってくれた妻和子にも。

次の機関には資料の調査でお世話になった。外務省外交史料館、山階鳥類研究所、日本鳥学会、国立国会図書館、国立科学博物館図書室、都立中央図書館、千代田区立千代田図書館、日本近代文学館、東京大学駒場図書館、神奈川県立図書館、神奈川県立川崎図書館、横浜市立中央図書館、横浜市立磯子図書館、神奈川近代文学館、新聞ライブラリー、徳島市立徳島城博物館、町田市立博物館。（順不同）

本書での引用文は、旧漢字は新漢字にし、旧仮名遣いはそのままとした。引用に際してルビを補った箇所がある。

蜂須賀正氏の没後六三年になってしまったが、いま上梓の運びとなり、ようやく蜂須賀さんとゆっくりドードーの話ができるような思いがしている。まずは、氏への敬意を表して、シングルモルトのスコッチ、ザ・マッカランの一八年で乾杯したい。

二〇一六年六月三〇日

村上紀史郎

# 蜂須賀正氏関連年譜（1903–1958）

| 年号 | 歳 | 本書関連事項 | 日本史・世界史事項 |
| --- | --- | --- | --- |
| 一九〇三（明治36） | 0 | 2月15日、蜂須賀正氏誕生。 | この年、ライト兄弟飛行機を発明。 |
| 一九〇七（明治40） | 4 | 12月30日、母筆子、肺結核で死去。 | |
| 一九〇九（明治42） | 6 | 正氏の妻チエ（後に智恵子）、日系米人で農園経営者の父・永峰治之と母ヨネ（旧姓・大和）との間に生まれる。 | 10月26日、伊藤博文、ハルビン駅頭で暗殺される。 |
| 一九一八（大正7） | 15 | 2月10日、祖父茂韶、三田綱町の蜂須賀本邸で死去（享年73）。 | 11月11日、一九一四年7月28日より始まった第一次世界大戦の休戦条約が調印。 |
| 一九一九（大正8） | 16 | 12月19日、三田綱町本邸火災のため焼失。<br>この年、学習院中等科在学中に日本鳥学会に入会。 | 6月28日、ヴェルサイユ条約調印。 |
| 一九二〇（大正9） | 17 | 7月18日、政治学研究の目的で英国留学。午前八時半東京を出発。<br>9月4日、正氏、ロンドン着。<br>10月、北海道雨竜の蜂須賀農場小作人が小作料増額の取消しを求め、嘆願書提出。この頃より昭和7年ごろまで蜂須賀農場では小作争議が頻発。 | 5月2日、東京上野公園で日本最初のメーデー。<br>11月15日、国際連盟第一回総会。 |
| 一九二一（大正10） | 18 | 9月、正氏、ケンブリッジ大学モードリン・カレッジに入学。 | 5月9日、皇太子（後の昭和天皇）、英国ポーツマス港に到着。英国には5月30日まで滞在。 |

| | | | |
|---|---|---|---|
| 一九二二（大正11） | 19 | 10月1日、末姉・小枝子死去。 | 12月30日、ソヴィエト社会主義連邦共和国成立宣言。 |
| 一九二三（大正12） | 20 | 12月24日、アレキサンドリアに入港。ケンブリッジに留学していた友人モハメッド・リヤドをカイロに訪ね、転地療養を兼ねたエジプト旅行。サハラ砂漠を横断し、エジプトで鳥類の調査と採集旅行を行う。この年、BOU（英国鳥学会）の会員に推薦される。 | 9月1日、関東大震災発生。 |
| 一九二四（大正13） | 21 | 1月16日、父正韶、貴族院副議長となる。2月25日、ポートサイドを出帆し、エジプト旅行を終える。諏訪丸でマルセーユに向う。7月13日、日本鳥学会評議員に就任。11月、ロンドン動物学会会員（F・Z・S）に推薦される。この年、鷹司信輔の紹介でパリでジャン・デラクールと知り合う。論文「鳳凰とは何か（鸞其他について）」を『鳥』第四巻一六―一七号に発表。 | 4月19日、鷹司信輔、横浜よりアメリカ経由でヨーロッパ旅行。5月26日、アメリカで排日移民法成立。6月、鷹司、アメリカからイギリスへ渡る。 |
| 一九二五（大正14） | 22 | 4月13〜16日、ルクセンブルグ鳥類保護会議に鷹司と出席。4月、*A Comparative Hand List of the Birds and the British Isles*（『日英鳥類目録』）をケンブリッジ大学出版局より刊行。6月12日、ロンドンを出発し、鷹司らとファーン島で海鳥の観察を行う。16日、ケンブリッジ大学の同級生二人とアイスランド探検のためスコットランドのエジンバラを出発。20日、アイスランドのレイキャビクに到着。ミーヴァトン湖沼地帯で鳥類の調査探検を行う（〜7月23日）。 | 4月22日、治安維持法公布。5月5日、普通選挙法公布。 |
| 一九二六（大正15、昭和元） | | 3月10日、『埃及産鳥類』を日本鳥学会より刊行。5月21日、オランダ鳥学会二五年祭をアムステルダムで開催。正氏出席。24〜29日、コペンハーゲンの第六回万国鳥学会に正氏出席。このときブルガリア国王フェルディナンドを知る。 | 12月25日、大正天皇没。摂政裕仁親王践祚。昭和と改元。 |

| 年号 | 歳 | 本書関連事項 | 日本史・世界史事項 |
| --- | --- | --- | --- |
| 一九二六 | | 冬、コルシカを旅行。 | |
| 一九二七（昭和２） | 24 | 3月、トリング博物館と協力し、北アフリカを自動車で横断。約三カ月。鳥類を主に哺乳類、蝶類の採集を行なう。<br>5月26日、正氏、ジブラルタルから船でマルセーユに到着。北アフリカ探検を終える。<br>6月頃、フランスの鳥類学者ジャン・デラクールと共にアメリカ、カナダ、ハワイを旅行しながら帰国の途へ。<br>9月19日、マジソン号で横浜着。20日、鳥の会役員主催で正氏とデクラールを銀座富多葉の午餐に招待。23日、デクラール、蜂須賀侯爵高輪別邸の茶会に出席。25日、デクラール、黒田侯爵邸の飼鳥及び標本室を参観。正氏も同席し茶会を。28日、正氏とデクラール、午前九時半東京駅を発ち、朝鮮・中国北部へ旅行。10月下旬帰国。<br>10月27日、北白川宮美年子女王と婚約かと『東京朝日』朝刊が報道。<br>11月7日、黒田侯爵邸で正氏の帰朝とデクラールの歓迎会を開催。12日、午後三時より日仏会館でデクラールの講演（通訳正氏）。デクラールは、午後五時三七分東京駅を発ち横浜で仏船スフィンクス号に乗船。<br>この年、*A Handbook of the Birds of Iceland*（『アイスランド産鳥類』）をTaylor & Francis より刊行。 | 3月、片岡蔵相の発言から取り付け騒ぎ。金融恐慌。<br>4月22日、日本政府、三週間のモラトリアム実施。<br>7月、岩波文庫刊行開始。 |
| 一九二八（昭和３） | 25 | 2月26日、正氏が日本生物地理学会を創設。会長は渡瀬庄三郎博士。事務所は三田の正氏方。<br>7月31日、正氏、昭和天皇即位の大礼使典儀官に任じられる。<br>10月29日、正氏、大礼行幸供奉を命じられる。<br>11月10日、天皇、即位式挙行。 | 3月15日、共産党の大量検挙。3・15事件。20日、初の普通選挙。<br>6月4日、関東軍、張作霖を爆殺。 |

| | | | |
|---|---|---|---|
| 一九二八 | | 12月10日、午後四時三〇分より六本木大和田で正氏のフィリピン探検送別会。15日、『鳥類に見らるる変移』を日本鳥学会から刊行。17日、フィリピン探検の暇乞いのため秩父宮邸に行く。20日、フィリピン探検のため神戸港を出帆。28日、正氏が動物の部を執筆した『世界地理風俗大系　第一七巻　アフリカ編』新光社が刊行。この年、万国鳥類保護会議日本鳥学会代表委員となる。三田綱町の蜂須賀本邸、洋式改築が竣工。 | |
| 一九二九（昭和4） | 26 | 1月1日、マニラ到着。～4月15日フィリピン探検より神戸に帰国。5月14日、三四回鳥学会例会を一ツ橋学士会館で。正氏が「フィリッピン諸島の鳥類採集談」を講演。7月1～7日、日本橋三越で「蜂須賀正氏氏アポ山突破記念展」を開催。11日、岡田彌一郎らと小笠原諸島の採集旅行に出発。7日間滞在。12月28日、『比律賓産鳥類』前編を日本鳥学会より刊行。 | 4月16日、日本共産党員大量検挙。8月19日、ドイツの飛行船ツェッペリン伯号が霞ヶ浦に着く。10月15日、官吏一割減俸を発表。 |
| 一九三〇（昭和5） | 27 | 2月13日、正氏の送別会。アムステルダムの第七回万国鳥学会に日本代表として出席のため。16日、『比律賓産鳥類』後編を日本鳥学会より刊行。同日、正氏は東京駅より出発。一〇〇人ほどが見送るなかに若い女性が多い。17日神戸から渡欧。4月、トランス・ヨルダンの首長に謁見。6月1～7日、アムステルダム第七回万国鳥学会に日本代表として出席。出席者は一四カ国三〇〇名以上。正氏は、セクション四の座長に選ばれる。10月17日、鳥類標本及び動物学の参考書を献上し、スウェーデン皇帝よりオフィシエ・エトワール・ポレール勲章を贈られる。 | 1月21～4月22日、ロンドン海軍軍縮会議。4月21日、高松宮夫妻、横浜を出発。二四カ国、一四カ月の旅へ。6月26日、高松宮夫妻ロンドン到着。11月14日、浜口首相、東京駅で狙撃され重傷。 |
| 一九三一（昭和6） | 28 | 1月28日、ベルギー政府探検隊のアフリカ探検に参加して、12月末にマルセーユを出発し東アフリカのモンバサに到着。探検隊の一行は七人。 | |

| 年号 | 歳 | 本書関連事項 | 日本史・世界史事項 |
|---|---|---|---|
| 一九三一 | | 3月1日、ベースキャンプのベルギー領コンゴのルトルシュ村に到着。16日、*The Birds of the Philippine Islands with Notes on Mammal Fauna. Part I* がロンドンのウエザビー社より刊行。*Part II* を三二年9月14日、*Part III* を三四年11月26日、*Part IV* を三五年7月31日に刊行。<br>5月20日、アルバート湖を経て、飛行艇に搭乗。その後ハルツーム、ルクソールなどを経由して5月30日カイロ着。アフリカ探検を終える。<br>7月以降か、ブルガリアのボリス三世に謁見。<br>暮、イギリスの地学倶楽部のメンバー（一〇〇人限定）に推薦される。外国人として初。 | 1月20日、高松宮夫妻、ブルガリアのソフィアへ。22日、高松宮夫妻、ソフィア市内見物。ヴラナ離宮で午餐。<br>9月18日、満洲事変始まる。<br>12月10日、国際連盟理事会、満洲に調査団派遣決定。 |
| 一九三二（昭和7） | 29 | 8月12～28日、ベルリンでの欧洲一周飛行競技に参加を申し込むが、飛行機の重量オーヴァーで失格。<br>9月23日、『東京日日新聞』が正氏のアフリカのトリポリでの飛行機事故を報道。<br>10月2日、ロンドンを発ち、17日東京着の飛行を計画。実現できず。<br>12月31日、父正韶、脳溢血により死去（享年61）。<br>この年、仏文による著作 *La Sabala* を刊行。 | 3月1日、満洲国建国宣言。<br>5月15日、陸海軍将校らが首相官邸などを襲撃。犬養首相を射殺。<br>7月31日、ドイツの総選挙でナチス第一党となる。 |
| 一九三三（昭和8） | 30 | 1月16日、正氏、父死去のためロンドンを出発。シベリア経由。<br>2月3日、奉天から空路で羽田飛行場に到着。そのまま墓参のため浅草海禅寺に赴く。15日、襲爵し、貴族院議員となる。<br>3月11日、火曜会（貴族院議員による院内団体）の会員となる。25日、日本唯一のオーナーパイロット正氏は、立川飛行場で朝日新聞のプス・モス機を操縦。 | 1月30日、ドイツ、ヒトラー内閣成立。<br>2月20日、小林多喜二を築地署が検挙。29日虐殺される。<br>3月27日、日本、国際連盟を脱退。 |

| | | | |
|---|---|---|---|
| 一九三三 | | 5月14日、山階侯爵邸標本館落成。午後四時山階侯の案内により鷹司、黒田、正氏が参観。<br>7月4日、正氏所有のプス・モス機が横浜港に到着。<br>この時期、南米飛行探検計画や軽飛行機競技会参加など、正氏の飛行機操縦に関する話題が新聞紙上をにぎわす。<br>9月7日、フランス政府より仏領アフリカでの多年にわたる生物学研究によって、オフィシエ・ド・ランストリュクシオン・ピュブリック徽章を贈られる。10日、東京から福岡大刀洗に日帰り飛行を計画するが、失敗。<br>10月23日、東京美術倶楽部にて「侯爵蜂須賀家御蔵品入札」開催。蜂須賀家伝来の名宝が売却される。 | |
| 一九三四（昭和9） | 31 | 1月9日、中西悟堂、竹友藻風から鳥の雑誌の発行の誘いを受ける。<br>2月9日、中西、雑誌のタイトルに「野鳥」が浮かぶ。15日、徳川圀順公爵、藤堂高紹伯爵らの親族会議が開かれ、悪友や上流社会の女性から離すため正氏に外遊を迫る。<br>3月7日、蜂須賀邸で日本生物地理学会。山階が会頭に就任。11日、丸の内陶々亭で鳥学者と文化人の座談会。日本野鳥の会の結成式でもあった。<br>4月17日、長姉年子、松平康春との離婚が4月14日認許され、この日に離婚届を出す。29日、正氏に勲四等瑞宝章が贈られる。<br>4～5月、正氏、蜂須賀家の顧問、理事等を次々に解雇。<br>5月8日、「若き侯爵の乱行」として、正氏の不行跡が各新聞に載る。<br>9日、蜂須賀家の問題に付き、正氏、青木磐雄を伴い宮内省を訪れる。<br>木戸幸一から将来の生活について注意を受ける。14日、鳥学会評議員会及び四九回例会。第八回万国鳥学会への代表として正氏が推される。17日、正氏、横浜港より出港。米国経由にて渡英。万国議員会議にも出席。19日、正氏の愛機プス・モス号を陸軍に献納。5月、『野鳥』創刊。 | 3月1日、満洲国帝政実施（皇帝溥儀）。 |

| 年号 | 歳 | 本書関連事項 | 日本史・世界史事項 |
| --- | --- | --- | --- |
| 一九三四 | | 6月2、3日、富士の須走で大探鳥会。<br>7月2〜7日、正氏、オックスフォードでの第八回万国鳥学会に出席。 | 11月2日、ベーブ・ルースらアメリカ職業野球団来日。 |
| 一九三五（昭和10） | 32 | 1月25日、次姉笛子『松浦宮物語』を校訂。岩波文庫の一冊として刊行。<br>2月、ロンドンから軽飛行機でブルガリア王室を訪問。13日、ブルガリア、ボリス国王よりグラン・クロア・サンタレキサンドル勲章を受ける。<br>3月1日、正氏、従四位に叙せられる。<br>この年、メキシコ市に滞在。このあと、ロサンゼルスで病気になり、静養。 | 2月18日、貴族院で美濃部達吉の天皇機関説が攻撃される。<br>8月1日、中国共産党、抗日救国宣言。12日、陸軍省軍務局長永田鉄山、刺殺される。 |
| 一九三六（昭和11） | 33 | 3月16日、インド、アンドーラ大学よりPh. D.を受ける。さらにこの年、南カリフォルニア大学からS. D.を授与される。<br>5月18日、蜂須賀侯爵家から保管を依頼された鳥類標本が、山階芳麿のもとに届く。<br>6月20日、山階芳麿に鹿の標本などが正氏から到着。<br>この年と翌年の数カ月をパサディナでデラクールと過ごす。 | 2月26日、二・二六事件。<br>7月17日、スペイン内乱勃発。<br>11月25日、日独防共協定調印。 |
| 一九三七（昭和12） | 34 | 5月9日、山階芳麿に贈られるハチドリが横浜着。<br>8月27日、ロスチャイルド卿死去。享年69。<br>9月16日、次姉笛子、渋谷区千駄ヶ谷にて死去。19日告別式。<br>10月末、正氏アメリカを発ち日本へ。<br>11月11日、正氏の帰国歓迎会を日本生物地理学会が渋谷二葉亭で開催。<br>12月21日、第五九回日本鳥学会例会、蜂須賀評議員帰朝歓迎会が丸の内エーワンで開催。23日、ブルガリア国政府より授与された「グラン・クロア・サンタレキサンドル勲章」の佩用が許可される。 | 7月7日、盧溝橋で日中両軍衝突。日中戦争始まる。<br>10月5日、米大統領ルーズベルト、シカゴで、日・独を侵略国家だとする〈隔離演説〉をおこなう。6日、国際連盟総会、日本の行動非難を決議。<br>12月13日、日本軍、南京を占領。大虐殺事件を起こす。 |

| | | | |
|---|---|---|---|
| 一九三八（昭和13） | 35 | 7月26日、丸の内エーワンで第六一回日本鳥学会例会。正氏が「ニジキジ及びハッカン類の分布に就いて」を四〇分講演。<br>8月、正氏と永峰智恵子との間に結納が交わされる。<br>この年、岡田彌一郎との共著『琉球列島の生物相』を日本生物地理学会より刊行。 | 3月、『中央公論』三月号、石川達三「生きてゐる兵隊」のため発禁。<br>4月1日、国家総動員法公布。 |
| 一九三九（昭和14） | 36 | 1月号、『野鳥』「カリフォルニアで見た鳥の話」。1月29日、英国鳥類学者クラブの紀要に寄稿、二論文。<br>3月7日、正氏と智恵子の結婚披露宴が帝国ホテルで行われる。10日、婚姻届出。<br>10月30日、*Contributions to the Birds of Hainan*（『海南島鳥類目録』）を日本鳥学会より刊行。<br>11月1日、正氏夫妻、フランスに向かう薩摩治郎八を神戸港で見送る。<br>3日、徳島に赴き、母筆子の三三回忌等の法要を行う。5日、徳島公園内千秋閣で歓迎会が開かれる。 | 7月8日、国民徴用令公布。<br>8月23日、独ソ不可侵条約調印。<br>9月1日、ドイツ軍ポーランド侵入。3日に英仏がドイツに宣戦。第二次世界大戦始まる。 |
| 一九四〇（昭和15） | 37 | 3月15日、正四位に叙される。<br>5月10日、夜、東京駅を出発。貴族院慰問団団長として中国南部及び海南島に赴く。6月7日まで。貴族院議員五名。書記官一名。<br>7月7日、原田熊雄、熱海に正氏を訪ね晩餐を共にして、興津に行く。翌日、西園寺公望と時局を話したのち、熱海に引き返して正氏と昼食。<br>11月3日、晩、原田熊雄、熱海の蜂須賀邸に。ベルギー駐箚大使の栗山茂大使夫妻と同席。21日、サンディエゴ動物園より寄贈されたバイソンの雌雄二頭が、雨竜の蜂須賀農場に到着。<br>12月8日、日本鳥学会と日本生物地理学会の合同例会。飯岡の夏目鴨場を見学。正氏を始め二五名参加。 | 6月14日、パリにドイツ軍侵入。<br>9月27日、日独伊三国同盟調印。<br>10月12日、大政翼賛会発会式。<br>11月2日、国民服令公布。 |

| 年号 | 歳 | 本書関連事項 | 日本史・世界史事項 |
|---|---|---|---|
| 一九四一（昭和16） | 38 | 1月7日、長女正子誕生。1月、自然科学諸学会連盟（会長・鷹司信輔）の設立にあたり発起人に名を連ねる。<br>7月12日、第七〇回日本鳥学会例会、赤坂福吉町黒田侯爵邸で。正氏「フィリピン及南支那産鳥類の新属、新種、新亜種の展望」を講演。<br>10月5日、中支戦線の慰問のため正氏らの一行は、長崎から出発。29日午後一時日華連絡船長崎丸で帰国。10月、『鳥』五一／五二号に「フィリピン群島産鳥類の知見続報（英文）英文表題 CONTRIBUTIONS TO THE ORNITHOLOGY OF THE PHILIPPINE ISLANDS.」寄稿。<br>12月13日、第七一回日本鳥学会例会、赤坂福吉町黒田侯爵邸で。正氏「中支の鳥に就いて」（アフリカ・最近戦争中の東亜其他の鳥に就ての話を含む）を講演。 | 12月8日、日本、米英に宣戦布告、ハワイを空襲し、マレー半島に上陸。<br>12月、アメリカ映画上映禁止。 |
| 一九四二（昭和17） | 39 | 1月30日、日勃協会（ブルガリア）が創設され、副会長となる。<br>4月16日、『鳥』の評議員会兼清棲伯爵送別会を華族会館で。正氏出席。清棲は5月23日から山西省五台山方面へ資源科学諸学会連盟の探検隊の一人として赴く。<br>5月12日、勲三等瑞宝章を贈られる。27日、日本鳥学会創立第三〇周年記念展覧会兼第七二回例会。華族会館で記念展覧会。<br>11月20日、第七三回例会兼山階侯学位受領祝賀会。丸の内エーワンにて。正氏始め二四人出席。<br>12月、『鳥』に「日本人の手によって記録された鳥類」（和英併記）と「南支鳥類知見（第一）（英文）英文表題 CONTRIBUTIONS TO THE ORNITHOLOGY OF SOUTH CHINA PART I.」を寄稿。 | 1月2日、日本軍、マニラ占領。<br>6月5～7日、ミッドウェー海戦。航空母艦四隻、重巡洋艦一隻などを失い日本軍は米軍に大敗。<br>12月31日、大本営、ガダルカナル島撤退を決定。 |

| | | | |
|---|---|---|---|
| 一九四三（昭和18） | 40 | 3月28日、第七四回例会を渋谷の山階侯爵邸で。引き続き同邸内にある財団法人山階鳥類研究所を見学。正氏が「世界絶滅鳥類に就て」を講演。5月5日、『南の探検』を千歳書房より刊行。11月30日、華族礼遇停止を命じられる。12月9日、貴族院議員を辞職。 | 1月13日、ジャズ・レコード禁止。5月29日、アッツ島の日本守備隊全滅。12月1日、学徒出陣。 |
| 一九四四（昭和19） | 41 | 4月、智恵子夫人と別居。9月、『野鳥』終刊。正氏は「鳥の棲む氷の国（二）」と「終刊号の為に」を寄稿。 | 6月30日、大都市の学童集団疎開決定。11月24日、B29、東京を初空襲。 |
| 一九四五（昭和20） | 42 | 5月1日、正氏、国家総動員法違反で起訴。7月28日、正氏と高辻正長子爵の爵位返上が允許される。 | 3月10日、東京大空襲。8月15日、天皇の詔勅放送。日本敗戦。30日、マッカーサー元帥、厚木到着。 |
| 一九四六（昭和21） | 43 | 1月、山階芳麿の下に正氏から Take off the narrow-mindedness！と書かれた紙片と一束のアメリカの雑誌が届けられる。9月、GHQ天然資源局生物科長オースティン博士が熱海の正氏を訪ねる。26日、正氏とオースティン、山階鳥類研究所に立ち寄ったあと、山中湖へ鳥の調査に行く。11月5日、オースティン、正氏ら、甲府、塩尻を通って木曾へ。カスミ網猟の調査。18日まで。23日、オースティンが鳥学会の主要メンバーを招き、新橋の第一ホテル会議室で日米鳥談義。12月3日、オースティンの指示で文部省科学教育局長室に農林省及び日本鳥学会関係者を集め、鳥類保護の問題に関する懇談会を開く。 | 1月1日、天皇人間宣言。4日、総司令部、軍国主義者の公職追放、国家主義団体の解散を指令。5月3日、極東国際軍事裁判開廷。11月3日、日本国憲法公布。12日、財産税法公布。 |
| 一九四七（昭和22） | 44 | 1月10日、オースティン博士と農林省各局の「鳥類保護打ち合わせ会」。銀座交詢社の会議室で。通訳正氏。 | 4月20日、第一回参議院選挙。5月3日、日本国憲法施行。 |

| 年号 | 歳 | 本書関連事項 | 日本史・世界史事項 |
|---|---|---|---|
| 一九四七 | | 3月11日、鳥類保護連盟の相談のため、中西悟堂が文部省の科学教育局長室でオースティン博士と会う。通訳村岡花子。正氏も同席。22日、東北沢のオースティン邸で鳥学会例会。雉が国鳥に選定される。<br>4月10日、日本鳥類保護連盟の主催により第一回バードデー。12日、戦後第一回の野鳥の会研究部会。正氏の案内でオースティン博士が出席。<br>5月31日、オースティン邸で戦後初の鳥学会総会。会頭黒田、副会頭山階、編集委員正氏が決まる。この年の末、学会誌『鳥』復刊。<br>12月24日、東京動物園協会の発足にあたり、正氏が評議員に名を連ねる。 | 7月3日、総司令部、三井物産、三菱商事の解体を指令。 |
| 一九四八（昭和23） | 45 | 4月、正氏、東京家事審判所に離婚調停の申し立て。不成立となる。24日、山階鳥類研究所で鳥学会。オースティンが「日本の雁鴨類」を講演。正氏が通訳。<br>この年、「鳥学会蜂須賀賞」を創設。正氏、黒田と共に万国鳥類保護協会（Internatinal Commitee for Bird Preservation）の日本代表に選ばれる。 | 11月12日、極東軍事裁判判決（12月23日東條ら七名絞首刑執行）。 |
| 一九四九（昭和24） | 46 | 11月26日、山階鳥類研究所での日本鳥学会例会で正氏が「鳥の和名雑感」を講演。<br>12月17日、山階鳥類研究所で鳥学会。野鳥の会と合同でオースティン博士の送別会を兼ねる。 | 11月3日、湯川秀樹、ノーベル賞受賞。 |
| 一九五〇（昭和25） | 47 | 1月28日、北海道大学理学部がドードーの研究で理学博士を授与。<br>5月10～16日、この年からバードウイーク始まる。5月中旬、愛鳥週間で津市と岡崎市で講演。<br>11月、智恵子夫人が娘正子を連れてロサンゼルスに戻る。<br>12月10日、『世界の涯』を酣燈社より刊行。12月初、アメリカから美しい鳩（クジャク鳩など）がたくさん届く。 | 6月25日、朝鮮戦争勃発。<br>9月1日、レッド・パージの方針を閣議決定。 |

| | | | |
|---|---|---|---|
| 一九五〇 | | 暮、三田蜂須賀邸をオーストラリア政府に売却。 | |
| 一九五一（昭和26） | 48 | 正月、中村司と橘川次郎、熱海の別荘を訪ね三が日を正氏と過ごす。<br>春、正氏、橘川らと繁殖期の鳥を探りに須走（静岡県富士山の麓）へ。<br>4月26日、『読売新聞』夕刊が「斜陽夫妻法廷に争う」の見出しで離婚を報道。<br>12月11日、『読売新聞』朝刊は「蜂須賀夫人が反訴」の見出しで、離婚騒動を報道。<br>この年、戦災を免れた三田本邸保管の蜂須賀家侯爵本を一括して売却。 | 9月1日、民間放送始まる。<br>8日、対日平和条約・日米安全保障条約調印。 |
| 一九五二（昭和27） | 49 | 5月初め、橘川が、正氏、小林桂助を案内して浦安のシギの渡りを観察。<br>9月17日、ワシントン国立博物館のディーナンが来日。19日、銀座アスターで開催された夕食会に正氏も出席。<br>この年、刊行された中学校国語教科書『改訂　新しい国語　中学一年下』（東京書籍）に「サハラさばく『世界の涯』」が掲載される。 | 4月28日、対日平和条約・日米安全保障条約発効。日本独立。 |
| 一九五三（昭和28） | 50 | 1月23日、新宿御苑会議室での自然保護協会の会合で講演。<br>5月3日、日本鳥学会総会で正氏の多年にわたる鳥学会への貢献に対して感謝状が授与される。14日、正氏、熱海市野中五〇六の別邸で突然の狭心症で死去。18日、日本鳥学会と日本生物地理学会による正氏の合同学会葬が営まれる。<br>6月14日、英国鳥学会の例会でマイナツハーゲン議長から正氏の死が発表される。<br>12月25日、日本鳥学会発行の雑誌『鳥』の「故蜂須賀博士追念号」が刊行される。<br>この年、*The Dodo and Kindred Birds or the Extinct Birds of the Mascrene Islands* がロンドンのウエザビー社より刊行。 | 2月1日、ＮＨＫテレビ本放送開始。 |

| 年号 | 歳 | 本書関連事項 | 日本史・世界史事項 |
| --- | --- | --- | --- |
| 一九五三 | | 韓国のクモ研究家・白甲鏞が、沖縄諸島と宮古島との間の生物分布境界線「蜂須賀線」を提唱。この線を境に生物相に顕著な違いがあることを正氏が一九二六年から指摘していたことによる。 | |
| 一九五四（昭和29） | | 3月10日、正氏の遺著『密林の神秘——熱帯に奇鳥珍獣を求めて』が法政大学出版局より刊行。 | 3月1日、ビキニ水爆実験で、第五福竜丸被爆。 |
| 一九五七（昭和32） | | 10月30日、年子、『徳島新聞』朝刊連載（1月12～6月21日）の「大名華族」（全一六〇回）をまとめ、『大名華族』として三笠書房より刊行。 | 10月1日、日本、国連安保理事会非常任理事国に当選。 |
| 一九五八（昭和33） | | 6月11日、東洋郵船社長横井英樹が暴力団安藤組の組員に銃撃される。正氏から借りた三〇〇〇万円のうち二〇〇〇万円を裁判に負けても返さなかったため。 | 11月27日、皇室会議、皇太子妃に正田美智子を承認。 |

＊平凡社ライブラリー『南の探検』の年譜を参照し、著者作成。

# 参考文献一覧


## I　蜂須賀正氏の著作（単行本／参照したもの）

*A comparative hand list of the birds of Japan and the British Isles*, Cambridge University Press, 1925

『埃及産鳥類』日本鳥学会、一九二六年

*A handbook of the birds of Iceland*, Taylor & Francis, 1927

*Variations among birds : chiefly game birds : heterochrosis, gynandromorphs, aberration, mutation, atavism and hybrids*, 日本鳥学会、一九二八年

*Contributions to the birds of the Philippines*（『比律賓産鳥類』）、日本鳥学会、一九二九年

*The Birds of the Philippine Islands with Notes on Mammal Fauna Part I*, H. F. & G. Witherby, 1931

*The Birds of the Philippine Islands with Notes on Mammal Fauna Part II*, H. F. & G. Witherby, 1932

*The Birds of the Philippine Islands with Notes on Mammal Fauna Vol. II, Part III*, H. F. & G. Witherby, 1934

*The Birds of the Philippine Islands with Notes on Mammal Fauna Vol. II, Part IV*, H. F. & G. Witherby, 1935

『海南島鳥類目録』日本鳥学会、一九三六年

『南の探検』平凡社、二〇〇六年（初版は一九四三年）

『世界の涯』酣燈社、一九五〇年

*The dodo and kindred birds; or The extinct birds of the Mascarene Islands*, H. F. & G. Witherby, 1953

『密林の神秘』法政大学出版局、一九五四年

## II　蜂須賀正氏の著作（雑誌など／参照したもの）

「オガサハラマシコに就て」『鳥』一二―一三号、一九二一年

「英吉利国の雉類について」『鳥』一二―一三号、一九二一年

「稀れなる雉類 Rheinardius ocellatus に就て」『鳥』一五号、一九二三年

「鳳凰とは何か（鸞其他について）」『鳥』一六―一七号、一九二四年

「瑞西に於けるシロハラアマツバメ Apus melba melba (L.) の繁殖」『鳥』一九号、一九二五年

「鸐雉属の特徴の記載」『鳥』二〇号、一九二五年

「黒雁属に関して」『鳥』二〇号、一九二五年

「オホジウイチは日本に産せず」（鷹司と共同執筆）『鳥』二二号、一九二六年
「鸐の近似屬に就て」『鳥』二二号、一九二六年
「歐羅巴に於ける鵠の話」『鳥』二二号、一九二六年
「内地の原野に於て高麗雉の繁殖するを歎く」『鳥』二二号、一九二六年
「鳥類群棲の鳴聲」『鳥』二二号、一九二六年
「英領北ボルネヲの黄鳥」『鳥』二二号、一九二六年
"Descriptions of fifteen new forms from the Oriental Region," *Bulletin of the British Ornithologists' Club*, 1926
「モロッコへの旅」『自然科学』三巻三号、一九二八年
「鳥類に見られる突変化種の説明」『鳥』二五号、一九二八年
「布哇鳥類雑録」『鳥』二五号、一九二八年
「布哇に於ける羽毛製品」『鳥』二五号、一九二八年
"Notes on Some Oriental Birds"『鳥』二五号、一九二八年
「快活で賑やかな人であった」山田司海著『相生久夫君の片影』海外之日本社、一九二八年
「鳥と人生」『民族』一九二八年七月
「主として狩猟鳥類間に見らるゝ色彩の変移」『動物学雑誌』一九二八年九月
「動物」『世界地理風俗大系　第17巻』新光社、一九二八年
"Egyptian Birds Mummies"『鳥』二六号、一九二八年
"Birds in the Chamonix Valley, France"『鳥』二六号、一九二八年
「外国猟区及鳥獣保護」『静岡県猟友会会報』一九二九年九月二十日
「鳥の和名雑感」『鳥』二八号、一九二九年
"Contributions to the Variations Among Birds"『鳥』二八号、一九二九年
"A Journey to Iceland"『鳥』二九号、一九三〇年
「アイスランド産鳥類」『鳥』二九号、一九三〇年
「再びヲガサハラマシコを論ず」『鳥』二九号、一九三〇年
"Description of a new race of Caprimulgus affinis," *Bulletin of the British Ornithologists' Club*, 1932
「アフリカ猛獣狩奇談」『相談』一九三四年二月　平凡社
「スミレキジ北海道に移入さる」『鳥』三八号、一九三四年
"Notes on the Birds from the Philippine Islands and Borneo"『鳥』三八号、一九三四年
"Extinct chough from Rodriguez," *Proceedings of The Biological Society of Washington*, 1937
"On the flightless heron of Rodriguez," *Proceedings of The Biological Society of Washington*, 1937

"Revisional note on the didine birds of Reunion," *Proceedings of The Biological Society of Washington*, 1937
Hachisuka and Van Rossen, A J, "The tiger-bittern of northwestern Mexico," *Proceedings of The Biological Society of Washington*, 1937
Hachisuka and Van Rossen, A J, "The blue-gray gnatcatcher of southern Sonora," *Proceedings of The Biological Society of Washington*, 1937
Hachisuka and Van Rossen, A J, "A new Bat Falcon from Sonora," *Proceedings of The Biological Society of Washington*, 1937
Hachisuka and Van Rossen, A J, "A race of Verreaux's dove from Sonora," *Proceedings of The Biological Society of Washington*, 1937
Hachisuka and Van Rossen, A J, "The yellow-green vireo of northwestern Mexico," *Proceedings of The Biological Society of Washington*, 1937
Hachisuka and Van Rossen, A J, "A New woodpecker of the genus Piculus from Sonora," *Proceedings of The Biological Society of Washington*, 1937
Hachisuka and Van Rossen, A J, "A northern race of the Tityra Semifasciata," *Proceedings of The Biological Society of Washington*, 1937
"The Discovery of Green-Faced Parrot Finch"『鳥』四五号、一九三七年
「カリフォルニアで見た鳥の話」『野鳥』一九三九年一月
Hachisuka and Van Rossen, A J, "A northwestern race of the Mexican cormorant," *Proceedings of The Biologocal Society of Washington*, 1939
Hachisuka and Rossen, A J Van, "A race of the mihtary macaw from Sonora," *Proceedings of The Biologocal Society of Washington*, 1939
「蜂須賀山雞に就いて」『鳥』四九号、一九三九年
"The Red Jungle Fowl from the Pacific Islands"『鳥』四九号、一九三九年
"WHITE-BREASTED SEA EAGLE IN THE PHILIPPINE ISLANDS"『鳥』五〇号、一九四〇年
「海南島の鳥類散見」『野鳥』一九四〇年二月
「ニューギニア探険の話（Ⅰ）―（Ⅱ）」『科学』十一巻七―八号、一九四一年
"Descriptions of two new races of birds from south China," *Proceedings of The Biologocal Society of Washington*, 1941
"Description of a new species of bird from the Philippine Islands," *Proceedings of The Biologocal Society of Washington*, 1941
"New race of swift from the Philippine Islands," *Proceedings of*

*The Biologocal Society of Washington*, 1941
"FURTHER CONTRIBUTIONS TO THE ORNITHOLOGY OF THE PHILIPPINE ISLANDS"『鳥』五一―五二号、一九四一年
「南洋の鳥類」『全猟』一九四二年二月
「日本人の手によって記録された鳥類」『鳥』五三―五四号、一九四二年
「ガンとハクテウとの雑種」『鳥』五三―五四号、一九四二年
"Contributions to the Ornithology of South China Part I"『鳥』五三―五四号、一九四二年
"Contributions to the Ornithology of South China Part II"『鳥』五五号、一九四三年
"Description of a new Tailor-bird from the Philippine Islands"『鳥』五五号、一九四三年
「山階侯爵」『野鳥』一九四三年一月
「叫鳥（スクリーマー）の飼育」『採集と飼育』一九四三年四月
「ニルガイ」『採集と飼育』一九四三年六月
「南支の鳥を訪ねて　一～三」『野鳥』一九四三年七月～九、十月
「卵を食ふ蛇」『採集と飼育』一九四三年九月
「砂漠の鴉」『野鳥』一九四三年十一・十二月
「黄喉雀の輸入」『野鳥』一九四四年二月
「鳥の棲む氷の国（一）」『野鳥』一九四四年二月
「鳥の棲む氷の国（二）」『野鳥』一九四四年九月
「『野鳥』終刊号の為に」『野鳥』一九四四年九月
「モア（恐鳥）の復旧画」『鳥』五六号、一九四八年
"Additional Notes to the Hainan Birds"『鳥』五七号、一九四八年
「中西、山階両君の名誉」『野鳥』一九四九年一月
「世界一の珍しい鳥」『野鳥』一九四九年五月
「イナゴの進軍」『自然科学と博物館』一九四九年十月
「稀なる渡鳥の新産地」『鳥』六〇号、一九五〇年
「オースチン博士を送る」『野鳥』一九五〇年三月
「シーボルトから黒田まで」『野鳥』一九五〇年十二月
「絶滅鳥類の話」『野鳥』一九五一年一月
「アンケート」『野鳥』一九五一年二月
「サハラ砂漠　上下」『動物文学』一九五一年十月、十二月
「アブドゥラ王の思ひ出」『文藝春秋』一九五一年十二月
「コジュケイの白変について」『鳥』六一号、一九五一年
「ノトーニスの雛」『鳥』六一号、一九五一年
"Request for a ruling that the trivial names of two woodpeckers, each consisting of a slight variant of previously published name based upon a word transliterated into the Latin alphabet

from a language using another alphabet, be treated as junior homonyms of the earlier names so published," *Bulletin of Zoological Nomenclature*, 1952
「キジとヤマドリの雑種について」『鳥』六二号、一九五二年
「ツバメチドリの記録」『鳥』六二号、一九五二
「砂漠の生物［Ⅰ］」『生物学大系　第七巻』中山書店、一九五二年
「極地帯の生物［Ⅰ］」『生物学大系　第七巻』中山書店、一九五二年
「熱帯の生物［Ⅰ］」『生物学大系　第七巻』中山書店、一九五二年

## Ⅲ　蜂須賀正氏に関する文献

青木澄夫『日本人のアフリカ「発見」』山川出版社、二〇〇〇年
荒俣宏『大東亜科学綺譚』筑摩書房、一九九一年
——『荒俣宏の不思議歩記』毎日新聞社、二〇〇四年
井田徹治『鳥学の一〇〇年　鳥に魅せられた人々』平凡社、二〇一二年
宇田川龍男「蜂須賀さんと私」『鳥』六三号、一九五三年
内田亨「文献渉猟と蛮地探険」『鳥』六三号、一九五三年
岡田彌一郎「蜂須賀正氏博士の思い出」『鳥』六三号、一九五三年
奥本大三郎『本を枕に』集英社、一九八五年
『科学朝日』編『殿様生物学の系譜』朝日新聞社（選書）、一九九一年
橘川次郎「蜂須賀先生を懐う」『鳥』六三号、一九五三年
国松俊英『鳥を描き続けた男　鳥類画家小林重三』晶文社、一九九六年
黒田長久「蜂須賀博士の追想」『鳥』六三号、一九五三年
——「フィリピンモズ亜種の"hachisuka"に想う」『日本生物地理学会会報』五八巻、二〇〇三年
黒田長禮「蜂須賀評議員の逝去を悼む」『鳥』六三号、一九五三年
小林桂助「旅先で知つた彼の死」『鳥』六三号、一九五三年
佐伯修「蜂須賀正氏　旅に生き恋に生き、お家をつぶした自由人」『月刊Asahi』一九九二年七月
千田稔『明治・大正・昭和　華族事件録』新潮社（文庫）、二〇〇五年
高倉忠博「六〇年来の「蜂須賀」ファン」『日本生物地

理学会会報』五八巻、二〇〇三年
田中聡「蜂須賀家」『華族　歴史大辞典』人物往来社、二〇〇七年
筑波常治「国際的業績と非常識の間」『日本生物地理学会会報』五八巻、二〇〇三年
筑波常治、渋谷章「蜂須賀正氏の生涯と業績」一～四『生物（学）史研究』三四、三五、三七、三九号（一九七八年一二月～一九八一年一二月）
高島春雄「蜂須賀博士の名を負う動物」『鳥』六三号、一九五三年
徳光一輝「世界の辺境探検・侯爵鳥類学者・蜂須賀正氏」『日本人の足跡　3』産経新聞社、二〇〇二年
中西悟堂「鳥影抄」『全集日本野鳥記6』講談社、一九八六年
中村司「蜂須賀博士の思ひ出」『鳥』六三号、一九五三年
――「蜂須賀博士に学ぶ」五八巻、『日本生物地理学会会報』二〇〇三年
中村幸雄「蜂須賀博士を偲ぶ」『鳥』六三号、一九五三年
蜂須賀年子『大名華族』三笠書房、一九五七年
藤森照信「華やかで奇怪な蜂須賀正氏侯爵の伝説」『鳩よ！』一九八七年八月
藤森照信・増田彰久『失われた近代建築　Ⅱ　文化施設編』講談社、二〇一〇年
福岡久作「蜂須賀侯爵行状顚末記　美貌の貴公子を繞る女々」『話』一九三四年七月
三好武二『世界の処女地を行く』信正社、一九三七年
森中定治「日本生物地理学会の意義」五四巻、『日本生物地理学会会報』二〇〇三年
――「蜂須賀正氏生誕百年記念シンポジウムを終えて」五八巻、『日本生物地理学会会報』二〇〇三年
山階芳麿「蜂須賀君の思ひ出」『鳥』六三号、一九五三年
――「蜂須賀君を悼む」『野鳥』一九五三年九―十月
「博物学冒険侯爵は幻の鳥を追い、南洋をさまよった」『サライ』一九九一年十月三日
Austin, Oliver L., "Valediction to Masa"『鳥』六三号、一九五三年
Delacour, Jean, "Dr. Masauji Hachisuka"『鳥』六三号、一九五三年
Ripley, S. Dillon, "Marquess Masauji Hachisuka"『鳥』六三号、一九五三年

## Ⅳ　その他参照した主な文献

『朝日新聞』縮刷版、ＣＤ―ＲＯＭ

『毎日新聞』マイクロフィルム
『大阪毎日新聞』マイクロフィルム
『読売新聞』CD―ROM
『徳島新聞』マイクロフィルム
『徳島民報』マイクロフィルム
「日本人悪評記」『週刊朝日』一九五八年六月二九日
「ピストルと地獄耳　横井氏襲撃事件の黒幕」『週刊朝日』一九二二年四月三十日
青木常治編『山階芳麿の生涯』山階鳥類研究所、一九八二年
五十嵐栄吉編『大正人名事典』日本図書センター（東洋新報社）、一九七八（一九一八）年
石井米雄監修『フィリピンの事典』同朋社、一九九二年
市河三喜『私の博物誌』中央公論社、一九五六年
伊藤隆・広瀬順晧編『牧野伸顕日記』中央公論社、一九九〇年
猪野三郎編『大正人名辞典Ⅱ（大正人事録）』日本図書センター（帝国秘密探偵社）、一九八九（一九二七）年
今泉忠明『絶滅動物誌』講談社、二〇〇〇年
内田清之助「カムムリツクシガモ Pseudotadorna cristata Kuroda に就て」『鳥』六号、一九一八年
――『鳥』創元社、一九四九年
――『鳥類学五十年』宝文館、一九五八年
――『鳥・獣・人間』土筆社、一九七〇年
――「野鳥礼讃」『全集日本野鳥記２』講談社、一九八五年
――「ツグミ渡るころ」『全集日本野鳥記９』講談社、一九八六年
――「続野鳥礼讃」『全集日本野鳥記11』講談社、一九八六年
小田部雄次『家宝の行方　美術品が語る名家の明治・大正・昭和』小学館、二〇〇四年
――『梨本宮伊都子妃の日記』小学館（文庫）、二〇〇八年
柿沼亮三協力『失われた野生動物　ドードー』『Newton』二〇〇〇年八月
霞会館諸家資料調査委員会『昭和新修華族家系大成　上下』霞会館、一九八二―八四年
カルチエ、ジャック　西本晃二訳『航海の記録』『カルチエ、テヴェ　フランスとアメリカ大陸　一』大航海時代叢書第Ⅱ期19、岩波書店、一九八二年
北原白秋「きょろろ鶯」『白秋全集　22』岩波書店、一九八六年
木戸幸一『木戸幸一日記　上下』東京大学出版会、一九六六年

木原均ほか監修『近代日本生物学者小伝』平河出版社、一九八八年
キャロル、ルイス　矢川澄子訳『不思議の国のアリス』新潮社（文庫）、一九九四年
クォメン、ディヴィッド　鈴木主税訳『ドードーの歌』河出書房新社、一九九七年
国松俊英「ドードーが日本に来た日」『日本児童文学』二〇一四年十二月
黒田光彦『プロペラ飛行機の興亡』NTT出版、一九九八年
黒田長久「オースチン博士」『野鳥』一九五〇年三月
黒田長禮『羽田鴨場の記』私家版、一九一八年
――「カンムリツクシガモの雌雄に就て」『鳥』九号、一九二〇年
――「稀れなるカンムリツクシガモの第三標本に就て」『鳥』一八号、一九二四年
黒田長禮、小林重三「カンムリツクシガモ（雄）三分の一弱実物大」『鳥』一八号、一九二四年
小山慶太『道楽科学者列伝』中央公論社（新書）、一九九七年
斎藤多喜夫『横浜外人墓地に眠る人々』有隣堂、二〇一二年
澤田壽夫編『澤田節蔵回想録』有斐閣、一九八五年
シルヴァーバーグ、ロバート　佐藤高子訳『地上から消えた動物』早川書房、一九八三年
鷹司信輔「浦鹽産カンムリツクシガモの一標本に就て」『鳥』二〇号、一九二五年
――監修『飼い鳥』北陸館、一九五六年
――「鳥と暮して」『全集日本野鳥記7』講談社、一九八六年
高松宮妃喜久子『菊と葵のものがたり』中央公論社、一九九八年
『高松宮同妃両殿下御外遊日誌』開明堂、一九三五年
竹友藻風『鶺鴒』七丈書院、一九四二年
東美研究所篇『東京美術市場史』東京美術倶楽部、一九七九年
徳川家正「維新後の将軍家」『公卿・将軍・大名』東西文明社、一九五八年
中西悟堂「翼持つ幸福を身辺に　飼鳥の話」『アサヒグラフ』一九三四年十月三一日
――「友好使節オースチン博士」『野鳥』一九五〇年三月
――『野鳥と生きて』ダヴィッド社、一九五六年
――『定本・野鳥記　第一巻　野鳥と共に』春秋社、一九七八年
――『定本・野鳥記　第五巻　人と鳥』春秋社、一九七

九年
――『定本・野鳥記　第八巻　私の風土』春秋社、一九七九年
――「鳥を語る」『全集日本野鳥記3』講談社、一九八五年
――『定本・野鳥記　第一四巻　恩顧の人々』春秋社、一九八六年
――『愛鳥自伝　上下』平凡社（文庫）、一九九三年
――『野鳥開眼』永田書房、一九九三年
中村幸雄「オースチン博士印象記」『野鳥』一九五〇年三月
日本史籍協会『現代華族譜要』東京大学出版会、一九七六年
ハウトマン、ファン・ネック　渋沢元則訳『東インド諸島への航海』岩波書店、一九八一年
ハドスン、W・H　長澤純夫・大曾根静香訳『ラ・プラタの博物学者』講談社（学術文庫）、一九九八年
バードライフ・インターナショナル総監修　山岸哲日本語版総監修『世界鳥類大図鑑』ネコ・パブリッシング、二〇〇九年
平野久美子『高松宮同妃両殿下のグランドハネムーン』中央公論新社、二〇〇四年
藤原義江『流転七十五年』主婦の友社、一九七五年
藤森照信『昭和住宅物語』新建築社、一九九〇年
松山資郎「野鳥と共に七十年」10、11「全集日本野鳥記月報」講談社、一九八六年
宮本百合子「現実の道――女も仕事をもて」『婦人公論』一九三七年七月
山階芳麿「オースチン博士を送る」『野鳥』一九五〇年三月
――「蜂須賀正氏君を悼む」『野鳥』一九五三年九―一〇月号
――『私の履歴書』日本経済新聞社、一九八四年
――「鳥の減る国ふえる国」『全集日本野鳥記6』講談社、一九八五年
――「鳥ごよみ」『全集日本野鳥記8』講談社、一九八六年
山階鳥類研究所『鳥の雑学事典』日本実業出版社、二〇〇四年
横井英樹「横井社長・事件の真相を語る」『文藝春秋』一九五八年九月
ラングトン、ジェーン　和泉晶子訳『消えたドードー鳥』早川書房（文庫）、一九九六年
ランボーン、モーリン　山岸哲監修『ジョン・グールド世界の鳥』同朋舎出版、一九九四年
ルガ、フランソワ　中地義和訳「フランソワ・ルガとそ

の一行による　東インドのふたつの無人島への旅と冒険」『インド洋への航海と冒険』17・18世紀大旅行記叢書、岩波書店、二〇〇二年

"Bird Room," *Bulletin of the British Ornithologists' Club*, 1931

Hartert, Ernst, "A rush through Tunisia, Algeria, and Marocco and collecting Maroccan Atlas, in 1927," *Novitates Zoologicae* vol 34, 1927-1928, the Zoological Museum, Tring

"Obituary: Ernst Johann Otto Hartert. 1859-1933," *British Birds*, Vol. XXVII, 1934

Rothschild, Lionel Walter, *Extinct Birds*, Hutchinson, 1907

Winters, Ria & Hume, Julian P., "The dodo, the deer and a 1647 voyage to Japan," *Historical Biology*, 2014

## V　インターネット

CHABANNES, Pierre de, THE SPIRIT OF JEAN DELACOUR LIVES ON AT PARC DE CLERES, http://www.avisoc.co.uk/table-of-contents/the-spirit-of-jean-delacour-lives-on-at-parc-de-cleres/

CLENCH, Mary H. AND HARDY, J. Willam, IN MEMORIAM: OLIVER L. AUSTIN JR. https://sora.unm.edu/sites/default/files/journals/auk/v106n04/p0706-p0709.pdf

MAYR, Ernst, IN MEMORIAM: JEAN (THEODORE) DELACOUR, https://sora.unm.edu/sites/default/files/journals/auk/v103n03/p0603-p0605.pdf

MITCHELL, P. Chalmers, Herbrand Arthur Russell, Duke of Bedford. 1858-1940, BIOGRAPHICAL MEMORIES OF FELLOWS OF THE ROYAL SOCIETY, http://rsbm.royalsocietypublishing.org/content/royobits/3/9/498

STAUB, France, Le musée du Dodo, http://www.potomitan.info/dodo/c32.php

Verlauf und Ergebnisse des Internationalen Rundflugs 1932 w: "Luftwacht" 9/1932, http://he64.info/images/downloads/documents/Luftwacht_9_1932.pdf

Edwin P.A. Heinze, The International Touring Competition in Flight, August 19, 1932 https://www.flightglobal.com/pdfarchive/view/1932/1932%20-%200827.html

Edwin P.A. Heinze, The International Touring Competition in Flight, August 26, 1932 https://www.flightglobal.com/pdfarchive/view/1932/1932%20-%200867.html

Edwin P.A. Heinze, The International Touring Competition in Flight, September 2, 1932 https://www.flightglobal.com/pdfarchive/view/1932/1932%20-%200890.html

## ワ　行

## タ 行

## カ　行



## サ　行

# 主要人名索引

本文とキャプションから人名を採り，姓・名の五十音順で配列した。

## 著者紹介

村上紀史郎（むらかみ・きみお）

1947 年東京生まれ。『TBS 調査情報』の編集を経て，現在フリーランスのエディター，ライター。文学，美術，建築，映画，ワイン，料理などの編集を主に手がける。編集した本では，『ランボー全集』，鶴見俊輔『かくれ佛教』など。編著に『文化の仕掛人』『こんな家に住みたかった』『悪食コレクション』，著書は『「バロン・サツマ」と呼ばれた男』『音楽の殿様・徳川頼貞』（ともに藤原書店）。

**絶滅鳥《ぜつめつどり》ドードーを追《お》い求《もと》めた男《おとこ》**
**——空飛《そらと》ぶ侯爵《こうしゃく》、蜂須賀《はちすか》正氏《まさうじ》 1903–53**

2016年 8 月10日　初版第 1 刷発行©

著　者　村 上 紀 史 郎
発行者　藤 原 良 雄
発行所　株式会社 藤 原 書 店

〒 162-0041　東京都新宿区早稲田鶴巻町 523
電　話　03（5272）0301
F A X　03（5272）0450
振　替　00160 - 4 - 17013
info@fujiwara-shoten.co.jp

印刷・製本　中央精版印刷

落丁本・乱丁本はお取替えいたします　Printed in Japan
定価はカバーに表示してあります　ISBN978-4-86578-081-9

近代日本言論界の巨人。生誕150年記念企画

## 稀代のジャーナリスト
# 徳富蘇峰 1863-1957

**杉原志啓・富岡幸一郎編**

明治二十年代、時代の新思潮を謳う新進の思想家として華々しく論壇へ登場、旺盛な言論執筆活動を繰り広げ、また『国民之友』『国民新聞』を発行・経営し、多くの後進ジャーナリストを発掘・育成。『近世日本国民史』全百巻をものした巨人の全体像に迫る。

**桶谷秀昭／保阪正康／松本健一／坂本多加雄／伊藤彌彦／西田毅ほか**

Ａ５並製　三二八頁　**三六〇〇円**
（二〇一三年一二月刊）◇978-4-89434-951-3

---

二人の関係に肉薄する衝撃の書

# 蘆花の妻、愛子
## 〈阿修羅のごとき夫《つま》なれど〉

**本田節子**

偉大なる言論人・徳富蘇峰の弟、徳冨蘆花。公開されるや否や一大センセーションを巻き起こした蘆花の日記に遺された、妻愛子との凄絶な夫婦関係や、愛子の日記などの数少ない資料から、愛子の視点で蘆花を描く初の試み。

四六上製　三八四頁　**二八〇〇円**
（二〇〇七年一〇月刊）◇978-4-89434-598-0

---

伝説的快男児の真実に迫る

# 「バロン・サツマ」と呼ばれた男
## 〈薩摩治郎八とその時代〉

**村上紀史郎**

富豪の御曹司として六百億円を蕩尽し、二十世紀前半の欧州社交界を風靡した快男児、薩摩治郎八。虚実ない交ぜの「自伝」を徹底検証し、ジョイス、ヘミングウェイ、藤田嗣治ら、めくるめく日欧文化人群像のうちに日仏交流のキーパーソン〈バロン・サツマ〉を活き活きと甦らせた画期的労作。

四六上製　四〇八頁　**三八〇〇円**　**口絵四頁**
（二〇〇九年二月刊）◇978-4-89434-672-7

---

日本に西洋音楽を導入した男

# 音楽の殿様・徳川頼貞
## 〈一五〇〇億円の〈ノーブレス・オブリージュ〉〉

**村上紀史郎**

プッチーニ、サン＝サーンス、カザルスら世界的音楽家と親交を結び、日本における西洋音楽の黎明期に、自費で日本発のオルガン付音楽堂を建設、私財を注ぎ込んでその普及に努めた、紀州徳川家第十六代当主の破天荒な生涯。

**生誕一二〇周年記念出版**

四六上製　三五二頁　**三八〇〇円**　**口絵八頁**
（二〇一二年六月刊）◇978-4-89434-862-2